川南苗汉民族关系变迁研究

刘 琳 著

中国社会科学出版社

图书在版编目（CIP）数据

川南苗汉民族关系变迁研究／刘琳著．—北京：中国社会科学
出版社，2019.1
ISBN 978 - 7 - 5203 - 3888 - 2

Ⅰ.①川… Ⅱ.①刘… Ⅲ.①苗族—民族关系—汉族—研究—
四川 Ⅳ.①K281.6②K281.1

中国版本图书馆 CIP 数据核字（2018）第 287199 号

出 版 人　赵剑英
责任编辑　冯春凤
责任校对　张爱华
责任印制　郝美娜

出　　版　中国社会科学出版社
社　　址　北京鼓楼西大街甲 158 号
邮　　编　100720
网　　址　http：//www.csspw.cn
发 行 部　010 - 84083685
门 市 部　010 - 84029450
经　　销　新华书店及其他书店

印　　刷　北京君升印刷有限公司
装　　订　廊坊市广阳区广增装订厂
版　　次　2019 年 1 月第 1 版
印　　次　2019 年 1 月第 1 次印刷

开　　本　710×1000 1/16
印　　张　15
插　　页　2
字　　数　239 千字
定　　价　68.00 元

序　言

在中国的少数民族中，苗族是一个历史悠久的民族，其族源可上溯至五六千年前的传说时代，与炎、黄两大部落集团同时代的九黎部落，其首领为蚩尤，则是苗族的始祖，最早栖息于黄河中下游地区。在人类历史上，游牧民族以迁徙为常态，而以定居为常态的农耕民族很难发生大规模的迁徙。由于历史的原因，以农耕生产方式为主的苗族祖先的足迹遍布大半个中国，成为一个非常罕见的不断迁徙的农耕民族。当然，迁徙使苗族先民经历了数不清的艰难和辛酸，同时也造就了苗族顽强不息的性格。

迁徙后的短暂定居，再迁徙又再定居，以至于苗族成为一个人口广布、支系繁多的古老民族。如今苗族主要分布在中国南方黔、湘、鄂、川、滇、桂、琼等省区，和东南亚的老挝、越南、泰国、缅甸等国，是我国的一个跨境民族。正因为如此，广布于中国南方，并定居下来的苗族与当地其他民族如何相处，尤其是苗族与汉族的关系成为值得关注的研究问题。中国是一个统一的多民族国家，各民族大杂居、小聚居，如果我们把一个个局部区域的各民族关系作为在中华民族大家庭里不同成员的关系，将各个区域的民族关系视为中华民族整体关系的有机组成部分，那么这样的区域民族关系研究就显得尤为必要和重要。

呈现给读者的《川南苗汉民族关系变迁研究》正是从我国的一个区域来呈现中华民族大家庭里不同民族成员之间关系的有机组成部分。如何把握和评价川南苗汉民族关系的历史脉络，以往有学者个别涉及的零星研究，但缺乏全面整体和微观深描的研究成果，刘琳博士完成的这项研究成果可以帮助我们了解和认识川南苗汉民族关系的来龙去脉和微观场景的真实状况，为读者提供了一个完整的区域案例。

四川的宜宾、泸州两市是该省苗族主要分布区域，两市位于四川盆地南缘，简称"川南"。川南与滇、黔两省交界，历史上是中央王朝经略滇、黔的重要孔道之一，曾经是少数民族分布较多的区域。明嘉靖《四川总志》卷十六记载了川南的多种民族，其中"苗"是首次出现，究竟苗于何时始居于川南尚无定论，只知道苗族是从东方迁徙而来，时间不会晚于明代。在明、清两朝的"国家化"过程中，大量汉族迁入川南，由此逐渐演变为汉族人口占多数、少数民族人口以苗族为主的状况。因此，研究川南苗汉民族关系可上溯至明，下延至当代。作者正是以这样的时间界限和川南这个空间地域来研究梳理两个民族关系变迁的历史，然而要讲清楚历时六百余年的苗汉民族关系史及其特点，却非易事，作者为此下了一番功夫，终于成就这一著作。我认为该书有许多优点，但就其贡献主要突出在两方面。

一是本书把川南苗汉民族关系的历史和现实结合起来研究，厘清了苗汉民族关系变迁的来龙去脉和基本特点。作者通过历史上的苗汉民族分布、历代民族政策、民族交往、民族社会文化面貌和民族心理的文献梳理，分析得出历史场景中苗汉民族关系的演变、规律和特点。例如，在明清"国家化"过程中，川南经历了土司制、流土参用、改土归流的转换。伴随这一转换，川南人口结构从"夷多汉少"变为"汉多夷少"。川南历史上形成了"坝区汉家，山上彝家，苗家住在石旮旯"的民族分布格局。正如清代方志有言："叙永、永宁，旧为苗人故居，凡土著者皆苗人，今已窜居山谷间。"解放前苗人的谚语则说："老鸦无树桩，苗家无地方。"上述历史的相互转换，资料的相互印证，说明汉人所修方志史料的叙事真实地揭示了民族往来的变迁。

除研究文献资料外，作者还通过广泛的田野调查获取素材。一方面，弥补文献之不足；另一方面，建立起民族关系的变量指标体系，通过田野调查以定量分析的范式把现实的苗汉民族关系展现出来。作者采用衡量民族关系的八个变量指标：民族人口结构、居住分布格局、民族分层结构、语言文字的使用演变、风俗习惯宗教信仰的异同、民族交往与通婚、民族心理、民族政策。这些衡量指标是作者实地考察反复修正后确定的，不论是实地的中观研究，还是微观的问卷调查和定量统计，都采用了严谨的科学方法，使成果具有较强的代表性和说服力。另外，作者在基层民间走访，收集到表达苗汉民族关系的历史记忆，这些记忆以多种形式在民间流传，在一定程度上是民族关系的真实写照。

　　二是理论分析结合实际使本书的观点更具学术价值和质感。作者作为马克思主义民族理论与政策专业的博士，在研究民族关系时必然要涉及经典作家的理论观点。马克思主义民族理论把民族关系纳入到阶级的视角来审视，并认为在阶级社会里民族问题的实质是阶级问题。作者不是教条地套用理论，而是结合川南苗汉关系的实际，分析指出中华人民共和国成立前的川南，虽然苗族地主所占比例很低，但苗族地主凭借自己占有的生产资料，实行土地租佃剥削，他们与普通农民之间可以被认为存在阶级的对立和矛盾。但因其苗族身份，苗族地主对主流社会偏见和歧视苗族的情形，与苗族农民一样持反感的态度。所以，苗族地主不是只有阶级的身份角色，认识其行为不应当只有单向的维度，在多重角色下，人的观念和行为，在不同场景下，会根据不同因素作用而形成，因此分析民族关系应有多维度的视角。作者还进一步分析，在生产关系的制度性不平等下，自然会导致民族压迫从属于阶级压迫的状况，这也是历史上出现民族偏见和歧视的诱因。但是，除了制度性不平等的诱因外，民族之间的群体性心理因素，也会产生浓厚的负面偏见。而且，民族偏见是双向的，存在代际传递的特点，制度性平等是消除民族偏见的关键，民族交往交流交融和各民族繁荣发展将逐渐消除民族关系的不和谐因素。应该说作者的分析建立在实事求是的认识论基础上，使研究更加透彻到位。限于篇幅，该书的诸多见解不再一一列举。

　　本书是作者博士学位论文答辩通过后，经过修改、充实的成果，书中的缺陷和问题仍然是作者未来需要努力和改进的方向，学术研究一定要做到精益求精。应该说全书是建立在广泛的读文献和"读社会"的基础上研究而成的。作者就读博士前无历史专业训练，读文献的难度可想而知。但天道酬勤，作者在书中搜寻的川南历史文献较之前人更加丰富，研读分析更加到位。至于"读社会"，作者把书本上的知识和方法运用到了实践中，编写问卷、拟定访谈提纲、入村入户、获得第一手资料，终于成就该书。近年作者又相继获四川省、教育部和国家民委的课题立项。可见作者勤于耕耘、善于思考，围绕自己选定的研究方向一步一个脚印地走出了良好的开端。对作者的成绩倍感欣慰，乐于向读者推荐此书，并以此为序。

郎维伟

2018 年 8 月 1 日

目　录

绪　论

一　研究意义

川南苗族世居于泸州和宜宾两市（旧称泸叙地区），支系繁多，被学者统称为"川苗"。根据 2010 年第六次全国人口普查统计数据[①]，四川省苗族人口为 164642 人，在四川的少数民族人口中仅次于彝、藏、羌，位居第四；川南苗族人口为 135778 人，占四川省苗族人口的 82.47%。其中泸州苗族 58037 人，占当地少数民族人口的 80.01%；宜宾苗族 77741 人，占当地少数民族人口的 86.55%。从以上数据可知，川南是四川苗族的主要分布区域，川南苗族则是当地人口最多的少数民族。泸州、宜宾两地苗族占当地总人口的 1.56%，与汉族交错杂居，呈大分散小聚居状态，如今川南叙永、古蔺、兴文、筠连、珙县有 17 个苗族乡[②]是苗族相对聚居的区域。

古代川南民族种类多，汉文献记载有僰夷、葛僚、都掌蛮、乌蛮、羿子、倮倮、回、苗等民族。其中，苗族自东方迁徙到川南，始于何时尚无定论，但苗族在川南活动的最早记载在明代。明嘉靖《四川总志》记载："叙泸（今宜宾、泸州）诸夷，泸戎依山险，善寇掠，即僰、羿、苗、猓

---

①　四川省人口普查办公室、四川省统计局编：《四川省 2010 年人口普查资料》（上册），中国统计出版社 2012 年版，第 18—19 页。

②　目前四川共 20 个苗族乡，除攀枝花市盐边县红宝苗族彝族乡、凉山彝族自治州木里藏族自治县白碉苗族乡和固增苗族乡以外，其余 17 个苗族乡均在川南，分别是泸州市叙永县白腊苗族乡、合乐苗族乡、枧槽苗族乡，泸州市古蔺县箭竹苗族乡、大寨苗族乡、马嘶苗族乡，宜宾市兴文县大坝苗族乡、毓秀苗族乡、大河苗族乡、麒麟苗族乡、仙峰苗族乡，宜宾市珙县罗渡苗族乡、玉河苗族乡、观斗苗族乡，宜宾市筠连县高坪苗族乡、联合苗族乡、团林苗族乡。

等种是也。"① 可见，直到明朝，川南仍是多民族活动的舞台。历史上川南乃至整个西南边疆"夷情"复杂，从秦朝统一中国后开凿"五尺道"②以来到隋唐开拓设置羁縻州县、宋朝开展茶马互市、元朝建立土司制度，都是中原王朝为了控制复杂局面、稳定局势、经略西南边疆而采取的各种政策措施。有明一代，对西南的开发可以说是明王朝治理边疆的重头戏，在此"国家化"过程中，经历了土司制、"流官土官参用"和"改土归流"③ 的制度转换。这时明王朝除开辟了从湖南经贵州到云南的通道，还继续使用从昆明经曲靖、沾益，又经贵州毕节过赤水，抵达四川的叙永、泸州内地的传统通道，沿着这两条通道两侧都分布着大量少数民族，有学者称前者为"古苗疆走廊"④，实际上后者则是历史更久远的"多民族走廊"。明王朝在开辟和沿袭这些通道的过程中将大量内地汉族移居西南边疆，故有湖广和江南居民实滇、湖广填四川之说。满洲人统一中国后，从康熙到雍正年间在西南展开大规模的"改土归流"，迎来了西南边疆"国家化"的高峰期。康乾盛世，由于内地人口的猛烈增长，大量汉民先后移入西南地区。随着大量汉民的进入，川南的人口构成由"夷多汉少"变为"汉多夷少"，夷汉力量对比也发生了变化。川南的苗汉两族就是在这样的大背景下产生的冲突和互动。正如清光绪《叙永永宁厅县合志》记载："叙永、永宁，旧为苗人故居，凡土著者皆苗人，今皆窜居山谷间。"⑤ 川南旧方志一般为汉人所修，实际上这样的历史叙事揭示出川南至少在明清两朝的"国家化"进程中，出现了较大规模的族际交替的时空变迁。

川南历史上是一个多民族分布的区域，之所以演变为今天汉族人口占绝对多数、少数民族以苗族为主的民族分布格局，是与历史上中央王朝推行"国家化"背景下出现族际互动分不开的，一分为二地看待中国历史

① （明）刘大谟、杨慎等纂修：嘉靖《四川总志》卷16，《北京图书馆古籍珍本丛刊》，书目文献出版社1988年版，第42册，第312页。

② 从蜀南下经僰道（今宜宾）、朱提（今昭通）到滇池，由于道路宽仅五尺，故史称"五尺道"。

③ 即废除统治少数民族的世袭土司，改为朝廷派任有一定任期的流官。

④ 杨志强：《"国家化"视野下的中国西南地域与民族社会》，《苗学研究》2013年第2期。

⑤ （清）邓元鏏等修，万慎等纂：光绪三十四年《叙永永宁厅县合志》卷20，第526页。

上的民族关系史，中央王朝拓展边疆有其积极的一面，但在民族互动中也有冲突的一面。从历史的视角考察川南这样一个多民族区域中错综复杂的苗汉民族关系，可以帮助我们认识中国历史上民族政策、民族分布、民族心理、族际交往和社会文化面貌在该区域的历史场景中是如何演变的，并从中归纳和总结出历史上苗汉族际互动关系变化的一些特点、规律和影响因素，应该说对解读中国历史上的民族关系有其学术意义。同时，为我们厘清川南的现实苗汉民族关系在历史中的来龙去脉，对该区域之所以形成今天和谐的民族关系做出恰当的解释。中华人民共和国成立后，川南苗汉民族关系处在新的社会场景中，以现实的视野可以用人口构成、居住格局、语言使用、族际交往、族际通婚、文化差异和认同等变量衡量苗汉民族关系的变化，考察社会因素、经济因素、民族政策、民族心理对苗汉民族关系变迁的影响。本书力图为中国各民族关系的历史和现实研究提供一个理论和实证相结合的案例，力求让读者对中华民族的形成历史和民族关系有进一步的了解。

　　研究族际互动关系变迁除了学术价值外，根本目的是要为现实的民族关系改善服务。我国是一个多民族大家庭，和谐的民族关系对社会发展和稳定十分重要。中华人民共和国成立前川南历史上的民族关系复杂，苗汉民族关系以汉族对苗族人群带有明显的民族偏见与歧视为主要特征，这种偏见与歧视在很大程度上影响了苗汉民族关系的和谐，有时甚至导致民族关系的紧张，引发了族际矛盾和冲突。但中华人民共和国成立以来在民族平等的根本性原则贯彻实施下，苗汉之间交往交流交融增强，民族关系一直向好。川南在历史上曾经是族系和支系繁多的少数民族分布区，这些民族相互交融的情形是如何演变的，由历史上的"夷多汉少"转变为"汉多夷少"，这对当今该区域苗汉民族关系产生何种影响和联系，是值得研究的课题。另外，为什么这个区域形成了苗汉混居的格局，他们是如何处理文化的差异性和共同性的关系？为什么这个区域的苗汉之间在历史上存在明显的隔阂与不和，现实中能保持民族关系的团结与和谐？苗汉之间的偏见与歧视是如何产生和消除的？族际认同是如何产生和增强的？从歧视到认同之间的心理转变是如何完成的？在民族心理的演变过程中民族政策起着何种作用？民族心理及民族政策的转换是如何影响苗汉民族关系变迁的？这些看似局部，实际却有典型和普遍意义的问题，在本书中都将涉及并做出分析解答。从历史到现实的视角研究多民族交往交流交融进程中的川南苗汉族际互动关系，系统归纳总结川南苗汉民族关系演变的轨迹、特点和影响因素，可为有关部门制定民族政策、促进多民族交往交流交融、多民族地区发展和谐的民族关系提供历史和现实的启发和借鉴。

二　相关研究述评

民族关系是民族学（包含马克思主义民族理论与政策学科）、历史学、社会学、人类学、政治学等学科的研究领域之一，尤其在多民族国家备受关注和重视。梳理以往的研究理论或观点，国外相关研究主要有以下四个方面。

第一，马克思主义民族理论关于民族关系的论述。主要观点有：各民族之间的相互关系取决于每一个民族的生产力、分工和内部交往的发展程度；资本主义打破民族隔阂、消灭民族差别、使各民族同化，是有世界历史意义的趋势，由资本主义造成的民族同化过程包含着极大的历史进步作用；坚持民族平等，反对任何民族特权；民族问题的实质是阶级问题，实现民族平等的根本途径是消灭阶级、消灭私有制；民族内部的阶级对立一消失，民族之间的敌对关系就会随之消失；不仅要帮助以前受压迫的民族的劳动群众达到事实上的平等，而且要帮助他们发展语言和文学，以便清除资本主义时代留下来的不信任和隔阂的一切痕迹。①

上述马克思主义的观点把民族关系纳入到阶级的视角来审视，是在阶级社会这样一个前提条件下，而且是单向的维度。应该说一个社会的民族关系除了阶级的维度外，还应该存在多维度的研究视角。因为社会中的每个人同时具备多种角色，单纯强调其中的一个角色、一种身份，在解释人的行为时其科学性和说服力就会打折扣。以中华人民共和国成立前的川南为例，按照阶级分析的理论，具有苗族身份的地主凭借自己占有的生产资料，实行土地租佃剥削，他们与普通农民之间可以被认为存在阶级的对立和矛盾；但因其苗族身份，他们对主流社会偏见和歧视苗族的情形，与

---

① 中国社会科学院民族研究所编：《马克思恩格斯论民族问题》，民族出版社1986年版，第46、77、116、117、131、515页。

中国社会科学院民族研究所编：《列宁论民族问题》，民族出版社1986年版，第230、232、245、555、747页。

苗族农民一样持反感的态度。因此，苗族地主不是只有阶级的身份角色，认识其行为不只有单向的维度。在多重角色下，人的观念和行为，在不同场景下，会根据不同因素相互作用而形成，因此分析民族关系应有多维度的视角。

第二，民族关系发展模式研究。国外学者提出描述族群关系发展模式的理论，这些理论可以归纳为两大类，即同化理论和多元主义。

同化理论强调族群间生物性、语言、文化、宗教、心理等方面的同质性，假设同化或融合是多族群社会不可避免的趋势，主要代表理论有以下几种。（1）"盎格鲁化"理论（Anglo – Conformity）[1]，美国早期移民主要是盎格鲁—撒克逊民族，当时的政府为了实现移民的整合，注重在移民群体中强化盎格鲁—撒克逊文化，使后来的移民"盎格鲁—撒克逊化"，这是典型的单向同化，即一个族群融入另一个族群，这种同化主要发生在少数族群和主体族群之间。（2）熔炉理论（The Melting Pot），这是典型的相互融合，即通过两个或两个以上族群的互动，融合成一个全新的族群。该理论由克雷夫科尔（Crèvecoeur, 1782）首次提出，他认为美国的环境将来自世界各国的人融合成一个新的民族——美国人；[2]特纳（Turner, 1893）的边疆熔炉理论阐释了变动的、多样化的西部边疆在美国历史上的重要性：边疆促进了美国人这一混合民族的形成……在边疆这个熔炉中，移民们被美国化，得以解放，融合成一个混合的种族；[3]肯尼迪（Kennedy, 1944）从纽黑文市 1870—1940 年的族际通婚研究中发现该市的族际通婚跨越了族群界限，但存在强烈的宗教倾向，于是否定了传统的"一元熔炉"，提出了以犹太教、天主教、新教分界的"三元熔炉"理论，即信奉同一宗教的不同民族之间存在融合的趋势。[4]（3）

---

[1]　Milton M. Gordon, *Assimilation in American Life：The Role of Race, Religion, and National Origins*, New York：Oxford University Press, 1964, p. 88.

[2]　J. Hector St. John de Crèvecoeur, *Letters from an American Farmer*, New York：Albert and Charles Boni, 1925（reprinted from the original edition, London, 1782）, pp. 54 – 55.

[3]　Frederick Jackson Turner, *The Frontier in American History*, New York：Henry Holt and Co., 1920, pp. 22 – 23.

[4]　Ruby Jo Reeves Kennedy, "Single or Triple Melting – Pot? Intermarriage Trends in New Haven, 1870 – 1940", *American Journal of Sociology*, Vol. 49, No. 4（Jan., 1944）, pp. 331 – 339.

种族关系循环论（Race Relation Cycle）①，该理论模型由帕克（Park，1921）提出，他认为不同群体间通过迁移得以接触，接触激发了互动，互动包括竞争、冲突、适应、同化四个阶段，这一同化过程是递进和不可逆的，并适用于所有的种族关系。但这一理论模型遭到了学者的质疑和批评，他们认为这一模型对很多群体都不适用，同化过程也不是不可逆转的，这个过程可能终止于任何一个阶段。（4）戈登（Gordon，1964）提出一个包含7个同化子过程或变量的多维同化模型：文化或行为同化、结构同化②、婚姻同化、认同同化、态度接受同化、行为接受同化、公民同化，他认为族群从相遇到最终完全同化要经历上述一系列阶段，上一阶段的同化不一定会导致下一阶段的同化，但却是下一阶段同化的必要准备。③ 有批评指出，戈登的模型与帕克的模型一样，认为群体朝着单方向运动，尽管群体可能在某一阶段上停留，但却不会返回到之前的阶段。④（5）扩散模式（Diffusion Model），该模式是由 M. 赫克特（Michael Hechter，1975）提出的，他认为，族群关系发展包括三个阶段，第一阶段是前工业化阶段，核心地区和边缘地区之间彼此隔绝，族群之间在政治、经济、文化方面均存在显著不同，随着核心地区和边缘地区的族群接触日渐频繁，族群关系发展进入第二阶段。通常认为这一阶段开始于工业化发生之时，工业化使得核心地区的政治、经济、文化逐渐渗透到边缘地区，两个地区在众多特征上一致起来。第三个亦即最后一个阶段是两个地区富裕程度的平等，文化差异失去社会意义，政治活动在全国性政党中存在，两个地区的族群在政治、经济、文化等方面完成了整合，通过以上三个阶段，两个族群之间的差异逐渐消失，最后融为一体。赫克特认为这个

---

① Robert E. Park and Ernest W. Burgess, *Introduction to the Science of Sociology*, Chicago：The University of Chicago Press, 1921.

② 结构同化，是指少数民族群体在初级群体层次上进入核心社会的社交小集团、俱乐部和机构。参见 Milton M. Gordon, *Assimilation in American Life：The Role of Race, Religion, and National Origins*, New York：Oxford University Press, 1964, p. 80.

③ Ibid. , pp. 68 – 83.

④ ［美］马丁·N. 麦格：《族群社会学：美国及全球视角下的种族和族群关系》，祖力亚提·司马义译，华夏出版社 2007 年版，第 101 页。

模式是理想的，但是它似乎并不符合当今世界的实际情形。①

多元主义是对同化理论的回应，它不仅假定少数族群具有权利而且也把少数族群的生活方式看成是合法的、甚至是需要的参与社会的方式。②该理论承认族群间的差异和界限，强调族群平等，鼓励族群的多样化，主要代表理论有以下几种。（1）文化多元主义（Cultural Pluralism）和结构多元主义（Structural Pluralism）。卡伦是文化多元主义的首创者，他认为美国每一个族群都有保留自己的语言、宗教、公共制度和祖先文化的倾向，如果美国能有意识地允许和鼓励其族群民主地发展，每一个族群强调自己特殊的、根深蒂固的文化传统，就能实现伟大的、真正的民主联邦，其实质是族群民主，他在 1924 年出版的《美国的文化与民主》（*Culture and Democracy in the United States*）中首次使用了文化多元主义这个术语。③ 他认为，"在一个国家的生活和文化中，不同地区的、民族的、职业的、宗教的及其他群体组合他们不同的活动，构成了国家精神。国家精神由这些不同联合而成，它得以延续不是通过相互排斥，也不是通过一个群体对其他群体的统治，而是通过他们之间的平等，以及群体生活和文化产生的一切好东西中的不同对等物之间的自由贸易"。④ 在他看来，美国各族群有保持自己文化的倾向，各族群的文化都具有自己的价值，正是族群文化的多样性创造了美利坚民族精神。在他的文化多元主义理论中，族群平等是通过各族群的存在和各族群文化传统的保持、延续得以实现的。戈登（Gordon，1964）认为，在美国三大宗教⑤群体、种族和类似种族群体等亚社会之间保持着结构分离，针对美国情况更准确的术语是结构多元主义，而不是文化多元主义，尽管后者的一些东西还保留着。结构多元主

---

① ［美］M. 赫克特：《内部殖民主义》，载马戎编《西方民族社会学经典读本——种族与族群关系研究》，北京大学出版社 2010 年版，第 85—86 页。

② ［美］H. 蒂施勒、B. 贝里：《多元主义》，载马戎编《西方民族社会学经典读本——种族与族群关系研究》，北京大学出版社 2010 年版，第 45 页。

③ Milton M. Gordon, *Assimilation in American Life：The Role of Race，Religion，and National Origins*，New York：Oxford University Press，1964，pp. 142 – 144.

④ Kallen, *Americanism and Its Makers*，pp. 13 – 14. 转引自 Milton M. Gordon, *Assimilation in American Life：The Role of Race，Religion，and National Origins*，New York：Oxford University Press，1964，p. 147.

⑤ 犹太教、新教和天主教。

义是理解美国社会的族群构成的关键，而文化多元主义只是次要的一个。① 同卡伦一样，戈登承认美国社会的多元特征，但是卡伦强调的是族群文化的多元化，而戈登强调的则是社会结构的多元化。（2）自由主义的多元主义（Liberal Pluralism）和团体多元主义（Corporate Pluralism）。戈登在1975年发表的《种族和族群关系理论的探索》中提出了两种多元主义，其实质是平等主义。第一种称为"自由主义的多元主义"，它的重要特征是：不进行、甚至禁止进行任何法律上的或官方的认定，以便将不同种族、宗教、语言或不同族群起源的群体看作在法律或政府程序中占有一席之地的统一实体，同时它也禁止应用任何形式的族群标准，不管是为了任何歧视的目的，还是为了特殊照顾的目的。处于劣势地位的族群成员，不是因为他们的族群背景而受益，而是因为他们个人在社会方案中合适的资格受益。这类平等主义的规范强调的是机会的平等。与此相对照的多元主义结构可以称作"团体多元主义"，在团体多元主义中，种族和族群通常都被看作具有法律地位的实体，得到政府的正式认可。无论是公共领域还是私人领域中，经济和政治的酬赏都按照数量定额分配，定额的标准是族群人口比例或由政治程序规定的其他方式所决定的。这类平等主义强调的更多是结果的平等，而不是机会的平等。② （3）平等多元化和不平等多元化。麦格指出，在现代多族群社会中存在两种显著的族群多元化形式。第一种是平等多元化，族群保持文化和结构的独立性，但在政治和经济权力上相对平等；并且，这类群体的隔离主要是自愿的。第二种是不平等多元化，族群保持结构独立，也可能在文化上保持差异，但在政治和经济权力上并不平等；而且，在这种情况下，群体隔离通常是非自愿的。③ （4）内部殖民主义（Internal Colonialism）。这是不平等多元化的一种类型。内部殖民主义是列宁在《俄国资本主义的发展》一书中最早提出的，几年后安东尼奥·葛兰西在研究意大利南部地区时使用了相近的概念。M. 赫

----

① Milton M. Gordon, *Assimilation in American Life: The Role of Race, Religion, and National Origins*, New York: Oxford University Press, 1964, p. 159.

② ［美］米尔顿·M. 戈登：《种族和族群关系理论的探索》，载马戎编《西方民族社会学经典读本——种族与族群关系研究》，北京大学出版社2010年版，第122页。

③ ［美］马丁·N. 麦格：《族群社会学：美国及全球视角下的种族和族群关系》，祖力亚提·司马义译，华夏出版社2007年版，第105页。

克特在 1975 年出版的《内部殖民主义》一书中详细阐释了这一模式。在内部殖民主义模式中，核心地区被认为在政治上统治边缘地区，在物质上剥削边缘地区，当核心地区形成多样化工业结构的特征时，边缘地区的发展模式却是依附性的，地区经济不平衡会持续下去甚至加剧，作为对核心地区统治的反应，边缘地区会努力维护自身文化。① （5）多元文化主义（Multiculturalism）。韦维尔卡（Wieviorka, 1998）指出，在 20 世纪 60 年代末 70 年代初，多元文化主义这一术语才在加拿大首次使用，很久以后，多元文化主义这个术语才出现在字典或图书馆分类中。1990 年，多元文化主义出现在华盛顿国会图书馆的分类标准中并被定义为"种族群体、宗教群体、文化群体共存于一个国家的状态"。1991 年的《哈珀·柯林斯词典》对多元文化主义的定义是：多元文化主义——将文化多元主义作为许多社会的特点加以承认和发扬……多元文化主义颂扬并试图保护文化的多样性，比如少数群体的语言。与此同时，它往往集中关注少数群体文化与主流文化之间的不平等关系。② 拉兹（Raz, 1997）指出，多元文化主义这个词首先是在加拿大开始使用的，也是最先在加拿大作为一种政策开始实施的。它意味着在同一个政治社会当中并存着许多大的文化群体，这些文化群体希望并且在原则上也能够保持他们独特的身份。③ 金里卡（Kymlicka, 2011）认为，多元文化主义包括经济、政治、社会和文化等维度，致力于建构一种新的公民和政治关系，保护少数群体的权利，以克服民族和种族等级制带来的不平等。④ 应该说，多元文化主义是在文化多元主义的基础上发展起来的，但是它又有别于文化多元主义，它不仅是一种理论，还是在西方国家实施的一种政策，它不仅关注少数群体的文化，更关注少数群体的权利。

第三，民族关系变迁的影响因素研究。国外将族群关系放到社会整体

---

① ［美］M. 赫克特：《内部殖民主义》，载马戎编《西方民族社会学经典读本——种族与族群关系研究》，北京大学出版社 2010 年版，第 86—88 页。

② ［法］米歇尔·韦维尔卡：《多元文化主义是解决办法吗?》，载李丽红编《多元文化主义》，浙江大学出版社 2011 年版，第 15 页。

③ ［英］约瑟夫·拉兹：《多元文化主义》，载李丽红编《多元文化主义》，浙江大学出版社 2011 年版，第 5 页。

④ ［加拿大］威尔·金里卡：《多元文化主义的兴衰?》，载李丽红编《多元文化主义》，浙江大学出版社 2011 年版，第 322—323 页。

发展的背景中进行研究，注重考察族群关系变迁的影响因素。辛普森（Simpson，1968）认为，同化过程受到人口、生态、种族、结构、心理和文化等若干因素的相互作用的影响。[①] 戈登（Gordon，1975）提出了对于种族和族群间关系最有用的四组因变量：同化的类型、总体同化的程度、冲突的程度、获得社会酬赏的程度，并讨论了影响种族和族群间关系最重要的三组自变量：有关人的生理—社会发展方面的变量、有关互动过程方面的变量和社会方面的变量，生理—社会发展变量指人的生物机体自身的因素以及在人的成长过程中对人的生物机体产生影响的社会环境因素，互动过程变量指成年人互动的社会心理过程，社会的变量指一个社会的集团性结构和社会现象，包括人口、生态、制度、价值、文化以及社会分层的特征。[②] 英格尔（Yinger，1986）从人口、体质、环境、文化、心理、社会、经济、教育等方面详细阐述了影响种族或族群成员认同程度的 14 个变量：人口规模、居住格局、移民比例、母国联系、语言差别、宗教差异、种族差异、迁移方式、文化差异、母国情感、阶级和职业构成、教育水平、族群歧视、社会流动等，并从文化因素和共同利益两个方面分析了族群凝聚力的影响因素。[③]

　　第四，民族关系专题研究。主要涉及居住格局、人口分布、族群认同与边界划分、族群分层、族际通婚、族际矛盾与冲突、文化差异等方面，经典著作如《城市中的黑人》（Taeuber，1965）、《族群集团与边界》（Barth，1969）、《族群居住隔离的社会阶级基础——加拿大之例》（Darroch，Marston，1971）、《族群》（Glazer，Moynihan，1975）、《居住中的族群隔离：变迁的模式》（Guest，Weed，1976）、《族群分层》（Kobrin，Goldscheider，1978）、《种族与族群关系理论》（Rex，Mason，1986）、《种族、族群的人口学研究》（Bean，Frisbie，1978）、《冲突中的族群》（Horowitz，1985）、《族际通婚》（Simpson，Yinger，1985）、《族群选

---

① ［美］G. 辛普森：《同化》，载马戎编《西方民族社会学经典读本——种族与族群关系研究》，北京大学出版社 2010 年版，第 338 页。

② ［美］米尔顿·M. 戈登：《种族和族群关系理论的探索》，载马戎编《西方民族社会学经典读本——种族与族群关系研究》，北京大学出版社 2010 年版，第 111—112 页。

③ 马戎：《民族社会学——社会学的族群关系研究》，北京大学出版社 2004 年版，第 470—471 页。

择——在美国的认同选择》（Waters，1990）等。

从研究范式上看，国外关于民族关系的研究经历了从宏大理论到经验研究的转变，当然，这并不意味着宏大理论研究的终结，或许我们可以把这种转变看作是针对宏大理论不能适用于所有民族关系的反思和弥补。

国内关于民族关系的研究范围宽广，研究方法多样，研究成果丰硕，尤其是 20 世纪 80 年代以来论著涌现，可大致分类如下。

第一，中国民族关系史和中华民族多元一体格局形成的历史研究。代表作有《中华民族多元一体格局》《中国民族关系史纲要》《中国古代民族融合问题研究》《中国古代民族关系问题探究》等，主要针对历史上的民族关系展开研究。费孝通的《中华民族多元一体格局》从中国各民族历史关系的基础上总结出中华民族多元一体格局形成的过程，并总结了中华民族格局形成的六大特点。

第二，民族理论与政策学科中的民族关系理论。代表作有金炳镐的《民族关系通论》，从内涵、类型、特点、规律等方面详细阐释了民族关系的理论；宁骚的《民族与国家》提出了民族关系的一元主导、两极对抗、对立统一、多元文化共存四种类型；罗康隆的《族际关系论》把族际关系分为并存、互补、连动、依附、包裹、同化、涵化、融合、分裂等关系；许宪隆、雷振扬的"共生互补"理论强调了民族关系的共生性；马戎借鉴国外的研究成果，运用社会学的方法提出了对族群关系进行实际调查时可操作的变量指标，涉及语言、宗教、习俗、人口、居住、交往、社会结构、婚姻、心理等要素。

第三，针对某一地区或某些民族的民族关系研究。这类研究有历史民族关系也有现实民族关系，有城市民族关系也有乡村民族关系，有自治地方民族关系也有非自治地方民族关系，有聚居区民族关系也有杂居区民族关系。由于内容较多，不再赘述。

综观国内关于民族关系的研究，既有理论研究，也有实证研究；既有历史的考证，也有现实的关注；既有从政治学、民族学的角度对民族关系的宏观建构，也有从人类学的角度对民族关系的微观解读。但是，对以下问题的关注和讨论仍然有深入研究的空间。

第一，关于民族关系的历史和现实相结合的研究。前人要么偏重于民族关系史的考证，要么单纯研究现实民族关系，对历史和现实相结合的区域性民族关系研究较少触及。费孝通提出，中华民族作为一个自在的民族实体是几千年的历史过程中形成的。① 在几千年的历史长河中，多民族长期交往，经过诞育、分化、交融，最终形成了今天的 56 个民族。以历史唯物主义的视野考察一个地区目前的民族分布格局和民族关系，显然与历史上的民族交融互动分不开。因此，把历史与现实结合起来考察，才能看清民族关系的来龙去脉，并从中归纳和总结民族关系变化的特点、规律和影响因素，为促进现实的民族关系更加和谐提供借鉴和启示。

第二，关于衡量民族关系的定量分析。对民族关系的研究除了感性的描述分析，更重要的是需要一些客观的、具体的量化指标来进行测度，这样才能在准确定量的基础上正确定性。国内民族关系的定量研究中，马戎把西方的理论与中国的情况结合起来，采用了八个衡量民族关系的变量指标：语言使用、宗教与生活习俗的差异、人口迁移、居住格局、交友情况、族群分层、族际通婚和族群意识，应该说这是一个定量分析的范式，将其应用到某个区域实证民族交融的关系，在以往的研究中也不多见。笔者认为将其运用到川南苗汉民族关系演变过程的研究中，并根据当地实际将这些变量进行适应性调整，也许能得出一个科学合理的研究成果和结论。

第三，关于民族关系的影响因素分析。虽然很多研究都认为民族关系的影响因素涉及历史、政治、经济、文化、宗教、风俗习惯、心理、地理环境等诸多方面，但结合实际深入研究的不多。历史上对民族关系产生影响的因素，只有还原到特定的时间和空间去分析，才能正确认识这些因素在当时当地是如何影响民族交融关系的；现实中的民族关系影响因素，也只有放到特定的场景中去考察，才能准确把握这些因素的普遍性和特殊性。

第四，关于苗汉民族关系的研究。迄今单纯讨论苗汉民族关系的著作并不多，关于苗汉民族关系的研究多在苗族研究的论文和专著中有所涉及，如林名均的《川苗概况》（1936 年）、［美］葛维汉的《四川苗族的宗教与习俗》（1937 年）、《四川苗族的故事与歌谣》（1951 年）、盛襄子的《湖南苗史述略》（1937 年）、杨汉先的《川南八十家苗民人口调查》

---

① 费孝通主编：《中华民族多元一体格局》（修订本），中央民族大学出版社 2003 年版，第 3 页。

（1938 年）、芮逸夫的《川南苗族调查日志》（1942—1943 年）、胡庆钧的《川南苗乡纪行》（1944 年）、《叙永苗族的生活程度》（1944 年）、《川南叙永苗族人口调查》（1944 年）、凌纯声和芮逸夫的《湘西苗族调查报告》（1947 年）、梁聚五的《苗夷民族发展史》（1950 年）、刘芳的《枧槽高山苗》（2006 年）、中华人民共和国成立后最早研究川南苗族的专著《四川苗族社会与文化》（郎维伟，1997 年）等。也有专门研究苗汉民族关系的少数论文，如翁家烈的《明清以来苗汉关系初探》（1986 年）、马建钊的《试论海南苗族与汉族的历史关系》（2000 年）、姜爱的《元明清时期的苗汉关系研究》（2009 年）等，但专门研究川南苗汉民族关系的成果阙如。

三　研究对象和内容

（一）研究对象

本书通过对川南苗汉民族人口构成、居住格局、结构性差异、语言使用、风俗习惯、宗教文化、社会交往、族际通婚等民族关系变量的研究，勾勒该区域明清以来苗汉民族关系的演变轨迹，着重考察民族政策与民族心理对川南苗汉民族关系变迁的影响，从中总结川南苗汉民族关系的历史特点，以及现实民族关系的状况，并试图从区域典型中找到普遍性的规律和价值。

（二）研究内容

全书共七章，主要内容如下。

第一章根据历史文献资料梳理中华人民共和国成立前川南民族构成的演变情况，从人口绝对数量、相对规模、性别构成、年龄构成等方面分析川南苗族人口状况。

第二章描述中华人民共和国成立前川南苗汉居住格局及其特点，使用美国学者在研究族群居住格局时常用的定量工具"分离指数"，分析中华人民共和国成立以来川南苗族相对聚居的县域和乡村的苗汉居住格局变化，根据人口普查资料研究川南苗汉的城乡居住分布现状，进一步考察居住格局折射出的苗汉民族关系。

第三章比较中华人民共和国成立前川南苗汉阶级分层差异，阐述其形成原因及对苗汉民族关系的影响，从城镇化水平、文化程度、行业职业结构、经济收入等方面考察目前川南苗汉的族际结构性差异，并分析差异存在的原因。

第四章研究川南苗汉接触、交往、交流中苗族传统文化的涵化，主要分析了川南苗族语言文字使用演变情况、风俗习惯和宗教信仰的涵化、对汉族姓氏和家谱文化因子的采借等。

第五章考察川南苗汉族际交往、族际通婚的变迁及现状，阐释其演变原因，并沿着两个民族从"老死不相往来"到互帮互助、从不通婚到在反对中通婚再到自由通婚这一轨迹，探寻他们之间关系的演进。

第六章论述中华人民共和国成立前川南民族偏见与歧视的表现，采用阶级理论和社会心理学相结合的框架分析民族偏见与歧视的成因，阐释中华人民共和国成立后民族偏见与歧视的消除、民族认同的型塑以及民族心理的转变对民族关系的影响。

第七章分明清时期、民国时期、中华人民共和国三个阶段梳理川南所经历的民族政策，分析民族政策的转换对川南苗汉民族关系变迁的影响。

四　研究理论和方法

（一）研究理论

1. 中华民族多元一体格局理论

费孝通论证了中华民族多元一体格局形成的过程：由许许多多分散孤立存在的民族单位，经过接触、混杂、联结和融合，同时也有分裂和消亡，形成一个你来我去、我来你去，我中有你、你中有我，而又各具个性的多元统一体；总结了中华民族格局形成的六大特点：（1）中华民族多元一体格局存在着一个凝聚的核心汉族，汉族主要聚居在除了西北和西南之外的宜耕平原，同时还大量深入少数民族聚居地区，形成一个点线结合、东密西疏的网络，这个网络正是多元一体格局的骨架；（2）少数民族聚居地区占全国面积一半以上，主要是高原、山地和草场，很大一部分少数民族从事牧业，和汉族主要从事农业形成不同的经济类型；（3）只有个别民族用汉语作为自己民族的共同语言，少数民族都有自己的语言，但汉语已逐渐成为共同的通用语言；（4）导致民族融合的具体条件是复杂的，主要是出于社会和经济的需要，但政治的原因也不应当忽视；（5）组成中华民族的成员是众多的，所以说它是个多元的结构；（6）中华民族成为一体的过程是逐步完成的。①

　　林耀华认为，中华民族多元一体格局理论"为我们认识中国民族和文化的总特点提供了一件有力的认识工具和理解全局的钥匙"②。不仅如此，多元一体理论对地区民族关系研究也具有指导意义，只有将地区民族关系置于多元一体格局中研究，才能突破就民族论民族的局限性，切实把握少数民族与国家之间、少数民族与汉族之间、各少数民族之间的关系。

　　川南历史上是一个多民族活动的舞台，"夷多汉少"。在西南边疆的"国家化"过程中，明清王朝多次征伐川南少数民族，少数民族也多次起事，各少数民族与中央王朝之间的冲突不断。例如，明洪武至万历元年期间，朝廷多次征讨川南都蛮（僰人），"前后数百战，迄无成功"，于是在万历元年（1573 年）三月至十月，朝廷调兵十四万征剿都蛮，此役之后，僰人消亡。③ 由于内地人口的猛增和川南改土归流的实施，大量汉民先后移入川南。随着大量汉民的进入，川南地区人口构成逐渐由"夷多汉少"变为"汉多夷少"。在这一变迁过程中，川南各民族之间关系错综复杂，他们之间有偏见与歧视、竞争与冲突，例如，《古宋县志》记载，"有明改制，汉人傈居，诸苗渐退居山洞，日即凌夷"④。当然，他们之间也有交往与合作、同化与融合。今天川南的汉族中吸收了许多非汉族成分，例如，珙县洛表镇游姓、范姓、何姓家族均为汉族，但至今还流传着"游倮倮，范苗子，后山何家挂岩子"的说法，这是指当地姓游的是彝族的后裔，姓范的是苗族的后裔，姓何的是僰人的后裔。同样，川南苗族中也有其他民族成份，其中包括汉族，例如，珙县罗渡乡王武寨王姓苗族的祖先王武便是汉族，明万历初年随军征战川南，战事平息后留居珙县，和当地苗族女子结婚生子。⑤ 由此可见，川南各民族有相互交融的历史背景。

---

　　①　费孝通主编：《中华民族多元一体格局》（修订本），中央民族大学出版社 2003 年版，第3、31—36 页。

　　②　同上书，第 297 页。

　　③　（明）任瀚：《平蛮碑》，（清）冉瑞桐、罗度、郭肇林等修纂光绪《珙县志》卷 11，《中国地方志集成·四川府县志辑 35》，巴蜀书社 1992 年版，第 208—209 页。

　　④　民国《古宋县志初稿》卷 8，《中国地方志集成·四川府县志辑 34》，巴蜀书社 1992 年版，第 109 页。

　　⑤　珙县民族事务委员会编印：《珙县苗族志》，1996 年，第 7 页。

可以说，川南的民族关系演变是中华民族多元一体格局形成过程的一个区域案例，具有典型性，因此，本书以中华民族多元一体格局理论为指导，钩沉明清以降川南苗汉民族关系的历史变迁轨迹，并从中总结归纳川南苗汉民族关系演变的历史特点和规律。

　　2. 关于民族关系变量的研究理论

　　研究民族关系，不能只限于对感性认识的描述，即便是人类学的深描方法同样需要一些客观的变量测度才能更具科学性。美国社会学家戈登在 1964 年出版的《美国生活中的同化》一书中建立了一个测度同化进程的多维模型，并用来分析美国历史与当代的种族、族群关系。这个模型是在社会学领域中首次提出的较为系统的族群关系衡量指标体系，共包括 7 个方面的变量：一是文化或行为同化，其条件是把文化模式改变为主流社会的文化模式；二是结构同化，其条件是在初级群体层面上，大规模进入主流社会的小群体、俱乐部和机构；三是婚姻同化，其条件是发生大规模的族际通婚；四是认同同化，其条件是发展出完全基于主流社会的民族意识；五是态度接受同化，其条件是族群之间消除偏见；六是行为接受同化，其条件是族群之间消除歧视；七是公民同化，其条件是族群之间消除价值冲突和权力冲突。戈登认为，少数群体移民后发生的第一类同化是文化同化，即使没有其他类型的同化同时或随后发生，少数群体的文化同化也有可能发生，而且这种"单独的文化适应"过程可能无期限地延续。结构同化是整个同化过程的关键，一旦结构同化发生，所有其他类型的同化自然接踵而至。结构同化和婚姻同化在时间顺序上联系紧密，也就是说，一旦少数群体在初级群体层面上进入核心社会的小群体、俱乐部和机构，将不可避免地导致大量的通婚。作为结构同化不可避免的副产品，婚姻同化如果完全发生，少数群体就会在更大的主流或核心社会中丧失自己的族群认同，于是认同同化就发生了。偏见和歧视不再是一个问题，因为原先少数群体的后裔最终将变得无法区分，初级群体关系也趋向于建立一种包含所有群体成员的"内群体"情感。如果所有内在和外在的文化特质上的同化都已完成，那么在现在分散的少数民族后裔和核心社会成员之间，就不可能产生关于公民问题的价值冲突。因此，剩下的几类同化就像打保龄球全中一样，连续快速地都发生了。①

北京大学马戎根据国外研究文献和实际研究经验，提出 8 个对族群关系进行实际调查时可操作的变量指标。②

一是语言使用。在各族群人口中，有多大的比例学习并熟练掌握了其他族群的语言；对于掌握了他族语言和文字的人们，学习途径是什么（正规学校、政府办的学习班、与他族居民日常接触、族际通婚的配偶）；掌握他族语言和文字的熟练程度；本族语言和他族语言的使用场合（家庭内部、私人聚会、工作单位、公共场合等）；对待自己子女学习其他族群语言文字的态度（是愿意自己子女熟练掌握双语还是只掌握本族语言，是否愿意送自己孩子去汉语授课学校读书，以及这样做的原因，等等）；各代人之间在他族语言的学习和掌握能力方面有什么差别和变化；居民如何看待政府的语言政策和当地学校的具体设置（有无少数族群学校、有无汉语授课学校）对于当地居民相互学习语言的影响与限制。以上这些信息可以了解各族群语言使用的基本情况，并预测语言使用和族群文化同化的未来发展趋势。

二是宗教与生活习俗的差异。不同族群可能具有不同的宗教信仰，这对族际交往和群体认同是有一定影响的。宗教信仰有时与特定的生活习俗密切相关，这些生活习俗有时也会影响族际交往。在调查中可以了解：当地的宗教组织与宗教活动的主要内容；各宗教信徒的人口规模，各族群人口中信仰各类宗教成员所占的比例；当地不同宗教在教义和习俗方面的差异程度；这些宗教差异以及由宗教差异引起的观念和习俗差异对族际交往带来哪些影响；当地宗教组织对行政、司法、教育、文化、经济等方面的活动产生了什么影响；当地是否有改变宗教信仰的现象，主要由哪些原因所引起。

三是人口迁移。人口迁移会直接导致各族群人口相对比例的改变，增加对迁入地区自然资源的压力，导致族际间的竞争关系，而这种竞争关系往往与族群冲突联系在一起。所以人口迁移是族群关系研究中不可或缺的

① Milton M. Gordon, *Assimilation in American Life*: *The Role of Race*, *Religion*, *and National Origins*, New York, Oxford University Press, 1964, pp. 68 - 83.

② 马戎：《民族社会学——社会学的族群关系研究》，北京大学出版社 2004 年版，第 218—227 页。

指标之一。通过户籍资料可以得到以下数据：常住居民中各族群人口的相对规模与比例；暂住人口、流动人口中各族群的相对规模与比例；一定统计时期内迁移人口中的各族群人数与比例。通过这些数据可以了解各族人口的迁移历史和现状。在得到整体性的数据资料后，可以分析人口迁移对本地族群关系的影响：人口迁移对当地各族群人口相对规模的影响；人口迁移对当地各族群职业结构、收入结构的影响；人口迁移对当地文化生活、语言使用的影响；人口迁移对当地各族群之间权力分配的影响；移民与本地居民相比，族际通婚的比例是否相同；在同一个族群内，移民与本地户的社会分层（教育、职业、收入等）结构是否存在差异。

四是居住格局。人们之间的社会交往可以大致分为学习场所、工作场所、娱乐场所、宗教场所、居住场所的交往和朋友往来等几个方面，居住格局是社会交往客观条件的重要组成部分，在研究族群关系时具有特殊的意义。因为人们通常"同类相聚"，居住社区的形成往往与这种"相聚"和"排他"的趋势有关。这种居住格局一旦形成，就会对居民与其他族群成员的日常交往形成一个稳定的客观条件。在族群混居的社区有助于各族群成员之间的交往；在族群隔离的社区则进一步带来族群之间的疏离，"成见"和"偏见"更容易蔓延与延续，而且使得居住社区之间的"资源之争"带有族群之争的色彩。根据户籍统计和人口普查数据，可以进行"分离指数"的计算，再结合各地的城市、乡村地图，就可以在空间布局上分析各族人口的居住格局与交往条件。

五是交友情况。在收集资料以说明"社会结构的同化即实质性的社会结构的相互渗入"这个融合程度的指标时，可以在实地调查的项目里包括"朋友往来"这样的调查内容，如在问卷中提出"在你日常交往较多的朋友当中，是本族群成员所占的比例大，还是其他族群比例大，还是大致各占一半"这样的问题。利用所获信息，再结合被访者本人的个人背景资料，就可以分析这些背景因素（如性别、年龄、教育、职业、社会阅历等）如何影响人们与其他族群的成员进行社会交往的。通过调查可以了解各族受访者的社会交往情况：自己亲密朋友的族群结构（各族所占比例）；遇到重大事件时是否有可能向其他族群成员咨询或寻求帮助；是否经常参加其他族群成员组织的私人聚会；当地的非官方社团组织是否存在基本以族群划界、彼此分隔的现象。

　　六是族群分层。采用社会学"社会分层"和"社会流动"的视角，来分析一个地区的"社会分层"是否具有某种族群背景，也就是美国族群社会学理论中所强调的"族群分层"现象在社会中是否存在。这是从社会结构和资源分配结构的角度来分析族群关系的重要变量。在调查中，如果得到受访者的各种背景信息，包括族群、教育、职业以及收入、消费情况等，就可以对族群分层进行专题定量分析，以考察各个族群之间在教育结构、经济结构、收入结构等方面存在的群体性结构差异。

　　七是族际通婚。通过人口普查资料或民政部门的数据库，可以了解到各地区族际通婚的基本情况。在实地调查中，可以通过问卷进一步了解各地族际通婚的具体情况，如被访者中与异族结婚人员的家庭背景、个人经历与社会经济状况等信息，把族际通婚人员与族内婚人员进行比较，可以归纳出影响族际通婚的各种因素。可以询问被访者中已经与他族成员通婚者，他们当时结婚的原因，结婚时有没有顾虑，是否遇到阻力以及阻力来源，现在对婚姻是否满意。同时还可以向被访者询问，他们对于自己未婚子女将来如与其他族群成员结婚所持的态度，以及同意或反对子女族际通婚的主要原因。通过对这些与族际通婚相关情况的具体调查，可以从当前影响因素的状况和变化来预测今后族际通婚的前景。

　　八是族群意识。族群意识是人们后天形成的，是社会化过程中的重要内容，人们在看待外部世界时，如何把生活在周围的人们划分为不同的"群体"，群体之间的异与同都体现在哪里？异与同在程度上的深浅，自身如何在这种群体格局中予以定位，又与哪个群体认同……这些都是研究族群与族群关系时应予以特别关注的方面。在实地调查中，可以调查族际通婚夫妇所生子女在民族成份登记时的选择情况，他们做出这种选择时所考虑的主要因素，是否发生过要求更改自己民族成份的现象。这类信息有助于了解哪个族群在当地属于"主导"，其身份可以得到较多资源与机会。调查中还可以通过以下问题了解人们是否存在族群意识和族群意识的强弱程度，以及这个地区人们的族群意识主要会在哪些场合、哪些话题中凸显出来：被访者个人的族群意识是何时并在怎样一个场景下萌生的；使个人族群意识得到明显强化或弱化的重要事件；被访者认为族群在社会和个人生活中所具有的意义；把本族与其他各类群体之间的认同层次进行排序；被访者认为政府政策对于本地民众族群意识演变的影响。

以上 8 个变量指标既考虑了衡量民族关系的适用性，又兼顾了现有统计数据、普查资料的可利用性和实地调查的可操作性，因此本书借鉴其指标设计，参考其关于如何利用资料和如何设计实地调查的具体内容，并结合川南的实际情况，在人口构成、居住格局、族群分层、语言文字使用、宗教和习俗差异、社会交往、族际通婚、族群意识等方面设计相关调查表和调查问卷对川南苗汉民族关系进行研究。

3. 关于影响民族关系的变量研究

英格尔于 1986 年提出一组影响种族或族群成员认同程度的变量体系，包含 14 个自变量，大致可以分为以下几类：（1）人口因素（包括人口相对规模、移民比例、迁移方式 3 个变量）；（2）体质因素（种族差异）；（3）环境因素（包括居住格局、与母国联系 2 个变量）；（4）文化因素（包括语言差异、宗教差异、文化差异 3 个变量）；（5）心理因素（包括与母国情感、族群歧视 2 个变量）；（6）社会结构与流动因素（包括阶级和职业构成、教育水平、社会流动 3 个变量）。族群成员身份认同的强化或弱化必然会对族群之间的交往与融合产生影响，如果族群成员身份认同意识得到强化，势必会阻碍其与他族成员的交往与融合，如果族群成员身份认同意识得到弱化，自然会促进其与他族成员的交往与融合，因此，这一变量体系也可被认为是影响族群关系的分析体系。①

马戎教授结合国内外的研究文献，对影响民族关系的各种因素进行分类概况和综合比较，划分了 15 类主要因素：体质因素、人口因素、社会制度差异、经济结构因素、社会结构因素、文化因素、宗教因素、心理因素、人文生态因素、历史因素、偶发事件、政策因素、传媒因素、外部势力的影响、主流族群对待其他族群的宽容度。②

虽然影响民族关系的变量众多，但是结合川南的实际情况，有两个因素的影响特别突出，一是政策因素，二是心理因素。由于川南是经略滇、黔的重要孔道，明王朝取得四川后便在川南"改土归流"，以剿抚兼施的政策对付当地僰、羿、苗、僳等民族。清王朝则继续对川南与滇、黔交界

---

① 马戎：《民族社会学——社会学的族群关系研究》，北京大学出版社 2004 年版，第 470—471 页。

② 同上书，第 474—491 页。

区域实行改土归流和恩威并举政策。川南经历明清两朝的"国家化"过程中，强制同化激起少数民族的反抗，但最终少数民族要么被同化，要么避居山区，甚至个别民族再难觅踪影，伴随而来的是大量汉族移居川南，从此川南形成了以汉族为主，苗、彝等少数民族共居的格局。中华人民共和国成立前川南历史上的苗汉民族关系以苗汉之间存在明显的隔阂与不和为主要特征，从民族心理的角度来看，主要是汉族对苗族存在严重的民族偏见与歧视所致。但中华人民共和国成立后民族平等成为改善民族关系的根本原则，各项民族政策的宣传和落实，民族优惠政策的落实，使民族团结深入人心，苗汉在交往交流交融中族际认同增强，民族关系一直向好，呈现出团结和谐的状态。因此，本书着重梳理川南民族政策的演变，考察川南苗汉民族之间从民族歧视走向相互认同的民族心理转换过程，并分析政策和心理因素对川南苗汉民族关系变迁的影响。

（二）研究方法

1. 文献研究法

讨论川南历史上的苗汉民族关系更多的是依赖文献资料，因此，对于本书而言，文献资料的收集和分析不可或缺，这些文献资料既包括明、清、民国和当代关于川南的地方志、史志等文献，也包括民国以来学者们关于川南的调查记录与研究著述。本研究广泛收集相关文献资料，进行细致梳理，以钩沉川南苗汉民族关系的变迁轨迹。

2. 田野调查法

主要通过实地调查、发放调查问卷、结构性访谈和非结构性访谈收集川南苗汉民族关系的素材。因历史上留下的史志资料有限，田野调查可收集散见于地方的文献，也可收集民间关于苗汉民族关系的历史素材，以弥补文献资料之不足。同时，通过田野调查，可收集关于苗汉现实民族关系的数据资料。

为了解川南苗汉民族关系的现实状况，笔者设计了《川南苗汉民族关系现状调查问卷》（见附录），该问卷包括六个部分，第一部分是关于被调查对象基本情况的问题，包括性别、年龄、学历、户口、职业、政治面貌、宗教信仰、家庭人口等方面的内容；第二部分是关于收入和消费状况的问题，包括外出务工情况、人均年收入、收入主要来源、收入满意度、消费支出等方面的内容；第三部分是关于语言文字使用状况的问题，包括被调查对象自己及子女对苗语、汉语、苗文、汉文的学习、掌握、使用情况等方面的内容；第四部分是关于社会交往状况的问题，包括交友、赶人亲①、邻里互助等方面的内容；第五部分是关于族际通婚状况的问题，包括家庭族际通婚情况、对族际通婚的态度等方面的内容；第六部分是关于民族意识的问题，包括中华民族认同、苗族认同、民族成份选择、祖先意识、文化认同、偏见和歧视等方面的问题。

2014 年 7—8 月，笔者选择了泸州的叙永、古蔺和宜宾的兴文、筠连、珙县等 5 个享受少数民族地区待遇县的苗族乡作为调查点，随机对当地苗族群众进行调查，共发放 270 份问卷，回收 268 份问卷，其中有效问卷 266 份，问卷的回收率为 99.26%，回收问卷有效率为 99.25%。调查问卷回收后，采用 SPSS19.0 软件对其进行了数据统计分析。为了弥补调查问卷的不足，笔者还对当地苗、汉干部群众进行了深度访谈。此外，除了四川苗族人口、川南民族构成数据来自六次人口普查资料以外，其余关于川南各县苗族的数据均来自当地有关部门，例如，各县族际通婚的数据来自县民政局，苗族人口的数据来自县统计局、乡政府，更改民族成份的数据来自县民宗局，等等。

3. 定性与定量分析相结合的方法

现实的民族关系调查需要有田野的实证支撑，实证最好能将指标量化。如果在民族关系的横向或纵向比较中，仅仅给出定性的结论而无定量支撑，这样的结果只能是不满意的模糊"印象"，无法证明。当我们将求证民族关系的指标给出一些纵向或横向对比的数据资料后，根据这些公认的指标，再加上有研究对象真实的数据，人们就能对民族关系和谐的程度做出清楚的判断。故本研究根据川南的实际情况，选取民族社会学关于衡量民族关系变量的理论和工具进行实际的定量和定性分析。

---

① 当地汉语方言，即"红白喜事随礼"的意思。

第一章 川南多民族构成的历史
及苗族人口状况

第一节 川南多民族构成的历史

一 中华人民共和国成立前川南建制沿革①

川南位于西南地区川、滇、黔三省交界地域，泸州、宜宾古属禹贡梁州之域。秦朝统一中国后置巴郡、蜀郡，今两市各县分属巴郡、蜀郡辖地。汉建元六年（公元前135年），置犍为郡，今两市各县地均纳入犍为郡，分属江阳、符、僰道、南广等县。梁武帝大同年间置泸州和戎州（今宜宾）。隋炀帝大业三年（607年）改泸州为泸川郡，改戎州为犍为郡。

---

① （清）张廷玉等撰：《明史》卷43，《志第十九·地理四》中华书局1974年版，第1045页。

（清）王麟祥等纂修：光绪《叙州府志》（一）卷2，《中国地方志集成·四川府县志辑28》，巴蜀书社1992年版，第34—36页。

（清）田秀栗等纂修：光绪《泸州直隶州志》卷1，《中国地方志集成·四川府县志辑32》，巴蜀书社1992年版，第311—312页。

（清）邓元鏸等修，万慎等纂：光绪三十四年《叙永永宁厅县合志》卷1，第77—83页。

王禄昌、高觐光等修：民国《泸县志》卷1，《中国地方志集成·四川府县志辑33》，巴蜀书社1992年版，第3页。

赖佐唐等修，宋曙等纂：民国《叙永县志》卷1，《中国地方志集成·四川府县志辑33》，巴蜀书社1992年版，第671页。

宜宾市志编纂委员会编：《宜宾市志1911—2000》（上），中华书局2011年版，第17—31页。

泸州市人民政府主办，泸州市地方志办公室主编：《泸州年鉴2014》，方志出版社2014年版，第11—12页。

　　唐朝改郡为州，因川南少数民族多，且叛服不常，故在川南遍设羁縻州。武德元年（618 年），改泸川郡、犍为郡为泸州、戎州。贞观四年（630 年）置泸州都督府，领内县 5 个，督羁縻郡 4 个、羁縻州 10 个、羁縻县 56 个；置戎州都督府，领羁縻州 64 个，羁縻县 145 个。① 泸州和戎州均属剑南道。

　　宋朝沿袭了唐朝的羁縻政策，仍在川南设置了羁縻州。大观三年（1109 年），有夷酋罗永顺、杨光荣、李世恭等各以地内属，诏建滋、纯、祥三州，使罗、杨、李三酋各为刺史。② 政和四年（1114 年），改戎州为叙州，改僰道县为宜宾县，属叙州。宣和元年（1119 年），泸州郡置泸川军节度。泸州、叙州均属潼川府路，泸州领羁縻州 18 个，叙州领羁縻州 30 个。③

　　元朝开创行省，下辖路、府、州、县四级。此外，因西南边疆"夷情"复杂，中央王朝为了控制复杂局面、稳定局势，在西南边疆建立了土司制度。至元十八年（1281 年），叙州升为叙州路，至元二十二年（1285 年），泸州改属重庆路；叙州路、重庆路均属四川行中书省。大德七年（1303 年），在叙州路城设叙南等处蛮夷宣抚司，辖叙州路、马湖路、上、下罗计长官司及四十六囤蛮夷千户所。元统元年（1333 年），置永宁路（今泸州叙永），领筠连州及腾川县（今宜宾筠连），不久改永宁路为镇边元帅军民宣抚司。

　　明朝废路改府，省州改县，成为府、州、县三级制。与此同时，明王朝在西南边疆沿袭了元朝的土司制度，并在一些矛盾突出的地区实行"以流官土官参用"的政策或进行"改土归流"政策。川南最早设置流官的地方是戎（今兴文县）、长（宁县）、高（县）、珙（县）、庆（今庆符镇，已合并到高县）、筠（连县）六县。据记载："戎、长、高、珙、庆、筠六县近相联络，即古戎僰，汉之西南夷也。唐宋以来置州内附，不过羁

① （宋）欧阳修、宋祁等撰：《新唐书》卷 43 下《志第三十三下·地理七下》。
② （元）脱脱等：《宋史》卷 496《列传第二百五十四·蛮夷四》。
③ 同上书，卷 89《志第四十二·地理五》。

縻。我大明悉改为县，流官钤治。"① 在明朝以前，此六县均属于中央王朝羁縻统治，有明一代，改州为县，由流官治理。洪武四年（1371 年），置永宁宣抚司，洪武六年（1373 年），叙州路改为叙州府，泸州改为直隶四川行中书省，洪武九年（1376 年），改四川行中书省为四川承宣布政使司，永宁宣抚司、叙州府、泸州直隶州均属四川承宣布政使司。成化四年（1468 年），程信等讨平大坝（今兴文县大坝乡）都掌夷，改大坝为太平川，置太平长官司，与九姓长官司②同隶永宁宣抚司。明末，永宁宣抚司奢崇明叛，平定后废永宁宣抚司，始置叙永同知辖之，为军粮厅，属叙州府。

　　清朝沿袭明制，保留了各承宣布政使司（辖区直接通称为行省），设立了道、府、厅、州、县，并在西南边疆展开了大规模的"改土归流"。如前所述，在西南边疆地区，川南叙州府是明王朝最早实行流官制度的地区之一，整个川南地区基本上都在明朝时期完成了改土归流的政策转换，清王朝要将西南边疆全部纳入版图，必先对主体地域已经纳入中央王朝统一行政体系的辖区加强统治。顺治十六年（1659 年），清王朝正式公告"叙（州府）地全入版图"。康熙元年（1662 年），始设分巡永宁道，驻叙永；四年（1665 年），分西城隶四川叙永同知，东城（永宁卫）隶贵州威宁府；二十六年（1687 年），改永宁卫为县，仍隶贵州。雍正五年（1727 年），并归四川，为永宁县（光绪三十三年迁治古蔺地段），改属叙州府。雍正八年（1730 年），叙永从叙州府划出，直隶四川行省，叙永直隶厅领永宁一县，太平长官司地改为太平里。乾隆二十九年（1764 年），划屏山县置马边厅，属叙州府，至此，叙州府辖宜宾、南溪等 11

---

　　① （明）曾省吾：《确庵曾先生西蜀平蛮全录》，《北京图书馆古籍珍本丛刊》，书目文献出版社 1988 年版，第 9 册，第 39 页。

　　② 九姓长官司，唐宋时羁縻蛮夷宋州地，元立夷民罗党九人为总把，至元初改为九姓罗氏党蛮夷长官司千户，属筠连州，明洪武六年（1373 年），讨平筠连州滕大寨蛮编张等，降筠连州为县，以九姓长官司隶永宁宣抚司，后因奢逆之变，天启六年（1626 年）改属泸州。参见（清）田秀栗等纂修光绪《泸州直隶州志》卷 1，《中国地方志集成·四川府县志辑 32》，巴蜀书社 1992 年版，第 313 页。

县，辖雷波、马边二厅。① 嘉庆七年（1802 年），置永宁道（1908 年改名下川南道），治泸州，辖叙州府。泸州沿袭明朝建制，仍直隶四川承宣布政使司，领江安、合江、纳溪三县，辖九姓长官司。②

民国二年（1913 年）改泸州为泸县；民国三年（1914 年）下川南道复名永宁道，领宜宾、南溪等 14 县；民国十八年（1929 年）废道，各县直属四川省；民国二十四年（1935 年），实行行政督察区制，四川省第六行政督察区领宜宾、南溪、江安、长宁、庆符、高县、筠连、珙县、兴文等 9 县，第七行政督察区专员公署泸县、隆昌、富顺、合江、纳溪、古宋、古蔺、叙永等 8 县。

二　中华人民共和国成立前川南民族构成演变

由历史建制沿革可知，川南从秦朝被纳入巴蜀两郡辖地之后，经历了唐宋设置羁縻州县、元朝建立土司制度、明朝"以流官土官参用"、清朝"改土归流"等制度模式的演变，从中可看出古代川南地区以少数民族为主，这一点从历史文献记载也可得知。

《汉书·地理志》记载："僰道，莽曰僰治。"③ 东汉应劭在僰道条下

---

① 明洪武四年（1371 年），马湖路总管安济归附，改路为府，领长官司五，曰雷波，曰泥溪，曰平夷，曰蛮夷，曰沐川，以安济世袭知府，隶四川布政司，属川南道。洪武二十六年（1393 年），以雷波民少，省为雷波乡。弘治八年（1495 年），土知府安鳌有罪伏诛，遂改土官为流官。万历十七年（1589 年），设屏山县，仍领长官司四。清朝康熙初年（1662 年），雷波土酋投诚纳土，仍置长官司。雍正五年（1727 年），省马湖府，留屏山县，属叙州府。雍正六年（1728 年），雷波土官杨明义助逆作乱，提督黄统兵剿平之后，改土归流，置雷波卫，属叙州府。乾隆二十六年（1761 年），改卫为厅，仍属叙州府。乾隆二十九年（1764 年），设通判于新镇乡，置马边厅，属叙州府。参见（清）张曾敏等纂修乾隆《屏山县志》卷 1，《中国地方志集成·四川府县志辑 36》，巴蜀书社 1992 年版，第 783 页；（清）周斯才纂修嘉庆《马边厅志略》卷 2，《中国地方志集成·四川府县志辑 69》，巴蜀书社 1992 年版，第 431 页；（清）秦云龙修、万科进纂光绪《雷波厅志》卷 2，《中国地方志集成·四川府县志辑 69》，巴蜀书社 1992 年版，第 627 页。

② 道光二年（1822 年），九姓长官司土官任清因案被议，经川督奏请，将土司所辖之地改为九姓乡。光绪三十四年（1908 年），川督赵尔丰奏请，将九姓乡改设县治，县名为古宋，取唐宋时羁縻宋州之意。参见（清）任五采、车登衢等纂光绪《泸州九姓乡志》卷 1，《中国地方志集成·四川府县志辑 32》，巴蜀书社 1992 年版，第 768 页；民国《古宋县志初稿》卷 1，《中国地方志集成·四川府县志辑 34》，巴蜀书社 1992 年版，第 7、9 页。

③ （东汉）班固：《汉书》卷 28 上《地理志第八上》。

注曰："故僰侯国也。"《华阳国志·蜀志》记载，僰道县"在南安东四百里，距郡百里，高后六年城之。治马湖江会。水通越嶲，本有僰人，故《秦纪》言僰童之富。汉民多，渐斥徙之[①]"。[②] 僰道县在今宜宾市境内，是秦开"五尺道"通西南夷的起点，秦朝时即是僰人的聚居区，高后六年（公元前 182 年）筑城，王莽（公元 9—23 年在位）时曾改称僰治，古称僰侯国，直到汉朝，僰侯势力仍然强大。

"晋康帝建元元年（343 年），蜀李寿从牂柯引獠入蜀。"[③] 成汉李寿时期（公元 338—343 年在位），数以万计的獠人从牂柯（今贵州境内）进入蜀境，川南为牂柯入蜀要道，因此，有大量的獠人迁入川南，与僰人、汉人杂居，这可从后朝的史料记载中得以佐证。唐《元和郡县图志》记载，晋穆帝时期（公元 345—362 年在位），泸州"为獠所没"；梁武帝大同十年，"使先铁讨定夷獠，乃立戎州"[④]。《新唐书》记载："戎、泸间有葛獠，居依山谷林菁，逾数百里。"[⑤]

宋朝时期，川南地区少数民族和汉族杂居，风俗不同。据北宋《太平寰宇记》记载，戎州"夷夏杂居，风俗各异。其蛮獠之类，不识文字，不知礼教，言语不通，嗜欲不同"。泸州"夷獠则与汉不同"，编入户口的獠户比汉主户多："皇朝管汉主户二千四十七，獠户二千四百一十五。"[⑥] 南宋淳熙十年（1183 年），"叙州既外控蛮夷，而城之内外，棘（僰）夷、葛獠又动以万计，与汉人杂处"[⑦]。少数民族被称为蛮、夷、獠，称呼前多加地名，也有加姓氏的。例如，叙州有三路蛮："西北曰董蛮，正西曰石门部，东南曰南广蛮。"泸州有"淯水夷者，羁縻十州五囤

---

① 嘉庆《宜宾县志》记载，叙州府治创建之初（明代废路府改府），以僰人之遗分居城西北十里。参见（清）刘元熙等纂修嘉庆《宜宾县志》卷 18，《中国地方志集成·四川府县志辑 30》，巴蜀书社 1992 年版，第 46 页。

另据大量史料记载，一直到明代万历元年以前，僰人仍然是当地的主体少数民族，且势力强大。故只能认为渐有汉民迁入，和僰人杂居，而不能称其为"渐斥徙之"。

② （晋）常璩：《华阳国志》卷 3《蜀志》。

③ （宋）郭允蹈：《蜀鉴》卷 4。

④ （唐）李吉甫：《元和郡县图志》卷 31、33。

⑤ （宋）欧阳修、宋祁等撰：《新唐书》卷 222 下《列传第一百四十七下·南蛮下》。

⑥ （宋）乐史：《太平寰宇记》卷 79、88。

⑦ （清）徐松：《宋会要辑稿·蕃夷五之一〇一》。

蛮也，杂种夷獠散居溪谷中"，还有"罗苟夷""晏州多刚县夷""晏州
山外六姓及纳溪二十四姓生夷""长宁等十郡八姓及武都夷""乌
蛮"等。①

　　值得一提的是，"乌蛮"（今彝族）渐入川南，且势力日益强盛。《宋
史·蛮夷四》记载，庆历（1041—1048 年）初，"泸州部旧领姚州废已久，
有乌蛮王子得盖者来居其地，部族最盛，数遣人诣官，自言愿得州名以长
夷落。事闻，因赐号姚州，铸印予之。得盖又乞敕书一通以遗子孙，诏从
其请"。乌蛮王子得盖部多次遣人前往官署，要求授予州名，朝廷以其居地
为羁縻姚州，以得盖为刺史。"得盖死，其子窃号罗氏鬼主。鬼主死，子仆
夜袭其号，浸弱不能令诸族。"得盖之子僭用帝王尊号，自称罗氏鬼主，可
见其势力强大，鬼主死后，子仆夜虽世袭其号，但仆夜部势力逐渐变弱，
而晏子部、斧望个恕部的势力则逐渐强大。"乌蛮有二酋领：曰晏子，曰斧
望个恕，常入汉地鬻马。晏子所居，直长宁、宁远以南，斧望个恕所居，
直纳溪、江安以东，皆仆夜诸部也。晏子距汉地绝近，犹有渭井之阻。斧
望个恕近纳溪，以舟下泸不过半日。二酋浸强大，擅劫晏州山外六姓及纳
溪二十四姓生夷。夷弱小，皆相与供其宝。……熊本②言二酋桀黠，不羁縻
之则诸蛮未易服，遂遣人说诱招纳。于是晏子、斧望个恕及仆夜皆愿入贡，
受王命。晏子未及命而死，乃以个恕知归来州，仆夜知姚州，以个恕之子
乞弟、晏子之子沙取禄路并为把截将、西南夷部巡检。""乌蛮"势力的强
盛可从以下三个方面体现出来：一是朝廷采用设置姚州、归来州等羁縻州、
授予官职等手段，以安抚乌蛮部；二是乌蛮掳掠"生夷"，"生夷"因弱小，
都向其供奉宝贝；三是朝廷借助乌蛮势力以征讨其他少数民族，例如，
"（熙宁）十年，（韩）存宝召乞弟等犄角，讨荡五十六村，十三囤蛮乞降，
愿纳土承赋租"。后因乞弟部势力渐盛，且时服时叛，朝廷派兵征讨，"破
其巢穴"后，"以归来州地赐罗氏鬼主"。③

　　元朝时期，川南仍是汉族和其他民族杂居，且以少数民族为主，因
此，朝廷在川南建立了土司制度，并在叙州路设立了叙南等处蛮夷宣抚

---

① （元）脱脱等：《宋史》卷 496《列传第二百五十四·蛮夷四》。
② 熊本（1026—1091 年），北宋大臣。
③ （元）脱脱等：《宋史》卷 496《列传第二百五十四·蛮夷四》。

司。至元十五年（1278年），"金书西川行枢密院昝顺招诱川南都掌蛮夷及其属百一十人①内附，以其长阿永为西南番蛮安抚使，得兰纽为都掌蛮安抚使"②，阿永（彝族）、得兰纽（僰人）为元朝在川南最早设立的土司。少数民族族属不详，被统称为"诸族蛮夷"③ 或"诸部蛮夷"④，通常在蛮夷前面加地名或姓名以示区别，如"都掌蛮" "叙州等处秃老蛮"⑤ "九姓罗氏党蛮夷"⑥ "马湖蛮" "下罗计蛮夷" "四十六囤蛮夷" "豕蛾夷" "阿永蛮"⑦ 等。晋代以后迁居川南的僚人逐渐和其他民族交融，也被称为蛮夷，僚的称呼已很少见于文献，蚯子（明朝称羿子）的称呼开始见诸于文献记载。⑧ 少数民族多居住在村囤、山箐，例如，高州（今高县境内）"蛮人散居村囤，无县邑乡镇"，马湖路（今屏山县境内）"民散居山箐，无县邑乡镇"，戎州（今兴文境内）"大坝都掌，分族十有九……叛服不常，州治在箐前。所领俱村囤，无县邑乡镇"，上罗计长官司（今珙县境内）"民人散居村箐，无县邑乡镇"，等等。⑨

有明一代，川南仍是众多民族活动的舞台，少数民族被统称为"叙泸诸夷"，但这一时期已经开始对民族种类进行简单的划分。据明嘉靖年间编修的志书记载："叙泸诸夷，泸戎依山险，善寇掠，即僰、羿、苗、猓等种是也。"⑩

明代川南僰人既包括了世居土著僰人，也包括后来迁居此地、逐渐融

---

① 从下文来看，应为招诱川南都掌蛮和阿永蛮及其属内附，因阿永为阿永蛮的首领，不是都掌蛮的首领。阿永蛮为乌蛮部的一支，都掌蛮则是川南另一支势力强盛的部族，为土著僰人。

② （明）宋濂等：《元史》卷10《本纪第十·世祖七》。

③ 同上书，卷9《本纪第九·世祖六》。

④ 同上书，卷60《志第十二·地理三》。

⑤ 同上书，卷10《本纪第十·世祖七》。

⑥ （清）田秀栗等纂修：光绪《泸州直隶州志》卷1，《中国地方志集成·四川府县志辑32》，巴蜀书社1992年版，第313页。

⑦ （明）宋濂等：《元史》卷60《志第十二·地理三》。

⑧ 据元史记载，至元十七年，行省也速带兒讨都掌、乌蒙、蚯子诸蛮。参见（明）宋濂等《元史》卷166《列传第五十三·石抹狗狗》。至元二十二年，从讨乌蒙蛮，复击降大坝都掌、蚯子诸蛮。参见（明）宋濂等《元史》卷165《列传第五十二·张万家奴》。

⑨ （明）宋濂等：《元史》卷60《志第十二·地理三》。

⑩ （明）刘大谟、杨慎等纂修：嘉靖《四川总志》卷16，《北京图书馆古籍珍本丛刊》，书目文献出版社1988年版，第42册，第312页。

合其中的僚人。① 因属于僰人部的都掌蛮势力在明代日益强盛，从洪武至万历元年反抗斗争不断，故关于都掌蛮的记载在这一时期的历史文献中层出不穷，或称都掌，或称都蛮，或称都掌蛮，几乎已经成为僰人的代名词。明王朝多次用兵镇压都掌蛮②，万历元年（1573 年）明启用大军再次征剿都掌蛮后，族人或逃亡他乡，或隐族埋姓，从此都掌蛮和僰人不复见于记载。

据清道光《大定府志·疆域志》记载，羿子"即元之蚁子蛮"。有学者认为，这个羿子，很可能就是唐代史籍上所记的"夷子"，唐代"夷子"所居，大致在今黔东之西，元明时期羿子活动地域在今黔西北、川南及滇东北一带。明代关于川南泸叙之地至黔西北地区羿子活动的记载增多，羿子被视为生活在乌蒙、芒部之北，戎州、泸州之南且未有土官管辖的小夷。据记载，川南羿子分布在珙县、叙永、古蔺、峨边、雷波等地。③《明史·四川土司二》载，成化十五年（1480 年），白罗罗、羿子与都掌大坝蛮相攻，礼部侍郎周洪谟（叙州人）言羿子为"永宁宣抚所辖"④。清代地方志记载，永宁宣抚司所属有"羿蛮凡四十八寨"。由此可见，永宁宣抚司管下有大量的羿子。万历年间征剿都掌蛮时，明军大量征发羿兵为其卖命，永宁奢氏指挥之下也多有羿兵。⑤

"猓"⑥，又记载为"猓猡"、"猡猡"、"倮倮"、"罗罗"，为"乌蛮"后代（今彝族）。"乌蛮"从宋入居川南，势力日益强盛，一直到明末

---

① 刘复生：《僰国与泸夷——民族迁徙、冲突与融合》，巴蜀书社 2000 年版，第 190 页。

② 《两朝平攘录》卷二《都蛮》言："国初至万历二百余年间，朝廷凡遣将十一征。"《平蛮录》卷十载《功宗小纪》："明兴二百年间，盖十有一征。"《天下郡国利病书》卷六九《四川五·建武千户所》记载，万历元年荡平都掌人之前，"先后凡十有二征，俱弗克"。由此可见，明王朝对都掌蛮进行征讨的次数，史籍所载有异，但差别不大。参见刘复生《僰国与泸夷——民族迁徙、冲突与融合》，巴蜀书社 2000 年版，第 211 页。

③ 刘复生：《僰国与泸夷——民族迁徙、冲突与融合》，巴蜀书社 2000 年版，第 193—194 页。

④ （清）张廷玉等撰：《明史》卷 312《列传第二百·四川土司二》，中华书局 1974 年版，第 8051 页。

⑤ 刘复生：《僰国与泸夷——民族迁徙、冲突与融合》，巴蜀书社 2000 年版，第 193—194 页。

⑥ 在古代典籍中，少数民族的称呼通常被添加上"犭"，典籍多为汉人撰修，从中也体现出古代汉族对少数民族的歧视。

"奢安之乱"之前，在当地都极具影响力。川南彝族主要集中在今叙永、古蔺一带，元末置永宁路，不久改为镇边元帅军民宣抚司。"洪武四年平蜀，永宁内附，置永宁卫。……七年升永宁等处军民安抚司为宣抚使司，秩正三品。八年以禄照为宣抚使。……二十六年，以禄照子阿聂袭职。"宣抚阿聂去世后，其妻奢苏任永宁宣抚使，后世袭宣抚使有奢贵、奢禄（女）、奢效忠、奢崇周、奢崇明等。天启元年（1621年），奢崇明请调马步兵二万援辽，借机反叛，后和贵州宣慰司同知安邦彦联合反明，崇祯初，奢崇明、安邦彦兵败被杀。奢崇明反明失败后，永宁改土归流。① 至此，彝族结束了在当地的统治地位，族人死伤甚众，幸存之族人有的外迁，有的改姓，已无势力可言。

历史上苗族迁徙频繁，主要由东往西辗转移动。② 苗族自东方迁徙到川南，始于何时尚无定论，有上古之说③，有秦汉之说④，有东晋之说⑤，

---

① （清）张廷玉等撰：《明史》卷312《列传第二百·四川土司二》，中华书局1974年版，第8049—8056页。

② 郎维伟：《四川苗族社会与文化》，四川民族出版社1997年版，第38页。

③ 有学者认为，川南的苗族是由三部分人不断地融合形成的，即川南苗族成分有三个层次：一部分是唐宋以前至上古，三苗之后裔不断地分批迁徙而来；另一部分是当地的僰人与这些苗族杂居相处，时间久远，不断影响，互相融合；第三部分是明清之后，由于民族压迫导致的战争，大量苗族从湖广及黔省迁徙而来。参见龙正学、杨正文《川南苗族概况》，载四川省民族研究会苗族委员会《四川苗族研究——四川省苗族乡经济文化研讨会论文资料集》，2001年版，第61—79页。

④ 有学者认为，秦汉至南北朝时期苗族分布的地区很广，但当时苗族的主要聚居区是在武陵五溪和相邻的鄂西、川东、黔东北一带。由于封建王朝不断的军事镇压，苗族被迫从武陵五溪地区继续由东而西，由北而南流徙。一部分苗族从武陵山脉的北端而西，进入今贵州北部、中部、西北部和川南。经唐末和北宋之际的战乱，苗族已由武陵五溪地区，经黔东、川南，迁徙到黔西北和滇东北地区。由于苗族的不断迁徙，唐宋数百年间，武陵五溪及其邻近地区，即今湘西、黔东、川东、鄂西等地，虽仍为苗族的主要聚居区，但其分布范围，已达贵州各地、川南和桂北，以及云南的部分地区。元明和清初，苗族相当大一部分仍聚居于武陵五溪地区，但由于战乱，继续在向西迁徙。进入贵州的苗族，又继续向云南各地迁徙。这一时期，还有湖广的苗族，因战乱迁徙到川南，或经川南筠连、叙永等地南下进入云南东北威信、彝良等地。参见伍新福、龙伯亚《苗族史》，四川民族出版社1992年版，第85、90、92、172—177页。

⑤ 有学者认为，古代通称南方少数民族为蛮，其中包括了濮越、苗、僚等古代民族。大约在东晋咸和年间（公元333年），居住于洞庭湖西岸的部分武陵蛮西迁，循乌江西下，进入黔西北和川南地区。参见四川省民族研究所《四川少数民族》，四川民族出版社1982年版，第60页。

有唐末宋初之说①，有"苗族大量西迁的时间不会早于宋代"之说②，有"元朝以前"之说③，有明初或明末清初之说④，有"大量苗族进入川南

---

①　有学者认为，苗族大约在唐末宋初已开始由黔西北进入川南地区，此后又陆续从不同的路线小股地进入川南。参见陈一石《川南苗族古史传说试探》，《贵州民族研究》1981年第4期。

②　有学者根据川滇黔方言地区的苗族古歌，结合杨汉先把封建王朝用火药火炮打败苗族先民作为西迁时间的论点以及在《大花苗迁入乌撒传说考》中的论证，认为苗族大量西迁的时间不会早于宋代，四川南部和西南部的苗族也不例外。参见郎维伟《四川苗族社会与文化》，四川民族出版社1997年版，第39页。

③　兴文苗族干部杨永华根据民国《古宋县志初稿》记载"古宋自元时设蛮夷长官司，则苗族蕃滋天然公例"，认为在元朝以前，苗族就已到了川南地区。兴文在很早以前就有苗族居住，因种种原因辗转迁到其他地方去了（最早居住在兴文的苗族，一部分在刘显攻克九丝后遭受屠杀，余者迁出兴文，有的后来进入奢氏之地，奢氏兵败后仅少数留在兴文，被称为"嗨滇蒙"，意为"奴隶主统治下的苗族"）。现在居住在兴文的苗族几乎都是在"芒"彝族迁走了以后，在十七世纪中叶迁入兴文的，距今三百多年。大多数姓氏，只有八九代人至十二三代人，迁入的途径有四个：一是"湖广填四川"，其中湖广麻城县孝感乡迁来的居多，但绝大多数苗族都不是直接迁入兴文，而是经贵州、云南、泸州、古蔺、叙永等地迁入兴文，其中从云南威信进入兴文的居多；二是随军征战，战争结束后留下；三是沿山打猎，进入兴文；四是逃荒避祸，定居兴文。参见杨永华《兴文苗族》，中国香港天马图书有限公司2002年版，第66—79页。

④　川南珙县苗族传说"约五百年前，苗族自他处迁来，卜居于高、珙、筠连诸县之地"。参见林名均《川南僰人考》，《文史教学》1941年创刊号。

据20世纪50年代四川民族调查组在川南泸州专区的调查，在当地苗族中流传着这样的传说：一说苗族于明初洪武年间来此；一说苗族祖先原来居住在湖广一带，明末清初张献忠领导的农民起义失败后，四川很多人惨遭屠杀，苗族从"湖广填川"而来的；一说苗族是打猎来到此地，发现这些地方可以耕种而定居下来的。此外，据地方志记载，泸州、古蔺、古宋（今兴文）、叙永，很早就已有苗族定居。所调查苗族说来址居住已有12—16代人，叙永南坝村古、罗两姓苗族的族谱亦作如是记载。由是推之，有可能是明初或清初迁入的。参见四川民族调查组苗族小组《泸州专区苗族社会历史调查》，载四川省编辑组《四川省苗族傈僳族傣族白族满族社会历史调查》，四川省社会科学院出版社1986年版，第1页。

古蔺县麻城乡的苗族传说是从江南、江西、湖南逃到四川来的，各姓的传说不一。熊姓传说：是因被打败从湖广来的，来时落点于云南镇雄，娶了两个妇人，生九子，后来一支分到范家河；另一支由于和汉人打仗被打败而逃到了古蔺。宋姓传说：他们的祖先是当时汉族高家的马夫，随着高家而入川的，经过许多地方，才逃到古蔺。分支后，一支迁到贵州，一支留在四川。后四川这支又分五房迁居，其中一房迁居到贵州大定的六寨。马姓传说：是从江南梅菊县逃来的，始祖是汉族，系明熹宗天启四年（1624年）剿四川土司奢崇明的一员大将，奢崇明被打败后就于古蔺定居，与姓陶的苗族女子结了婚。参见四川民族调查组苗族小组《古蔺县麻城乡苗族社会历史调查》，载四川省编辑组《四川省苗族傈僳族傣族白族满族社会历史调查》，四川省社会科学院出版社1986年版，第61—62页。

筠连县联合乡的苗族来源大致有两说。一说是苗族来自直隶，即今河北省。这种传说认为苗族系蚩尤的后裔，在苗汉战争中，逐渐退居于江苏、浙江、湖南等省，辗转徙居贵（转下页注）

时间是在明代"之说①，等等。苗族在川南最早且有据可查的记载在明代。明嘉靖年间编修的《四川总志》在叙泸民族种类中明确提出了苗族。《明史·四川土司二》记载，白罗罗于"景泰中，纠戎、珙苗，攻破长宁九县"②。此后，有关川南苗族的记载便不绝于书。根据乾隆时期撰写的《珙邑安苗论》记载，"此处（珙县）苗民自明万历初年隶入中国，二百余载未尝轻动。"③《高县志》称苗族乃"明初始渐入川南"④。另据上述多位学者在川南的实地调查，不管是苗族的民间传说，还是苗族的族谱记载，都可得知现在川南境内的苗族迁居至此不过一二十代，且为明清时期陆续迁入。因此，本书将苗族迁居至川南的上限界定为明代。迁入川南的苗族一部分在彝族土司领地内生活；另一部分则自己垦荒有了自己的家园和村落。同时，明王朝的"国家化"使汉人大量进入川南，苗汉两个民族逐渐交错分布在一个区域内，这时才构成了两个民族交往的历史，从空间看在川南，从时间看是明清时期，这就成为川南苗汉交往的开端。

整个明朝时期川南境内屡遭战乱，由于民众或被杀戮，或四散逃生，

（接上页注）州，后被逐于云南、四川的荒山老林。另一种说法，苗族是由湘、赣、桂迁徙而来。如熊姓苗族，原祖居江西，明朝封建王朝鉴于云、贵一带地广人稀，遂在江西、湖、广一带，强迫苗民向云贵迁徙，落点于云南楚雄县李子坝，开荒辟岭。其后分为三支，有两支入川，一支落点于珙县洛表，一支到筠连，迄今已有十一二代了。参见四川民族调查组苗族小组《筠连县联合乡苗族社会历史调查》，载四川省编辑组《四川省苗族傈僳族傣族白族满族社会历史调查》，四川省社会科学院出版社 1986 年版，第 97 页。

持明初之看法的，对何地何因进入川南还有以下几种传说。一是洪武调北征南说。在叙永、古蔺地区有部分苗族传说他们的祖辈原在湖南，在明初洪武时期调北征南而来。二是由广东来川说。在珙县有部分苗族传说他们的祖先原居广东，由于苗汉战争，这支苗族辗转由云南进入川南珙县地区。三是从贵州逃亡来川说。在古蔺一些苗族老人说，他们的祖先原在贵州莫支地区，后因民族间的战争，逃亡到古蔺定居下来。参见陈一石《川南苗族古史传说试探》，《贵州民族研究》1981 年第 4 期。

①　有学者认为，史籍和民间传说苗族进入川南的上限在明初，当然实际情况可能会早一些，但大量苗族进入川南的时间是在明代。参见刘复生《僰国与泸夷——民族迁徙、冲突与融合》，巴蜀书社 2000 年版，第 200 页。

②　（清）张廷玉等撰：《明史》卷 312《列传第二百·四川土司二》，中华书局 1974 年版，第 8052 页。

③　（清）冉瑞桐、罗度、郭肇林等修纂：光绪《珙县志》卷 11，《中国地方志集成·四川府县志辑 35》，巴蜀书社 1992 年版，第 230 页。

④　参见刘复生《僰国与泸夷——民族迁徙、冲突与融合》，巴蜀书社 2000 年版，第 199 页。

从而出现清初人烟稀少，土地荒芜的局面，川南各地方志[①]均有类似记载。"蜀自明季兵燹之后，户口凋残八九，而高邑在先尤重，遭夷蛮之变，数十里之内，且无烟火矣。"[②] 筠连"自兵燹以后，户口无几"[③]。珙县"田少、民乏"[④]。泸州"户口凋于兵燹"[⑤]。"泸人自明末遭流寇之乱，死亡转徙，孑遗无多。"[⑥] 泸县"清初编户三里，计户三百余"[⑦]。合江"县人民族自明季遭献贼屠戮，孑遗者仅千之一二""清初地旷人稀，仅编三里"[⑧]。江安"自明季兵燹后，土著仅十一二余，皆五方杂处"[⑨]。川南各地由于"明季兵燹频仍，僰羿苗猓之属亦罹屠戮，所存无几"[⑩]。于

---

① 川南地方志可考者，清代以前俱无。究其原因，主要由于明代以前川南均为羁縻，由土官统治，故无修志的传统。有明一代，川南虽然逐渐改土归流，但因地处偏远或战乱频仍，仍不具备修志的条件。例如，光绪《珙县志》载，乾隆时期珙县知事曾受一初莅珙，询及方志，答曰："此荒凉万山中，谚云'七家珙县，何志之有'。"又如，光绪《叙永永宁厅县合志》载，"永宁于明代为宣抚司土官，故无志。继因奢酋之乱，加以吴逆之残，官民庐舍仓库典籍荡然一空，靡有孑遗矣，故无可志"。当然，也不排除个别地方修志后，因战乱兵燹文献无存的情况。清代为地方志的鼎盛时期，统治者极为重视修志，一再诏令各州县修志。再加之整个川南地区在清朝时期都由流官进行统治，不乏撰史修志之士。故清代以后，川南地方志繁荣，各州县均撰有方志。

② （清）敖立榜等修，曾毓佐等纂：同治《高县志》卷7，《中国地方志集成·四川府县志辑35》，巴蜀书社1992年版，第319页。

③ （清）程熙春等修：同治《筠连县志》卷4，《中国地方志集成·四川府县志辑36》，巴蜀书社1992年版，第50页。

④ （清）冉瑞桐、罗度、郭肇林等修纂：光绪《珙县志》卷首，《中国地方志集成·四川府县志辑35》，巴蜀书社1992年版，第3页。

⑤ （清）田秀栗等纂修：光绪《泸州直隶州志》卷5，《中国地方志集成·四川府县志辑32》，巴蜀书社1992年版，第455页。

⑥ 王禄昌、高觐光等修：民国《泸县志》卷3，《中国地方志集成·四川府县志辑33》，巴蜀书社1992年版，第106页。

⑦ 同上书，第76页。

⑧ 王玉璋修，刘天锡、张开文等纂：民国《合江县志》卷4、卷1，《中国地方志集成·四川府县志辑33》，巴蜀书社1992年版，第481、347页。

⑨ 严希慎、陈天锡等修纂：民国《江安县志》卷2，《中国地方志集成·四川府县志辑32》，巴蜀书社1992年版，第34页。

⑩ （清）程熙春等修：同治《筠连县志》卷7，《中国地方志集成·四川府县志辑36》，巴蜀书社1992年版，第99页。

（清）敖立榜等修，曾毓佐等纂：同治《高县志》卷20，《中国地方志集成·四川府县志辑35》，巴蜀书社1992年版，第387页。

（清）孙定扬修，胡锡祜等纂：光绪《庆符县志》卷21，《中国地方志集成·四川府县志辑35》，巴蜀书社1992年版，第581页。

是，伴随而来的是大量汉族移民陆续迁入川南。叙州府"明季原额人丁
六万二千一百五十八丁……嘉庆十年报部两厅十一县新旧承粮花户六万七
千九百五十户，人丁四十二万四千二百一十五丁口"①。从明末至清嘉庆
十年，只有近两百年时间，人口增加了六倍。其间有辖区调整导致的人口
变动：雍正初，改设直隶叙永厅，减少叙永永宁两地人口，叙永"报部
承粮花户新旧共六千六百四十户"，永宁"报部承粮花户一千九百五十三
户"②；新设雷波卫，"清查报部番民户口一千二十八户"③。叙州府由于
区划变动新增的人口少于划出去的人口，大量新增人口实为外地迁入。叙
州"以今考之，百里内外，占籍所自，皆可沿溯，并无所谓僰人者，大
抵来自元明者多吴楚④，自国（清）朝者多闽粤"⑤。泸州"自外省移实
者，十之六七为湖广籍（麻城县孝感乡），广东江西福建次之"⑥。高县有
"楚粤之民襁负日至，而江右八闽之旅食者，间亦受廛落籍"⑦。古宋（今
兴文）"来自两湖者最多，广东次之，闽赣又次之，陕西江南两籍较
少"⑧。叙永永宁"汉人徙居者愈盛，如楚粤滇黔闽越皖赣秦吴诸省为尤
多，近则城乡市镇皆属汉人"⑨。由此可见当年移民入川的盛况。随着大

---

① （清）刘元熙等纂修：嘉庆《宜宾县志》卷7，《中国地方志集成·四川府县志辑30》，
巴蜀书社1992年版，第19页。

② （清）邓元鏸等修，万慎等纂：光绪三十四年《叙永永宁厅县合志》卷37，第1072、
1074页。

③ （清）刘元熙等纂修：嘉庆《宜宾县志》卷7，《中国地方志集成·四川府县志辑30》，
巴蜀书社1992年版，第19页。

④ 由此可见，元明时期也有汉族迁入川南。从《华阳国志·蜀志》记载有汉民迁入川南以
后，一直有汉人陆续迁居川南。据史载，"有明改制，汉人僦居，诸苗渐退居山洞"（参见民国
《古宋县志初稿》卷8，《中国地方志集成·四川府县志辑34》，巴蜀书社1992年版，第109页），
虽然迁入川南的汉族人口无从考证，但从此记载可知，明代改土归流以后，迁入川南的汉族人口
日渐增加。据各地方志记载，清朝为汉人迁入川南的巅峰时期。

⑤ （清）刘元熙等纂修：嘉庆《宜宾县志》卷18，《中国地方志集成·四川府县志辑30》，
巴蜀书社1992年版，第46页。

⑥ 王禄昌、高觐光等修：民国《泸县志》卷3，《中国地方志集成·四川府县志辑33》，巴
蜀书社1992年版，第106页。

⑦ （清）敖立榜等修，曾毓佐等纂：同治《高县志》卷7，《中国地方志集成·四川府县志
辑35》，巴蜀书社1992年版，第319页。

⑧ 民国《古宋县志初稿》卷8，《中国地方志集成·四川府县志辑34》，巴蜀书社1992年
版，第109页。

⑨ （清）邓元鏸等修，万慎等纂：光绪三十四年《叙永永宁厅县合志》卷20，第524页。

量汉人迁居川南的，还有少量苗族。如前所述，现居住在川南的苗族有不少是清代从湖广、贵州、云南等地迁入的。与此同时，也有少数彝族和回族迁居川南。据史志记载，高县安宁定边二乡彝族"尚多来自滇南镇雄，来寻地主佃居"[①]；叙永永宁回族"自康雍年间始有马麻刘达四姓，后又增陶苏魏罗各姓，凡数百家"[②]。

　　至此，川南的民族分布格局由"夷多汉少"转换为"汉多夷少"。例如，光绪四年（1878年），泸州九姓乡"承粮花户一千二十一户，未承粮一万二千二百六十八户，男妇共计六万二千六百零九口，夷民一千四百七十六户，男妇共计五千九百四十一丁口"[③]。该乡原为九姓长官司，属少数民族聚居地，至光绪年间，少数民族人口仅为总人口的9.49%，由此可见一斑。

　　民国时期，川南地区的民族构成仍是汉族占绝大多数，少数民族有苗族、彝族和回族，人口数没有正式统计。少数从事民族研究的学者对川南苗族人口进行过估略统计，如林名均于1936年在《川苗概况》中指出，苗族在四川约有五万余人（林文所指地理范围为川南）。[④] 王文萱于1939年在《苗民的分布现状及其类别》中指出，四川苗族"大半在长江南岸，为叙州府属的横江流域一带，高、珙、兴文、长宁、筠连等县，与汉人杂居，居住区域，山间较多于城镇，有四五万人，属白苗，现在又呼川苗"[⑤]。在川南极少数的县志中也有当地少数民族人口记载：例如，民国《筠连县志》记载，民国三十六年，筠连县户数为15816户，人口数为77400人，而"筠邑少数民族，仅有回、苗二种。回民计六户，凡丁口三十余人。苗民则散居今巡司（第十一、十五、十六保）、双河（七至十四保）、大乐及龙塘四乡，约计户三七五，男女丁口一三七〇左右"[⑥]。少数

---

　　① （清）敖立榜等修，曾毓佐等纂：同治《高县志》卷54，《中国地方志集成·四川府县志辑35》，巴蜀书社1992年版，第516页。

　　② （清）邓元鏓等修，万慎等纂：光绪三十四年《叙永永宁厅县合志》卷20，第525页。

　　③ （清）任五采、车登衢等纂：光绪《泸州九姓乡志》卷2，《中国地方志集成·四川府县志辑32》，巴蜀书社1992年版，第789页。

　　④ 林名均：《川苗概况》，《新亚细亚月刊》1936年第12卷第4期。

　　⑤ 王文萱：《苗民的分布现状及其类别》，《边声月刊》1939年第1卷第3期。

　　⑥ 祝世德著，筠连县地方志办公室整理：民国《筠连县志》，四川大学出版社2012年版，第163页。

民族户数仅占总户数的 2.41%，人口数仅占总人口的 1.81%。另据民国《古宋县志初稿》记载，古宋县有汉人和苗人，苗族人数"不过千家"①。民国《叙永县志》记载："民族土著者少，寄籍者多，而以鄂省人为最，赣粤人次之，川陕闽皖浙黔人又次之，然皆在百年或二百年以上。"由此可见，叙永原住民已为数不多，现住户多由外地迁居至此。叙永少数民族有回族、苗族和彝族。回族"来之叙永，始于有清康雍年间……凡数百家"。苗族和彝族并无确切的数字统计。"今之苗实古之蛮。……以蛮为苗，乃近儒附会古典，习焉不察，遂成通耳。……叙永旧为苗人故居，凡土著者皆苗人，今已窜居山谷间。……旧志载：叙永苗族，花苗、青苗而外，又有鸦雀苗、牛屎苗，今以苗族只有红苗、青苗、黑苗、白苗、花苗五种，余则均为支属，鸦雀苗或即花苗之一支。"姑且不论"今之苗实古之蛮"、叙永"凡土著者皆苗人"是否有据可考，但可以肯定的是，叙永土著民族已经逐渐和苗族交融在一起，以至于被史志纳入苗族的范畴。叙永彝族在民国县志中被称为"猓猡"，"猓猡，又称猓猓，即爨蛮也。有生熟二种，生夷在诸蛮中，最称桀骜不驯，习俗尚鬼，又名罗鬼。熟夷则与内地人民相等。叙永猓猡系奢酋遗种"。叙永彝族除了"猓猡"，还包含了土著民族羿子。"叙永旧为宣抚司，地如岩梯，水潦各地，多有夷民，旧隶土司，皆奢酋遗种也，考夷民属掸族，多居于滇边丽江以南，有僰人、掸人、摆夷之分。"② 虽然民国县志将旧隶奢崇明土司的"夷民"归属为掸族，即今傣族，但是，民国以前，叙永无关于傣族的记录，中华人民共和国成立以后直到 20 世纪 90 年代，叙永仍无傣族，③ 因此，结合以往的记载，笔者认为，县志记载的"夷民"应为奢崇明土司管辖下的羿子，后多归属于彝族或汉族，也有极少数羿子作为未识别民族，居住于叙永县和古蔺县。叙永县境内羿子居住于中沙村。④ 古蔺县马蹄乡墙院村有羿人 200 余人，有李、王、杨、石、秀等 24 个姓氏。据 2000 年人口普

---

① 民国《古宋县志初稿》卷 8，《中国地方志集成·四川府县志辑 34》，巴蜀书社 1992 年版，第 109 页。

② 赖佐唐等修，宋曙等纂：民国《叙永县志》卷 4，《中国地方志集成·四川府县志辑 33》，巴蜀书社 1992 年版，第 772—773 页。

③ 四川省叙永县志编纂委员会编：《叙永县志》，方志出版社 1998 年版，第 112 页。

④ 同上书，第 113 页。

查，泸州羿人人口为 327 人。①

第二节　川南民族构成的现状

一　中华人民共和国成立后川南泸州、宜宾建制沿革

中华人民共和国成立以后，1950 年 1 月成立西南行政区川南行政公署，辖自贡、泸州 2 市和泸县、宜宾、乐山、资中（后改为内江）4 专区。泸县专区后改为泸州专区，辖泸州 1 市，泸县、古蔺、古宋、富顺、合江、叙永、纳溪、隆昌 8 县。宜宾专区辖宜宾 1 市，宜宾、南溪、庆符、江安、长宁、高县、筠连、珙县、兴文 9 县。今宜宾屏山县属乐山专区，宜宾兴文东部属泸州专区。1957 年 2 月，屏山县由乐山专区划入宜宾专区，宜宾专区辖 10 县 1 市；1960 年 1 月，庆符县并入高县后，辖 9 县 1 市。1960 年 3 月，古宋县并入叙永县，泸州专区辖 1 市 7 县。1960 年 7 月，泸州专区撤销，所属市县划归宜宾专区，宜宾专区增辖泸州市和泸县、纳溪、合江、隆昌、富顺、叙永、古蔺 7 县，辖 16 县 2 市。1967 年 4 月，宜宾专区改称宜宾地区。1978 年 4 月，隆昌县划入内江地区。1983 年 3 月，富顺县划入自贡市。1983 年 6 月，国务院批准，将泸州市、泸县、纳溪区、合江县从宜宾地区划出，设四川省辖泸州市。1985 年 8 月，叙永、古蔺二县划入泸州市。1996 年 10 月，国务院批准撤销四川省宜宾地区，改设为四川省辖宜宾市，同时撤销原地辖宜宾市，改设为宜宾市翠屏区。截至 2014 年，宜宾市辖翠屏区、宜宾县、南溪县、江安县、长宁县、高县、筠连县、珙县、兴文县、屏山县 9 县 1 区；泸州市辖江阳区、纳溪区、龙马潭区、泸县、合江县、叙永县、古蔺县 4 县 3 区。②

作为散杂居民族地区，泸州、宜宾两地经四川省人民政府批准，于

---

①　泸州少数民族志编纂委员会：《泸州少数民族志》，民族杂志社 2015 年版，第 54 页。

②　宜宾市志编纂委员会编：《宜宾市志 1911—2000》（上），中华书局 2011 年版，第 81—82、88—92 页。

泸州市人民政府主办，泸州市地方志办公室主编：《泸州年鉴 2014》，方志出版社 2014 年版，第 11—12 页。

四川省地方志编纂委员会编纂：《四川省志·地理志》（上册），成都地图出版社 1996 年版，第 82—96 页。

兴文县志编纂委员会编：《兴文县志》（1996—2005），方志出版社 2010 年版，第 58 页。

1984 年成立了 17 个民族乡，其中泸州市 5 个：叙永县白腊苗族乡、合乐苗族乡、枧槽苗族乡、石坝彝族乡、水潦彝族乡，宜宾市 12 个：兴文县沙坝苗族乡、毓秀苗族乡、大河苗族乡、麒麟苗族乡、仙峰苗族乡、丁心苗族乡，珙县玉和苗族乡，筠连县高坪苗族乡、联合苗族乡、团林苗族乡，屏山县屏边彝族乡、清平彝族乡。1986 年，泸州市增设 4 个民族乡：古蔺县箭竹苗族乡、大寨苗族乡、马嘶苗族乡、乌龙苗族乡。1991 年，宜宾市增设珙县观斗苗族乡。1992 年，兴文县丁心苗族乡划入仙峰苗族乡。1993 年，宜宾市增设珙县罗渡苗族乡。2006 年，兴文县沙坝苗族乡划入大坝镇，更名为大坝苗族乡；古蔺县乌龙苗族乡撤销，并入大寨、箭竹两个苗族乡。[①] 至此，泸州共有 8 个民族乡，其中 2 个彝族乡，6 个苗族乡；宜宾共有 13 个民族乡，其中 2 个彝族乡，11 个苗族乡。目前，四川共有 20 个苗族乡，其中 17 个在川南。由此可见，川南是四川苗族的主要聚居区。2009 年，兴文县获批享受少数民族地区待遇；2014 年，叙永县、古蔺县、筠连县、珙县、屏山县获批享受少数民族地区待遇。

二　中华人民共和国成立后川南民族构成及苗族人口状况

（一）川南各族人口绝对数量和相对规模

中华人民共和国成立以后，党和国家对少数民族进行了识别，并相继开展了六次人口普查，少数民族人口数量得到科学的统计。中华人民共和国成立初期，四川苗区开展了大规模的社会调查，得知川南苗族有 65561 人，从此川南苗族人口数量告别了无准确记载的历史。[②]

---

① 四川省民族事务委员会：《四川省民族乡基本情况》，《四川省散杂居民族工作调研报告集》（内部资料），2002 年，第 142 页。

四川省民族事务委员会编印：《四川省民族乡简介》，2006 年，第 37—58、104—136 页。

珙县民族事务委员会编印：《珙县苗族志》，1996 年，第 10—11 页。

兴文县年鉴编辑委员会编：《兴文县年鉴 2012》，2012 年，第 264 页。

兴文县志编纂委员会编：《兴文县志》（1996—2005），方志出版社 2010 年版，第 47 页。

泸州少数民族志编纂委员会：《泸州少数民族志》，民族杂志社 2015 年版，第 93—96 页。

② 郎维伟：《四川苗族社会与文化》，四川民族出版社 1997 年版，第 3 页。

在历次人口普查中，四川和川南苗族人口数量如下：[①]

表1—1   六次人口普查四川、川南苗族人口表

普查次数	普查时间	四川苗族			川南苗族		
		人口数（人）	人口增长百分比（%）	占全省总人口的百分比（%）	人口数（人）	人口增长百分比（%）	占全省苗族人口的百分比（%）
第一次	1953年	83782		0.13	66994		79.96
第二次	1964年	85735	2.33	0.13	65677	-1.97	76.60
第三次	1982年	355335	314.46	0.36	105049	59.95	29.56
第四次	1990年	535923	50.82	0.50	116822	11.21	21.80
第五次	2000年	147526	-72.47	0.18	122187	4.59	82.82
第六次	2010年	164642	11.60	0.20	135778	11.12	82.47

注：1953年四川省苗族人口83782人中包含了西康省苗族5909人，总人口65077817人中包含了西康省总人口3381064人。

从第一次人口普查到第四次人口普查，四川苗族人口数均包含了今重庆市境内的苗族人口数据，第一次人口普查时重庆苗族人口为10391人，[②]

---

① 四川省民政厅、四川省统计局编：《一九五三年四川省人口统计》，1955年，四川省档案馆藏，第27—31页。

西康省民政厅民政科：《西康省各民族人口统计表通知函件（1953年人口普查资料）》，1954年，四川省档案馆藏，卷号60。

四川省人口普查领导小组办公室：《四川省第二次人口普查统计表》，1964年，四川省档案馆藏，第25页。

四川省人口普查办公室：《四川省第三次人口普查机器汇总资料汇编》，1984年9月，第22—23、324—325页。

四川省人民政府主办、四川年鉴编辑委员会编辑出版：《四川年鉴1991》，1991年，第53—54页。

四川省人口普查办公室编：《四川省2000年人口普查资料》（上卷），中国统计出版社2002年版，第152、164、166、170页。

四川省人口普查办公室、四川省统计局编：《四川省2010年人口普查资料》（上册），中国统计出版社2012年版，第18—19页。

② 四川省民政厅、四川省统计局编：《一九五三年四川省人口统计》，1955年，四川省档案馆藏，第27—31页。

第二次人口普查时重庆苗族人口为 13281 人，[①] 第三次人口普查时重庆苗族人口为 238096 人，[②] 第四次人口普查时重庆苗族人口为 399009 人。[③] 重庆苗族人口增长如此之快，其主要原因是从 1981 年初到 1989 年春，有 28 万余人恢复或更正为苗族。[④] 如果剔除重庆苗族人口数，四川和川南苗族人口数量如下：

表 1—2　　六次人口普查四川、川南苗族人口表（不含重庆数据）

普查次数	普查时间	四川苗族		川南苗族		
		人口数（人）	人口增长百分比（%）	人口数（人）	人口增长百分比（%）	占全省苗族人口的百分比（%）
第一次	1953 年	73391		66994		91.28
第二次	1964 年	72454	-1.28	65677	-1.97	90.65
第三次	1982 年	117239	61.81	105049	59.95	89.60
第四次	1990 年	136914	16.78	116822	11.21	85.33
第五次	2000 年	147526	7.75	122187	4.59	82.82
第六次	2010 年	164642	18.62	135778	11.12	82.47

从上表可以看出，历次人口普查中，川南苗族一直占四川苗族人口的 80% 以上。由此可见，中华人民共和国成立以来，川南一直是四川苗族的主要分布区域。从 1953 年到 1964 年，川南苗族人口呈负增长，这应该与 1959—1961 年三年困难时期的生育率降低、死亡率增高有一定的关系，因为据调查，1958 年前川南苗族呈增长趋势，例如，1951 年宜宾筠连联合乡苗族为 1113 人，1958 年 3 月该乡苗族为 1349 人，增加了 236 人，增长率为 21.20%；[⑤] 又如，1952 年泸州叙永、古蔺、古宋三县的苗族为 37237 人，1957 年年底这三个县的苗族为 43582 人，增加了 6345 人，增长

---

① 四川省人口普查领导小组办公室：《四川省第二次人口普查统计表》，1964 年，四川省档案馆藏，第 25 页。

② 四川省人口普查办公室：《四川省第三次人口普查机器汇总资料汇编》，1984 年 9 月，第 304—385 页。

③ 郎维伟：《四川苗族社会与文化》，四川民族出版社 1997 年版，第 2 页。

④ 同上书，第 5 页。

⑤ 四川民族调查组苗族小组：《筠连县联合乡苗族社会历史调查》，载四川省编辑组《四川省苗族傈僳族傣族白族满族社会历史调查》，四川省社会科学院出版社 1986 年版，第 98 页。

率为 17.04%①，等等。

　　和四川苗族总人口一样，川南苗族增长最快的时间段是 1964—1982 年，18 年间人口增长了 59.95%，其主要原因有两点。第一，妇女高生育率在解放后保持了很久，据四川大学人口研究所 1982 年对川东南、川南的调查得知，苗族 50 岁以下的已婚育龄妇女人均生育达 4.4 人。第二，解放后随着生产关系的改变，绝大多数是贫苦农民的苗族在经济上有所翻身，尤其是 20 世纪 60 年代以后，生产生活水平日益提高，医疗卫生状况不断改善，近亲结婚的旧俗也随之减少。这既有助于婴幼儿死亡率的降低，又有利于老年人寿命的延长。据不完全统计，1982 年四川苗族的预期寿命为 63.34 岁，只比全省低 0.85 岁，高于省内的彝、藏等民族。② 因此，这一时期川南苗族人口呈现高出生、低死亡、高增长轨迹。20 世纪 80 年代以来，川南苗族地区开始注意抓计划生育工作，许多苗族实现了少生优生，川南苗族人口增长速度减慢，并低于四川其他地区苗族人口的增长速度，因此，川南苗族人口占全省苗族人口的百分比呈下降趋势。

　　在六次人口普查中，川南民族构成情况如图 1—1 所示：

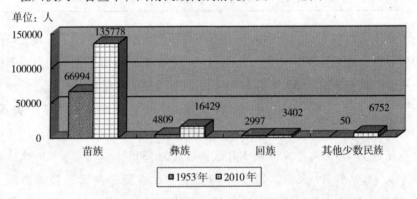

图 1—1　1953 年和 2010 年人口普查川南（泸州和宜宾）少数民族构成③

　　① 四川民族调查组苗族小组：《泸州专区苗族社会历史调查》，载四川省编辑组《四川省苗族傈僳族傣族白族满族社会历史调查》，四川省社会科学院出版社 1986 年版，第 1 页。
　　② 郎维伟：《四川苗族社会与文化》，四川民族出版社 1997 年版，第 5 页。
　　③ 四川省民政厅、四川省统计局编：《一九五三年四川省人口统计》，1955 年，四川省档案馆藏，第 27—31 页。
　　四川省人口普查办公室、四川省统计局编：《四川省 2010 年人口普查资料》（上册），中国统计出版社 2012 年版，第 18—28 页。

表 1—3　　　　　　六次人口普查川南（泸州和宜宾）民族构成①

普查次数	普查时间	总人口数（人）	汉族		少数民族		苗族		
			人口数（人）	占总人口的百分比（％）	人口数（人）	占总人口的百分比（％）	人口数（人）	占总人口的百分比（％）	占少数民族人口的百分比（％）
第一次	1953 年	6469020	6394170	98.84	74850	1.16	66994	1.04	89.50
第二次	1964 年	6728210	6652614	98.87	75596	1.13	65677	0.98	86.88
第三次	1982 年	9399099	9278770	98.72	120328	1.28	105049	1.12	87.30
第四次	1990 年	9055962	8920226	98.50	135736	1.50	116822	1.29	86.07
第五次	2000 年	8989407	8845178	98.40	144228	1.60	122187	1.36	84.72
第六次	2010 年	8690323	8527958	98.13	162361	1.87	135778	1.56	83.63

注：1982 年、2000 年川南总人口数中包含 1 名加入中国籍的外国人，2010 年川南总人口数中包含 4 名加入中国籍的外国人。

从表 1—3 和图 1—1 可以看出，中华人民共和国成立以来，川南民族

①　四川省民政厅、四川省统计局编：《一九五三年四川省人口统计》，1955 年，四川省档案馆藏，第 27—31 页。

四川省人口普查领导小组办公室：《四川省第二次人口普查统计表》，1964 年，四川省档案馆藏，第 25 页。

四川省人口普查办公室：《四川省第三次人口普查机器汇总资料汇编》，1984 年 9 月，第 22—23、324—325 页。

四川省人民政府主办、四川年鉴编辑委员会编辑出版：《四川年鉴 1991》，1991 年，第 48、54 页。

宜宾市志编纂委员会编：《宜宾市志 1911—2000》（上），中华书局 2011 年版，第 170、188 页。

泸州少数民族志编纂委员会：《泸州少数民族志》，民族杂志社 2015 年版，第 55 页。

四川省人口普查办公室编：《四川省 2000 年人口普查资料》（上卷），中国统计出版社 2002 年版，第 154、158、166、170 页。

四川省人口普查办公室、四川省统计局编：《四川省 2010 年人口普查资料》（上册），中国统计出版社 2012 年版，第 18—28 页。

构成有如下几个特点。第一，以汉族为主，汉族人口均占总人口的98%以上，少数民族占总人口的百分比不到2%。第二，少数民族以苗族、彝族、回族为主。1953年人口普查时，川南少数民族共74850人，苗族占89.50%，彝族占6.43%，回族占4.00%，其他少数民族占0.07%。2010年人口普查时，川南少数民族共162361人，苗族占83.63%，彝族占10.12%，回族占2.09%，其他少数民族占4.16%。苗、彝、回三个民族为世居民族，其余少数民族均为工作或婚姻等原因从外迁入。第三，苗族占少数民族的绝大多数。历次人口普查，苗族人口均占少数民族人口的80%以上。第四，少数民族人口数占当地总人口的比例呈逐渐上升趋势。从1953年到2010年，人口数增加了87511人，增加了116.92%，占总人口的比例增加了0.71%。第五，苗族的人口数大幅增加，但占少数民族人口的百分比呈逐渐下降趋势。从1953年到2010年，人口数增加了68784人，增长了102.67%。除1982年人口普查时，苗族占少数民族人口的比例比1964年略有增长外，1964年、1990年、2000年、2010年人口普查时，苗族占少数民族人口的比例均比上一次人口普查有所减少，从1953—2010年，苗族占少数民族人口的比例减少了5.87%。第六，汉族人口的绝对数量大大增加，但增长百分比远远低于少数民族。从1953—2010年，汉族人口增加了2221303人，增长百分比为34.34%，明显低于少数民族人口增长百分比116.92%和苗族人口增长百分比102.67%。

（二）川南苗族人口的性别构成和年龄构成

除了人口数量之外，人口的性别和年龄也是人口统计最基本的指标，一个地区各民族人口的性别构成和年龄构成能反映该地区各民族人口的基本特征。了解川南苗族人口的性别构成和年龄构成，有助于认识川南苗族人口的类型特征和历史变化，为制定少数民族人口政策提供一定的依据。

1. 川南苗族人口的性别构成

根据2010年人口普查数据，川南苗汉人口和四川苗族人口的性别构成如表1—4所示。

表1—4   2010 年川南苗汉人口和四川苗族人口的性别构成表①

民族	总计（人）	性别		性别比
		男（人）	女（人）	
川南苗族	135778	70805	64973	108. 98
川南汉族	8527958	4354064	4173894	104. 32
四川苗族	164642	84997	79645	106. 72

人口性别比，是指人口中男性人数与女性人数之比，通常用平均 100 名女性所对应的男性人口数来表示，联合国设定的人口性别比正常值为 103—107。从表 1—4 可以看出，川南汉族的性别比和四川苗族的性别比都处于正常值范围，与 1982 年四川苗族的性别比 114.89② 相比，2010 年四川苗族的性别比大大降低，性别结构得到优化。川南苗族的性别比为 108.98，与四川苗族的性别比相差不太大，但高于正常值范围。

为了进一步了解川南苗族性别构成特点和演变轨迹，笔者利用 2010 年普查资料川南苗族人口数据，按年龄组计算了性别比，并与 1943 年胡庆钧教授在川南叙永的调查数据进行了比较。

从表 1—5 可以得知，从总体上看，1943 年川南叙永苗族人口的性别比为 101.83，男女分配基本均匀，低于 1937 年川南高县、珙县、筠连交界处的性别比 107.79。③ 当然，苗族人口的性别比可能有一定的地域差异，但是，由于 1937 年以后青壮年男子被征服兵役或外出自谋职业，性别比降低也是有可能的。1943 年各年龄组的性别比起伏不定，45 岁以后仍有起伏，但已能看出女多于男的趋势。同样，郎维伟教授的调查也显示，1982 年古蔺县苗族居住较集中的白沙、德耀、箭竹 3 个乡中，60 岁以上的少数民族人口性别比为 95.96，女性多于男性。④

---

① 四川省人口普查办公室、四川省统计局编：《四川省 2010 年人口普查资料》（上册），中国统计出版社 2012 年版，第 18—19 页。

② 四川省人口普查办公室：《四川省第三次人口普查机器汇总资料汇编》，1984 年 9 月，第 22 页。

③ 杨汉先：《川南八十家苗民人口调查》，载四川省民族研究会苗族委员会《四川苗族研究——四川省苗族乡经济文化研讨会论文资料集》，2001 年，第 29 页。

④ 白沙、德耀、箭竹 3 个乡的少数民族以苗族为主，故数据基本反映出苗族的情况。参见郎维伟《四川苗族社会与文化》，四川民族出版社 1997 年版，第 8 页。

美国哈佛大学教授伊士特（E. M. East）指出，通常所谓两性中之较弱者实为较强者，故女子自幼至老，其死亡率常低于男子。① 苗族女性寿命比男性长这一点从表1—6和表1—7中也可看出，70岁以上的苗族女性明显多于男性，而且性别比基本上呈递减趋势，也就是说，年龄越高，女性比例越高。

表1—5　　　1943年川南叙永一四六家苗族按年龄组的性别构成表②

年龄组（岁）	男女人数（人）	百分比(%)	男性人数（人）	女性人数（人）	性别比
0—4	81	10. 48	38	43	88. 37
5—9	112	14. 49	66	46	143. 48
10—14	87	11. 25	42	45	93. 33
15—19	30	3. 88	16	14	114. 29
20—24	42	5. 43	21	21	100. 00
25—29	50	6. 47	21	29	72. 41
30—34	69	8. 93	37	32	115. 63
35—39	60	7. 76	30	30	100. 00
40—44	82	10. 61	43	39	110. 26
45—49	34	4. 40	15	19	78. 95
50—54	33	4. 27	17	16	106. 25
55—59	22	2. 85	10	12	83. 33
60—64	47	6. 08	22	25	88. 00
65—69	8	1. 03	4	4	100. 00
70岁及以上	16	2. 07	8	8	100. 00
总计	773	100. 00	390	383	101. 83

①　参见胡庆钧《川南叙永苗族人口调查》，《汉村与苗乡——从20世纪前期滇东汉村与川南苗乡看传统中国》，天津古籍出版社2006年版，第222页。

②　同上。

表 1—6　　　2010 年川南泸州苗族人口按年龄组的性别构成表①

年龄组（岁）	男女人数（人）	百分比（%）	男性人数（人）	女性人数（人）	性别比
0—4	5402	9.31	2821	2581	109.30
5—9	5743	9.90	3015	2728	110.52
10—14	6112	10.53	3197	2915	109.67
15—19	5563	9.59	2892	2671	108.27
20—24	4352	7.50	2113	2239	94.37
25—29	3243	5.59	1711	1532	111.68
30—34	3656	6.30	1960	1696	115.57
35—39	4889	8.42	2684	2205	121.72
40—44	4520	7.79	2330	2190	106.39
45—49	3167	5.46	1595	1572	101.46
50—54	2252	3.88	1186	1066	111.26
55—59	2921	5.03	1452	1469	98.84
60—64	1934	3.33	997	937	106.40
65—69	1567	2.70	804	763	105.37
70—74	1212	2.09	577	635	90.87
75—79	870	1.50	396	474	83.54
80—84	429	0.74	197	232	84.91
85—89	155	0.27	57	98	58.16
90—94	36	0.06	11	25	44.00
95—99	14	0.02	4	10	40.00
100 岁及以上	0	0.00	0	0	—
总计	58037	100.00	29999	28038	106.99

① 泸州市人口普查办公室、泸州市统计局编：《泸州市 2010 年人口普查资料》（上册），2012 年，第 79—81 页。

表 1—7   2010 年川南宜宾苗族人口按年龄组的性别构成表①

年龄组（岁）	男女人数（人）	百分比(%)	男性人数（人）	女性人数（人）	性别比
0—4	6708	8.63	3618	3090	117.09
5—9	7088	9.12	3806	3282	115.97
10—14	7215	9.28	3847	3368	114.22
15—19	6462	8.31	3411	3051	111.80
20—24	4655	5.99	2431	2224	109.31
25—29	3951	5.08	2134	1817	117.45
30—34	4483	5.77	2500	1983	126.07
35—39	7265	9.35	3913	3352	116.74
40—44	6819	8.77	3609	3210	112.43
45—49	5404	6.95	2747	2657	103.39
50—54	3191	4.10	1686	1505	112.03
55—59	4179	5.38	2064	2115	97.59
60—64	2956	3.80	1475	1481	99.59
65—69	2682	3.45	1373	1309	104.89
70—74	2020	2.60	990	1030	96.12
75—79	1435	1.85	677	758	89.31
80—84	864	1.11	387	477	81.13
85—89	266	0.34	108	158	68.35
90—94	72	0.09	24	48	50.00
95—99	19	0.02	3	16	18.75
100 岁及以上	7	0.01	3	4	75.00
总计	77741	100.00	40806	36935	110.48

---

① 宜宾市人民政府人口普查领导小组办公室、宜宾市统计局编：《宜宾市第六次人口普查资料 2010》，2012 年，第 24—29 页。

表1—6和表1—7显示，2010年川南泸州和宜宾的苗族人口性别比均高于1943年，前者为106.99，刚好在正常值之内，后者为110.48，明显高于正常值。从表1—6可以看出，泸州苗族人口除了20—24岁年龄组、55—59岁年龄组的男性少于女性以外，其余70岁以前的各年龄组的男性均多于女性，其中0—19岁、25—39岁、50—54岁年龄组的性别比均超过最高正常值107，男性明显多于女性；而70岁以后的各年龄组的男性均少于女性。从表1—7可以看出，宜宾苗族人口在55岁以前男性明显多于女性，除了45—49岁年龄组的性别比在正常值范围内，其余各年龄组的性别比均超过最高正常值107，基本上都是110多，最高的是30—34岁年龄组，高达126.07；55岁以后，除了65—69岁年龄组男稍多于女，其余各年龄组的男性明显少于女性，男性比例基本上呈递减趋势。

由上可知，川南泸州、宜宾两地苗族人口普遍呈现出中低龄组男多女少、老龄组女多男少的特点，相比而言，宜宾苗族人口性别比失衡较为严重。此外，根据第六次人口普查数据，2010年川南苗族的出生人口性别比为112.87，其中泸州苗族的出生人口性别比为107.37，宜宾市苗族的出生人口性别比高达117.07，[①] 由此可见，川南宜宾的苗族出生人口性别结构还有待进一步优化。

下面以叙永县为例考察川南县域内的苗族人口性别比及其地域差异，从表1—8可知两点。第一，叙永县苗族人口的性别比存在明显的地域差异。全县25个乡镇中，有10个乡镇的苗族人口性别比低于100，15个乡镇的性别比高于100，苗族人口性别比从41.05到193.06不等，少数乡镇的苗族男女比例严重失衡。第二，叙永县总体上苗族男性多于女性。全县总的苗族人口性别比为109.49，大大高于1943年川南叙永苗族人口的性别比101.83，并超出正常值范围，性别结构有待优化。

---

① 泸州市人口普查办公室、泸州市统计局编：《泸州市2010年人口普查资料》（上册），2012年，第79页。

宜宾市人民政府人口普查领导小组办公室、宜宾市统计局编：《宜宾市第六次人口普查资料2010》，2012年，第24—25页。

表 1—8　　　　　2012 年叙永县 25 个乡镇苗族性别构成表①

乡镇	小计（人）	男（人）	女（人）	性别比
江门镇	134	39	95	41.05
观兴乡	555	251	304	82.57
马岭镇	400	184	216	85.19
水潦彝族乡	1741	830	911	91.11
分水镇	2007	961	1046	91.87
叙永镇	2042	994	1048	94.85
天池镇	271	132	139	94.96
石坝彝族乡	505	246	259	94.98
向林乡	142	70	72	97.22
水尾镇	578	285	293	97.27
龙凤乡	1278	643	635	101.26
摩尼镇	2836	1434	1402	102.28
两河镇	3200	1626	1574	103.30
枧槽苗族乡	4939	2544	2395	106.22
合乐苗族乡	5459	2870	2589	110.85
兴隆乡	1687	887	800	110.88
后山镇	4920	2592	2328	111.34
震东乡	4929	2603	2326	111.91
麻城乡	2527	1341	1186	113.07
落卜镇	3778	2024	1754	115.39
白腊苗族乡	5036	2702	2334	115.77
黄坭乡	4243	2338	1905	122.73
赤水镇	4748	2626	2122	123.75
营山乡	797	456	341	133.72
大石乡	211	139	72	193.06
总计	58963	30817	28146	109.49

---

① 叙永县统计局、国家统计局叙永调查队、叙永县统计学会编：《叙永统计年鉴 2012》，2013 年，第 8 页。

2. 川南苗族人口的年龄构成

瑞典人口学家桑德巴尔以瑞典人口为稳定人口之标准，将人口的年龄分为 3 组，即 15 岁以下、15—49 岁、50 岁及以上，并指出，年龄在 15—49 岁者，约占总数之半，视两头人数所占百分比之增减，分为三类：一是增长型，二是稳定型，三是减少型。[1] 按照桑德巴尔模式衡量，可见川南苗族年龄构成之变化趋势。

表 1—9　　1943 年、1982 年、2010 年川南苗族人口的年龄构成表[2]

（单位:%）

类型	年龄组											
	桑德巴尔模式			1943 年川南叙永			1982 年川东南、川南			2010 年川南		
	0—14 岁	15—49 岁	50 岁以上	0—14 岁	15—49 岁	50 岁以上	0—14 岁	15—49 岁	50 岁以上	0—14 岁	15—49 岁	50 岁以上
增长型	40	50	10				43.05	52.45	4.5			
稳定型	26.50	50	23	36.22	47.35	16.43				28.18	50.40	21.42
减少型	20	50	30									

1943 年川南叙永苗族人口接近稳定型，介于稳定型和增长型之间，但这是一种高生育、高死亡率的接近稳定型，与瑞典低生育、低死亡率的标准稳定型明显不同。[3] 1982 年川东南、川南苗族人口为增长型，这是因为解放后苗族获得人口迅速发展的社会和经济条件。1982 年数据包含了川东南苗族，可能不能完全反映川南苗族人口年龄构成情况。但是，从中华人民共和国成立以后川南苗族人口的数量变化：中华人民共和国成立初

---

① 参见胡庆钧《川南叙永苗族人口调查》，《汉村与苗乡——从 20 世纪前期滇东汉村与川南苗乡看传统中国》，天津古籍出版社 2006 年版，第 223—224 页。

② 郎维伟：《四川苗族社会与文化》，四川民族出版社 1997 年版，第 6 页。

泸州市人口普查办公室、泸州市统计局编：《泸州市 2010 年人口普查资料》（上册），2012 年，第 79—81 页。

宜宾市人民政府人口普查领导小组办公室、宜宾市统计局编：《宜宾市第六次人口普查资料 2010》，2012 年，第 24—29 页。

③ 胡庆钧：《川南叙永苗族人口调查》，《汉村与苗乡——从 20 世纪前期滇东汉村与川南苗乡看传统中国》，天津古籍出版社 2006 年版，第 224 页。

川南苗族人口 65561 人，[①] 1964 年 65677 人，[②] 1982 年 105049 人，[③] 从中华人民共和国成立初到 1982 年增长百分比为 60.23%，从 1964 年到 1982 年增长百分比为 59.95%；以及 0—30 岁的人口比重：1982 年川南苗族 0—30 岁的人口比重约占 70%，[④] 可以得知川南苗族人口属于增长型是确定无疑的。2010 年川南苗族人口比 1943 年更接近稳定型，而且和 1943 年高生育、高死亡率的接近稳定型不同，这是低生育、低死亡率的标准稳定型。

从接近稳定型到增长型再到标准稳定型，川南苗族的人口负担系数也经历了升高再降低的变化。人口负担系数也称抚养系数或抚养比，是指总人口中非劳动年龄人口数（14 岁及以下人口数和 65 岁及以上人口数）与劳动年龄人口数（15—64 岁人口数）之比。根据 1943 年川南叙永县调查，叙永苗族的总负担系数为 64.82%，其中少儿负担系数为 59.70%，老年负担系数为 5.12%。[⑤] 1982 年，川南、川东南苗族的总负担系数为 90%，其中少儿负担系数高达 82%，老年负担系数为 8%；川南古蔺少儿负担系数为 71.88%。[⑥] 2010 年川南苗族的总负担系数为 58.14%，其中少儿负担系数为 44.57%，老年负担系数为 13.57%。[⑦] 从以上数据可以看出，解放后，川南苗族经历了一个生育和人口增长高峰期，如今增长逐渐减慢，川南苗族老年负担系数的持续升高则说明了苗族寿命的延长。

虽然川南苗族的社会负担系数不断降低，但与 2010 年川南的总负担系数 46.56%、少儿负担系数 30.68%、老年负担系数 15.88%[⑧]相比，川

---

① 郎维伟：《四川苗族社会与文化》，四川民族出版社 1997 年版，第 3 页。

② 四川省人口普查领导小组办公室：《四川省第二次人口普查统计表》，1964 年，四川省档案馆藏，第 25 页。

③ 四川省人口普查办公室：《四川省第三次人口普查机器汇总资料汇编》，1984 年 9 月，第 324—325 页。

④ 郎维伟：《四川苗族社会与文化》，四川民族出版社 1997 年版，第 7 页。

⑤ 根据表 1—5 计算所得。

⑥ 郎维伟：《四川苗族社会与文化》，四川民族出版社 1997 年版，第 7—8 页。

⑦ 根据表 1—6、表 1—7 计算所得。

⑧ 泸州市人口普查办公室、泸州市统计局编：《泸州市 2010 年人口普查资料》（上册），2012 年，第 153 页。

宜宾市人民政府人口普查领导小组办公室、宜宾市统计局编：《宜宾市第六次人口普查资料 2010》，2012 年，第 66 页。

南苗族的总负担系数和少儿负担系数仍偏高，可见川南苗族的少儿负担比汉族重。国际上一般把人口负担系数≤50%称为人口机会窗口期或人口红利期。川南苗族要进入人口红利期，还需在一定程度上控制人口的增长。

小　结

古代川南的民族构成以少数民族为主，直到明代，川南仍是多民族活动的舞台，但在明清王朝"国家化"过程中，伴随着大量内地汉族移民的迁入，川南的民族构成逐渐演变为汉族人口占绝对多数、少数民族以苗族为主的格局。

一个地区的多民族构成，是族际交往的现实基础，而民族人口的绝对数量和相对规模，则是研究该地区民族关系的重要因素。一般而言，大量的人口迁移会增加迁入地区的资源压力，从而形成族际间的竞争与冲突关系。而在制度无法提供平等保障的情况下，在人口的绝对数量和相对规模上占优势的民族，更容易获得优质资源，并占据优势地位，从而造成族群之间的不平等现象。明清以来川南苗汉之间的冲突就是伴随着大量汉民的进入开始产生的，直到中华人民共和国成立以前，川南苗汉民族关系以明显的偏见、歧视、隔阂、不和为主要特征，这与民族构成改变导致的资源竞争不无关系。

中华人民共和国成立以后，尤其是 1964—1982 年间，川南苗族人口呈现出死亡率低、出生率高、增长率高的特点，这主要是由于民族平等制度的落实，生产关系的改变，苗族获得了人口迅速发展的社会和经济条件。20 世纪 80 年代以后，由于计划生育政策的实施，川南苗族人口呈稳定增长趋势。川南苗族人口的增长率虽然低于当地其他少数民族，但明显高于汉族，应该说，这是苗族的政治地位提高、经济条件改善、人口政策相对宽松等因素导致的必然结果。

从低龄组到高龄组，川南苗族人口的性别比基本上呈递减的趋势，低龄组的男性明显高于女性，而女性寿命则长于男性。川南苗族人口类型经历了接近稳定型到增长型再到标准稳定型的波形变动：中华人民共和国成立前，川南苗族人口属于高出生率、高死亡率的接近稳定型；1982 年，川南苗族人口属于高出生率、低死亡率的增长型；2010 年，川南苗族人口属于低出生率、低死亡率的标准稳定型。伴随着人口类型的转变，川南苗族的人口负担系数也经历了升高再降低的变化。但是由于川南苗族人口增长率高于汉族等原因，其少儿负担系数仍高于川南汉族。

　　从总体上来看，除了人口性别结构，尤其是出生人口性别结构有待进一步优化，目前川南苗族人口数量的增长率、年龄结构及社会负担系数开始逐步趋于合理，这有利于苗族社会、经济的良性发展。

第二章 川南苗汉交错分布的居住格局

第一节 川南地理位置与地貌

川南地处四川盆地与云贵高原的过渡地带，行政区划属泸州和宜宾两市，面积 25530 平方公里，人口 1009 万。两市位于北纬 27°39′—29°20′，东经 104°35′—106°28′之间；地势北低南高，北部为四川盆地丘陵，属亚热带季风湿润气候，南部连接云贵高原，山区立体气候明显；最低海拔 203 米，最高海拔 2008.7 米；地貌主要类型为山地、丘陵、平坝，以丘陵和山地为主。[①]

川南苗族主要居住在叙永、古蔺、兴文、筠连、珙县 5 个县的山区，五县位于四川盆地南缘向云贵高原过渡地带的中、低山区，与黔西北、滇东北毗邻，境内重峦叠嶂、沟壑纵横、高低悬殊，地貌可分为槽坝、丘陵、低山和中山四种类型，以低山和中山为主。古蔺县西与叙永县接壤，南、东、北三面与贵州省毕节、金沙、仁怀、习水、赤水等五市（县）相连，最低东北面太平渡两河口海拔 300 米，最高西北面新街坪海拔 1843 米，相对高差 1543 米。叙永县东连古蔺县，南接贵州省毕节县、云南省威信县，西邻兴文县，北抵纳溪区，境内最低为县北江门峡观音桥河边，海拔 247 米，最高为县南罗汉林羊子湾梁子高峰，海拔 1902 米，高差 1655 米，素有"北丘陵、南山区"之称。[②] 兴文县东、东北、东南与

① 泸州市人民政府主办，泸州市地方志办公室主编：《泸州年鉴 2014》，方志出版社 2014 年版，第 11 页。

宜宾市志编纂委员会编：《宜宾市志 1911—2000》（上），中华书局 2011 年版，第 1 页。

② 四川省叙永县志编纂委员会编：《叙永县志》，方志出版社 1998 年版，第 84、87—88 页。

叙永县相邻，南与云南省威信县相接，西、西南连珙县，西北接长宁县，北与江安、纳溪两县毗邻，县境中部仙峰山隆起，将全县分为南北两翼，北部北低南高，海拔 275.6—1795.1 米，南部北高南低，海拔 1795.1—501 米。[①] 珙县东与兴文连界，东北与长宁为邻，南与云南威信毗连，北与高县接壤，西南同筠连交圻，县境最高为县南部靠云南省界三溪乡南侧四里坡山峰，海拔 1642 米，最低是北部附城乡狮子滩，海拔 310 米，相对高差 1332 米。[②] 筠连县东接珙县，北界高县，西、南与云南省盐津、彝良、威信毗连，最高海拔东南部大雪山主峰 1777.2 米，最低海拔东北部沐滩河谷 368.5 米，极差 1408.7 米。[③]

第二节　川南苗汉居住格局变迁与现状

在一个多民族地区里，如果各民族之间居住相对分离，本民族居住相对集中，从而形成了居住地理范围彼此分离、界限清楚的各个民族聚居区，这种居住格局被称为"隔离居住模式"；如果各民族的成员比较均匀地混杂居住在该区域的各个部分，这种居住格局被称为"混杂居住模式"[④]。从理论上讲，各民族在居住空间上交错分布得越均匀，就越有助于增强族际之间的联系，有助于促进民族交往交流交融。可以说，民族居住格局既是历史上民族关系的反映，也是现实中族际交往的客观条件，因此，民族居住格局对于民族关系研究有重要意义。

一　中华人民共和国成立前川南苗汉居住格局及其特点

据川南史志记载，历史上苗汉居住格局曾发生过明显的变化。例如，清光绪年间的《叙永永宁厅县合志》记载："叙永永宁（今叙永县和古蔺县），旧为苗人故居，凡土著者皆苗人，今皆窜居山谷间。"[⑤] 又如，民国

① 兴文县志编纂委员会编：《兴文县志》（1996—2005），方志出版社 2010 年版，第 1 页。

② 四川省珙县志编纂委员会编纂：《珙县志》，四川人民出版社 1995 年版，第 1、69 页。

③ 筠连县县志编纂委员会：《筠连县志》，四川科学技术出版社 1998 年版，第 1、79 页。

④ 马戎：《民族社会学——社会学的族群关系研究》，北京大学出版社 2004 年版，第 397 页。

⑤ （清）邓元鏸等修，万慎等纂：光绪三十四年《叙永永宁厅县合志》卷 20，第 526 页。

时期的《古宋县志》记载："有明改制，汉人俶居，诸苗渐退居山洞，日即凌夷。"①

从方志记载来看，明清以来，由于大量汉民的迁入，川南苗族已退居深山。例如，光绪《珙县志》记载，"珙本僰国旧城，南接芒部、乌蒙、九丝诸蛮，重山叠嶂，烟雾弥蒙""其地幽，其路险，密迩蛮域，其田少，其民乏""苗民僻处，山巅谷底""珙之西南山谷，苗居八九"②。又如，筠连苗族"大半居高山中"③，高县苗族"常居高山上"④，叙永、古蔺苗族"已窜居山谷间"⑤，古宋苗族"渐退居山洞"⑥，等等。这些方志为汉人所修，少数民族的居住情形应该是基本事实。明清以来，川南基本上形成了"坝区汉家，山上彝家，苗家住在石旮旯"的民族居住格局。由此可见，明清时期苗汉居住环境分离、边界清楚，属于"隔离居住模式"。

汉人认为苗族住在深山是因为其"喜山居""喜耕山辟荒土"⑦"居平地，则必生疾病"⑧，并没有去分析苗族居住到山区的真实原因。其实，一个特定区域内的民族居住格局，是该地区历史上民族关系的反映。从川南的民族居住格局，我们可以看出川南汉族和苗族居住环境的较大差距，这种差距是历史上族际之间强弱力量对比的结果。但凡农耕民族没有谁愿意放弃灌溉条件好的平地，而去选择土地不平整、灌溉条件差的山地，这

---

① 民国《古宋县志初稿》卷8，《中国地方志集成·四川府县志辑34》，巴蜀书社1992年版，第109页。

② （清）冉瑞桐、罗度、郭肇林等修纂：光绪《珙县志》，《中国地方志集成·四川府县志辑35》，巴蜀书社1992年版，第228、3、230页。

③ 祝世德著，筠连县地方志办公室整理：民国《筠连县志》，四川大学出版社2012年版，第163页。

④ （清）敖立榜等修、曾毓佐等纂：同治《高县志》卷54，《中国地方志集成·四川府县志辑35》，巴蜀书社1992年版，第516页。

⑤ 赖佐唐等修，宋曙等纂：民国《叙永县志》卷4，《中国地方志集成·四川府县志辑33》，巴蜀书社1992年版，第772页。

⑥ 民国《古宋县志初稿》卷8，《中国地方志集成·四川府县志辑34》，巴蜀书社1992年版，第109页。

⑦ 同上。

⑧ （清）敖立榜等修，曾毓佐等纂：同治《高县志》卷54，《中国地方志集成·四川府县志辑35》，巴蜀书社1992年版，第516页。

个基本的常识绝不会是这些民族不知道、不懂得的。苗族被迫避居条件差的区域，不是他们住在平地不习惯，"必生疾病"，更不是他们愿意或喜欢"耕山辟荒土"，而是在一个冲突频繁、充满民族偏见与歧视的社会中，他们被迫放弃原本属于他们的耕地，选择条件最差的地方，"以穷求生、以险求生"。华西大学教授林名均于 20 世纪 30 年代的调查显示，川南苗族是被汉人所逼迫而迁居于山顶上的。① 曾任华西大学博物馆馆长的美国人葛维汉，曾在川南苗区有过长期的田野调查，1937 年他在《华西边疆研究学会杂志》撰文提出，川南苗族"本不住在山区，但因不准许他们住在别的地方，因此他们就只有如此"②。20 世纪 50 年代的社会调查也说，从历史记载看，历代王朝统治阶级均对苗族人民进行了不断的征讨、杀伐、压迫、欺骗和掠夺，迫使苗族逐渐迁居于高山地带。③ 这些来自不同时期、不同背景的作者，给后人留下了看法基本一致的文本。这些历史资料足以说明苗人避居山区与民族之间的冲突不无关系。

古代川南苗族多居于"溪洞林箐"④"迁徙无常"⑤，后"筑土墙、盖草屋"⑥"结草为房"⑦"编茅而住"⑧，逐渐定居下来，至民国时期，川南苗族已大面积定居。苗族通常聚族而居，慢慢形成了一处处村落，多者近百户，少则几户或十几户。聚居于同一村落的苗族多为同姓宗族。同一宗族长期定居一地，此地域便以该宗族姓氏命名，如古家寨、杨家村、罗家

---

① 林名均：《川苗概况》，《新亚细亚月刊》1936 年第 12 卷第 4 期。

② ［美］葛维汉：《四川苗族的宗教与习俗》，满莹译，载李绍明、周蜀蓉选编《葛维汉民族学考古学论著》，巴蜀书社 2004 年版，第 144 页。

③ 四川民族调查组苗族小组：《泸州专区苗族社会历史调查》，载四川省编辑组《四川省苗族傈僳族傣族白族满族社会历史调查》，四川省社会科学院出版社 1986 年版，第 3 页。

④ 赖佐唐等修，宋曙等纂：民国《叙永县志》卷 4，《中国地方志集成·四川府县志辑 33》，巴蜀书社 1992 年版，第 772 页。

⑤ （清）敖立榜等修，曾毓佐等纂：同治《高县志》卷 54，《中国地方志集成·四川府县志辑 35》，巴蜀书社 1992 年版，第 516 页。

⑥ 民国《古宋县志初稿》卷 8，《中国地方志集成·四川府县志辑 34》，巴蜀书社 1992 年版，第 109 页。

⑦ （清）敖立榜等修，曾毓佐等纂：同治《高县志》卷 54，《中国地方志集成·四川府县志辑 35》，巴蜀书社 1992 年版，第 516 页。

⑧ （清）冉瑞桐、罗度、郭肇林等修纂：光绪《珙县志》卷 11，《中国地方志集成·四川府县志辑 35》，巴蜀书社 1992 年版，第 230 页。

沟等。① 虽然苗族大多是聚族而居，但也有少数苗族散居于汉族间。另外，由于苗族和汉族的人口数量悬殊，从总体上来看，川南苗族是杂居于汉族之间的，如王文萱于 1939 年在《苗民的分布现状及其类别》中指出，川南苗族"与汉人杂居"②，民国《筠连县志》也记载，筠连苗族"与汉人杂处"③。可见，到民国时期，川南苗汉交错分布，已经形成了"大杂居小聚居"的苗汉居住格局。但是，川南苗族居住的地方基本上都在海拔 600 米以上的山区。例如，中华人民共和国成立初泸州专区苗族居住的地方海拔大都在 1000—1500 米之间，是叙永、古宋、古蔺等县较边远的地区。④ 苗家村寨散布于山腰、山脊、山洼，左邻右舍近者数米，远者相距几百米，村寨间有山峰、河谷相隔，其交通状况可从"羊肠道，陡坡爬，肩挑背磨汗水洒"这样的描述中窥见一斑。⑤ 由于山峰、河谷阻隔，交通不便，造成了苗区社会的相对封闭，也在一定程度上影响了苗汉的交往。

综合以上文献，中华人民共和国成立前苗族在川南的居住分布特点大致如下：第一，苗族基本上从耕作条件较好的平地，退居到耕作条件差的山区；第二，退居山区的原因与大量的汉民迁入有关，旧方志记载了这个事实，但没有揭示民族压迫这个原因，这可以解释为修志者身份的局限；第三，就整个川南而言，虽然苗人与汉人杂处，但这个杂居是指在每一个县域的范围内，平地多为汉人居住，苗人则多僻处"田少""民乏"的山区。苗汉都是农耕民族，自然懂得耕作条件的好坏，但苗人却被迫选择了以穷求生、以险求生的方式生存下来。

————————

①　珙县民族事务委员会编印：《珙县苗族志》，1996 年，第 45 页。

　　筠连县苗族志编纂委员会：《筠连县苗族志》，2007 年，第 306 页。

　　四川苗族志编委会编：《四川苗族志》，巴蜀书社 2009 年版，第 206 页。

②　王文萱：《苗民的分布现状及其类别》，《边声月刊》1939 年第 1 卷第 3 期。

③　祝世德著，筠连县地方志办公室整理：民国《筠连县志》，四川大学出版社 2012 年版，第 164 页。

④　四川民族调查组苗族小组：《泸州专区苗族社会历史调查》，载四川省编辑组《四川省苗族傈僳族傣族白族满族社会历史调查》，四川省社会科学院出版社 1986 年版，第 2 页。

⑤　郎维伟：《四川苗族社会与文化》，四川民族出版社 1997 年版，第 72—73 页。

二   中华人民共和国成立后川南苗汉居住格局演变及其现状

（一）川南特定区域内的苗汉居住格局

在对某一特定区域内各族群的居住格局进行定量分析中，美国学者提出了衡量族群隔离程度的"分离指数"（Index of Dissimilarity）。分离指数表现的是一个居住区内各个基层居住单元的族群比例与该居住区整体族群比例之间的偏差量，从而反映这个居住区以基层居住单元为计量单位的在居住方面的族群隔离或族群融合程度（Farley，1977）。分离指数的数值从 0 到 1，表示在某个居住区的范围内，为使所属的各个基层居住单元的族群比例与整个居住区的族群比例一样，至少有百分之多少的人口需要在基层居住单元之间进行迁移调整（Wilson and Taeuber，1978）。分离指数的计算公式为：

$$ID = 1/2 \sum_{i=1}^{n} \mid a_i/A - b_i/B \mid$$

在这一公式中：ID 表示分离指数，n 代表某一居住区基层居住单元的数量，$\sum$ 表示从 1—n 所有基层居住单元的连加计算，A 表示某一居住区内 A 族群的人口总数，a_i 表示 i 基层居住单元中 A 族群的人口总数，B 表示某一居住区内 B 族群的人口总数，b_i 表示 i 基层居住单元中 B 族群的人口总数。

分离指数越大，需要迁移的人数也就越多，表示族群隔离的程度越高。反之，分离指数越小，需要迁移的人数也就越少，表示族群融合的程度越高。0 代表绝对的均匀分布，1 则代表绝对的相互隔离。[1] 笔者选择川南泸州、宜宾苗族相对聚居的县域和乡村，结合其居住分离指数考察川南苗汉居住格局。

1. 川南乡村的苗汉居住格局演变及现状

川南苗族相对聚居的 17 个苗族乡的居住地理环境和苗汉居住格局基本上相差不大，因此，笔者以筠连县联合苗族乡为例，将该乡下辖行政村

---

[1] 马戎：《民族社会学——社会学的族群关系研究》，北京大学出版社 2004 年版，第 404—405、654—655 页。

作为基层居住单元，计算该乡的苗汉居住分离指数变化，以考察中华人民共和国成立以来川南苗族相对聚居乡村的苗汉居住分布格局演变。

联合苗族乡位于筠连县东南边缘，东邻大雪山镇，南接云南省彝良县，西邻高坪苗族乡，北与团林苗族乡接壤。联合苗族乡地理位置东经104°32′—104°36′，北纬28°03′—28°06′，乡境内地势为山地，最低海拔610米，最高海拔1400米，平均海拔1020米，全乡辖8个行政村。2015年，联合苗族乡全乡总人口为8789人，其中苗族人口3401人，占总人口的38.70%，其他少数民族4人（因婚嫁落户至此）。①

表2—1　　　　1958年筠连县联合乡各村汉族和苗族居住分布表②

村别	汉族人口数（人）	苗族人口数（人）	汉苗比例
一村	255	54	4.72∶1
二村	256	296	0.86∶1
三村	558	182	3.07∶1
四村	339	316	1.07∶1
五村	282	259	1.09∶1
六村	342	202	1.69∶1
七村	291	40	7.28∶1
合计	2343	1349	1.74∶1

1958年，联合乡苗汉的居住分离指数为0.27，也就是说，如果要达到各个行政村绝对的均匀分布，该乡苗汉两个民族有27%的人口需要在各村之间进行迁移调整。该乡的苗汉居住分离指数处于较低水平，而且从表2—1中各村的汉苗比例也可得知，解放初的联合乡苗汉居住格局属于混杂居住。当然，各村的苗汉分布和总的汉苗比例1.74∶1均有差异，其中七村汉苗比例最高，达到7.28∶1，二村的汉苗比例最低，为0.86∶1。

---

① 资料来源于筠连县民宗局。

② 数据来源于四川民族调查组苗族小组《筠连县联合乡苗族社会历史调查》，载四川省编辑组《四川省苗族傈僳族傣族白族满族社会历史调查》，四川省社会科学院出版社1986年版，第98页。

表 2—2　　　　2015 年筠连县联合乡各村汉族和苗族居住分布表①

村名	汉族人口数（人）	苗族人口数（人）	汉苗比例
联新村	533	90	5.92：1
花树村	682	126	5.41：1
甜竹村	902	424	2.13：1
茶园村	514	888	0.58：1
光明村	730	720	1.01：1
红竹村	726	245	2.96：1
红春村	694	338	2.05：1
革新村	603	570	1.06：1
合计	5384	3401	1.58：1

　　2015 年，联合乡苗汉的居住分离指数为 0.29，略高于 1958 年的居住分离指数，主要是由于联新村和花树村的苗族人口较少，茶园村和光明村的苗族人口较多。如果去掉这 4 个村，其他 4 个村的苗汉居住分离指数仅为 0.15。由此可见，川南乡村的苗汉居住格局基本上延续了中华人民共和国成立以来的苗汉混杂居住格局。和 1958 年一样，2015 年每个行政村的汉苗比例也是各有差异，如表 2—2 所示，最高的为 5.92：1，最低的为 0.58：1，差距较 1958 年有所缩小。因为不知 1958 年统计数据的村名，故不能准确计算各村的汉苗比例变化情况。汉苗比例变化原因主要有两个：一是各村行政区划的变动；二是各村的汉苗人口增长率和迁移情况不一。

　　和各村的苗汉分布一样，各村民小组的苗汉分布也是不均匀的，有的村民小组苗族少一些，有的村民小组苗族多一些，如联合乡光明村 4 组和 5 组，茶园村 3 组、4 组和 6 组，甜竹村 4 组的苗族均占 50% 以上。②

①　数据来源于筠连县民宗局。
②　资料来源于筠连县民宗局。

表 2—3　　　2015 年叙永县白腊苗族乡各村汉族和苗族居住分布表①

村名	汉族人口数（人）	苗族人口数（人）	汉苗比例
新店村	2307	275	8.39：1
荞田村	2902	376	7.72：1
回龙村	2583	1250	2.07：1
高峰村	3725	260	14.33：1
天堂村	2831	1270	2.23：1
落木河村	957	627	1.53：1
亮窗口村	559	650	0.86：1
合计	15864	4708	3.37：1

表 2—4　　　2014 年叙永县枧槽苗族乡各村汉族和苗族居住分布表②

村名	汉族人口数（人）	苗族人口数（人）	汉苗比例
群英村	2077	1112	1.87：1
九龙村	1085	2024	0.54：1
观音桥村	1298	907	1.43：1
双河村	2067	621	3.33：1
长秧村	1354	330	4.10：1
合计	7881	4994	1.58：1

　　以叙永县白腊苗族乡和枧槽苗族乡为例，可以进一步考察川南乡村苗汉居住格局现状。叙永县白腊苗族乡的苗汉居住分离指数为 0.37，枧槽苗族乡的苗汉居住分离指数为 0.28，接近于筠连县联合苗族乡的苗汉居住分离指数 0.29，可见川南苗族乡基本上都形成了苗汉混杂居住格局。但是，即便如此，各村的苗汉分布也是不均匀的，这一点从表 2—3 和表 2—4 中的汉苗比例也可看出。白腊苗族乡各村的汉苗比例最高为14.33：1，最低为 0.86：1，差异较为明显；相较而言，枧槽苗族乡各村的汉苗比例差异较小，最高为 4.10：1，最低为 0.54：1。和筠连县联合

---

① 　数据来源于叙永县白腊乡政府。

② 　数据来源于叙永县枧槽乡政府。

乡一样，白腊苗族乡和枧槽苗族乡各村民小组的苗汉分布也是不均匀的。例如，白腊乡落木河村七组42户家庭全是苗族，枧槽乡九龙村三组96户家庭中有89户苗族。[①]

各村及其下辖村组苗汉交错分布、混杂居住，但在各村与村组之间分布并不均匀，这便是整个川南苗族乡的大致居住格局。如上所述，川南苗族乡还存在着一个村民小组或自然村落都是苗族的居住格局，但这种居住格局已经寥寥无几了。例如古蔺县没有一个全是苗族的村民小组，只有10个左右全是苗族的自然村落。[②]

从1958年和2015年联合苗族乡的居住格局来看，中华人民共和国成立以来，川南乡村总体上的苗汉居住格局没有太大的变化，主要有三个方面的原因：一是行政区划的相对固定；二是户籍制度、土地制度的限制；三是情感因素，眷恋故土，不愿迁居，例如，据2014年叙永县一领导干部介绍："石坝彝族乡山顶上六、七户人，全是苗族，让他们移民到合乐苗族乡，男的去看了说好，后来女的去看了，说不要去。第一，老高山，气候不好；第二，怕受欺负。（其实）两个地方海拔差不多，（只是）地势不一样。（石坝在）赤水河（流域），干热河谷，（海拔）1200米。（合乐）森林覆盖率比较高。90年代说（让他们）迁到震东，怕受欺负（不去）。2006年（让他们）迁到合乐苗族乡，怕受欺负（也不去）。合乐苗族乡举家外出打工的比较多，空房子（多），（后来政府）联系（好）了，每户（再补贴）15000元，林子、土地给一部分，（才）迁过来的。"

虽然在总体居住格局上的变化不大，但也有不少苗族在村组或行政村范围内搬迁到地势相对平坦地方的，还有一些苗族从乡村搬迁到集镇或城市的，这为苗汉之间的族际交往创造了更有利的条件。同时，由于对少数民族地区的政策支持，再加上近年来村村通公路工程的实施，川南苗区的交通条件得以大大改善，例如兴文县322个行政村的村级公路均达到通达标准，通达率100%[③]；筠连联合苗族乡，仅2013年就新修硬化革新、光明、红春、红竹四村水泥路27公里，茶园、甜竹、红春三村泥碎路11公

---

① 资料来源于2014年7—8月实地调查。

② 资料来源于古蔺县民宗局。

③ 兴文县民族宗教事务局编：《四川·兴文县苗族志1912—2012》（未刊稿），2013年，第333页。

里，革新、茶园、红春村便民路 34 公里。① 交通的便利也为加快苗区社会的发展、促进苗汉族际交往创造了新的客观条件。

2. 川南县域的苗汉居住格局现状

川南苗族主要分布在泸州叙永、古蔺和宜宾兴文、筠连、珙县 5 个享受少数民族地区待遇县，为了了解目前川南县域内的苗汉居住分布格局现状，笔者选择苗族最多的叙永县为案例，以该县 25 个乡镇为基层居住单元计算苗汉之间的分离指数，得出该县苗汉的居住分离指数为 0.43。也就是说，如果要达到各个乡镇绝对的均匀分布，叙永县苗汉两个民族有 43% 的人口需要在各乡镇之间进行迁移调整。叙永县的苗汉居住分离指数高于该县白腊、枧槽苗族乡及筠连联合苗族乡，此外，仅以叙永县苗族人口 1000 人以上的 16 个乡镇来计算，苗汉居住分离指数为 0.34，如果去掉县城叙永镇，苗汉居住分离指数仅为 0.27。② 可见在苗族相对集中的地方，苗汉混杂居住格局更为明显。

叙永县苗汉交错分布，处于混杂居住状况，但在各乡镇之间分布并不均匀，这一点从表 2—5 可以看出。叙永县总的汉族和苗族比例为 10.96∶1，25 个乡镇中有 13 个乡镇高于这一比例，最高的为江门镇的 277.22∶1，有 12 个乡镇低于这一比例，最低的为合乐苗族乡的 1.28∶1。

汉苗比例低于叙永县总比例的 12 个乡镇基本上都处于县内海拔较高的位置，以政府所在地来衡量，除了两河镇和落卜镇以外，其余 10 个乡镇政府所在地的海拔都在 660 米以上，其中麻城、合乐、枧槽、石坝、水潦 5 个乡政府所在地的海拔均在 1000 米以上。汉苗比例高于叙永县总比例的 13 个乡镇中，苗族人数多的摩尼镇和分水镇政府所在地的海拔分别为 1312.8 米和 1230 米；另外 11 个乡镇中，除了观兴、营山乡以外，其余乡镇政府所在地的海拔均在 300—420 米之间。③ 由此可见，叙永县在总体上延续了历史上形成的苗汉居住格局：苗族大多住在山上，汉族大多住在山下。这也是川南大致的苗汉居住格局，苗族相对聚居的 17 个苗族乡基本上都位于离县城较远、海拔较高的山区。当然这是相对而言的，

---

① 资料来源于筠连县民宗局。

② 根据表 2 - 5 计算所得。

③ 四川省叙永县志编纂委员会编：《叙永县志》叙永县地图，方志出版社 1998 年版。

表 2—5　　　　　　2012 年叙永县 25 个乡镇汉族和苗族居住分布表①

乡镇	汉族人口数（人）	苗族人口数（人）	汉苗比例
江门镇	37147	134	277.22：1
向林乡	23198	142	163.37：1
大石乡	21409	211	101.46：1
马岭镇	36091	400	90.23：1
天池镇	20517	271	75.71：1
水尾镇	29298	578	50.69：1
叙永镇	97140	2042	47.57：1
观兴乡	23860	555	42.99：1
龙凤乡	33138	1278	25.93：1
营山乡	13325	797	16.72：1
分水镇	30117	2007	15.01：1
兴隆乡	23580	1687	13.98：1
摩尼镇	31837	2836	11.23：1
石坝彝族乡	5317	505	10.53：1
两河镇	32721	3200	10.23：1
落卜镇	33047	3778	8.75：1
水潦彝族乡	11884	1741	6.83：1
麻城乡	17131	2527	6.78：1
赤水镇	28163	4748	5.93：1
震东乡	25491	4929	5.17：1
黄坭乡	20516	4243	4.84：1
后山镇	21466	4920	4.36：1
白腊苗族乡	15238	5036	3.03：1
枧槽苗族乡	7792	4939	1.58：1
合乐苗族乡	6998	5459	1.28：1
总计	646421	58963	10.96：1

————————

①　数据来源于叙永县统计局、国家统计局叙永调查队、叙永县统计学会编《叙永统计年鉴2012》，2013 年，第 7—8 页。

苗族有居住在海拔较低地方的，海拔较高的地方也有不少汉族居住。

一般而言，由于户籍制度、土地制度的限制，行政区划的相对固定，以及恋土难移的情感因素，进行大规模的迁移是不太可能的，也没有太大的实际意义，所以历史上形成的总体居住格局是很难轻易打破的。尽管如此，由于社会流动性的大大增强和交通条件的不断改善，苗族聚族而居的传统慢慢发生了改变，不少苗族选择迁移到居住条件更好的地方，其局部居住格局正在逐渐发生变化。据叙永县一领导干部介绍，周边地区的不少苗族从山上迁下来，隔城近的迁到县城，隔城远的则在当地地势平坦的地方修房子。居住迁移多是在本村或村民小组范围内进行的，也有在本乡镇之间迁移的，还有搬迁到县城的，例如县城所在地叙永镇的 2042 名苗族大部分都是改革开放以后才迁入的。另外，举家外出打工的也不少。

（二）川南苗汉的城乡居住分布现状

了解一个地区各民族的居住格局，除了分析各民族人口在一个特定区域内的居住分布格局，还可以考察各民族的城乡分布。中华人民共和国成立以后从 20 世纪 50 年代到 80 年代中期，由于户籍制度的建立实施，限制了人口的自由流动，固化了城乡二元结构，川南苗区社会相对封闭，苗汉之间延续了民国时期的居住格局，苗族仍旧基本上居住在乡村。1984年，国务院发布了《关于农民进入集镇落户问题的通知》，表明二元分割的户籍制度有所松动，1985 年公安部颁布了《关于城镇暂住人口管理的暂行规定》，从法律上允许公民到非户籍地居住。户籍制度的松动，再加之改革开放后市场经济的发展，以及城镇化的推进，社会流动性大大增强，川南少数苗族的居住地理环境也发生了变化，有从山顶搬到相对平坦地势的，也有从农村迁到集镇、城市的。从表 2—6 可以看出，目前已有7.05% 的苗族居住在城镇，这便是改革开放后社会流动性增强的结果。但是，居住在城镇中的苗族比例仍远远低于汉族和其他少数民族，汉族有34.83% 居住在城镇，其他少数民族有 31.46% 居住在城镇。所以，川南苗汉在城乡分布方面呈现不均衡状态。这一点从城市、镇和乡村中各民族所占比例也可以看出，在城市和镇中，汉族的比例分别占 99.54% 和99.32%，均高于汉族人口占总人口的比例 98.13%，而苗族的比例分别占 0.05% 和 0.48%，均低于苗族人口占总人口的比例 1.56%，相较而言，其他少数民族在城市、镇、乡村中的居住比例基本接近其人口比例，这是因为其他少数民族大部分为中华人民共和国成立后迁入的缘故。由此可见,川南苗区的城镇化进程还有待进一步加强。

表 2—6　　　2010 年人口普查川南(泸州和宜宾)民族城乡分布①

民族	人口	居住地点			合计
		城市	镇	乡村	
汉族	人口数(人)	1091982	1878064	5557912	8527958
	占汉族人口的百分比	12.81%	22.02%	65.17%	100.00%
	占各居住地点人口的百分比	99.54%	99.32%	97.47%	98.13%
苗族	人口数(人)	539	9040	126199	135778
	占苗族人口的百分比	0.39%	6.66%	92.95%	100.00%
	占各居住地点人口的百分比	0.05%	0.48%	2.21%	1.56%
其他少数民族	人口数(人)	4553	3809	18221	26583
	占其他少数民族人口的百分比	17.13%	14.33%	68.54%	100.00%
	占各居住地点人口的百分比	0.41%	0.20%	0.32%	0.31%
合计	人口数(人)	1097074	1890914	5702335	8690323
	百分比	100.00%	100.00%	100.00%	100.00%

注:总人口数中包含 4 名加入中国籍的外国人,其中镇 1 名,乡村 3 名。

小　结

在明清时期的"国家化"过程中,大量汉人进入川南,在国家与民族、民族与民族的冲突中,苗族被迫从平坝退居于山区,川南基本上形成了"坝区汉家,山上彝家,苗家住在石旮旯"的民族居住格局,苗汉居住环境分离、边界清楚。一个特定区域内的民族居住格局,是该地区历史上民族关系的反映。从明清时期川南汉族和苗族居住环境的时空变迁,能看出伴随着汉族人口的激增,苗族逐渐被挤压到农耕环境相对较差的山区,在此过程中民族关系更多地表现为明显的隔阂与不和谐。

---

① 四川省人口普查办公室、四川省统计局编:《四川省 2010 年人口普查资料》(上册),中国统计出版社 2012 年版,第 28—58 页。

古代川南苗族迁徙不常，多居无定所，后来逐渐定居下来，至民国时期，川南苗族已定居下来。苗族通常聚族而居，慢慢形成了一处处村落，多者近百户，少则几户或十几户，与汉族交错分布，形成了"大杂居小聚居"的苗汉混杂居住格局，但苗汉的苗汉居住分布在乡镇和村落之间是不均匀的，而且苗族相对聚居的地方基本上都处于海拔较高的山区。

笔者使用美国学者在研究族群居住格局时常用的定量工具"分离指数"对川南县域和乡村的苗汉居住格局进行了测量，并结合各地的汉苗比例，发现中华人民共和国成立以来，不管是县域还是乡村，川南苗汉居住格局总体上变化不大，这主要是由于行政区划的相对固定，户籍制度、土地制度的限制，以及情感的因素。但是，改革开放以来，伴随着社会流动性的增强、交通条件的改善以及城镇化进程的推进，也有不少苗族打破聚族而居的传统，选择迁居到地理位置更好的村落、集镇或城市，川南苗汉在局部上的居住格局正在逐渐发生变化。

中华人民共和国成立前川南苗族居住格局的变迁，即从平地退居山区，其原因是中央王朝的"国家化"过程中，外来民族的增加，直接导致苗族居住环境改变。旧方志的记载让人看到了川南苗族分布格局变迁的背后存在过民族压迫的事实，因此从过去形成的川南苗汉居住格局也就折射出民族关系的实际状况。中华人民共和国成立尤其是改革开放以来，人口和劳动力的自由流动不再受到限制，苗汉混杂居住、交错分布的居住格局更为明显，不同民族的混居和相互嵌入正在经历一个动态的发展过程，相信川南苗汉在居住上的相互接近将促使民族关系更为密切。

第三章　川南苗汉族际结构性差异

社会分层是指社会成员、社会群体因社会资源占有不同而产生的层化或差异现象，比如，因经济资源不同而形成富裕层与贫困层，因教育资源不同而分成高学历群体和低学历群体，等等。传统社会分层理论主要有马克思的阶级理论，韦伯以财富、权力、声望划分社会结构的多元分层理论，以及涂尔干的功能主义分层理论等。[①] 社会学家格莱泽和莫尼汉于1975年在《族群》一书中提出了"族群分层"这一新概念。族群分层是在传统社会分层理论中引进了族群的因素，分析不同族群集团之间由于其结构性差异所引起的不平等，目的在于考察一个社会的结构性差异是否含有一定程度的族群背景，社会不平等在一定程度上是否反映的是族群之间的不平等，各族群成员是否存在相同的社会流动机会。因此，从社会学的社会结构及其变迁的分析视角来看，这是研究民族关系的一个重要领域。目前，研究族际间的结构性差异通用的基本指标有：劳动力的行业结构、人口城乡比例、平均受教育水平、劳动者就业率、职业结构、收入结构与消费模式等。[②]

---

① 李强：《社会分层十讲》，社会科学文献出版社2011年版，第1、25、32、42页。

② 马戎：《民族社会学——社会学的族群关系研究》，北京大学出版社2004年版，第232页。

第一节　中华人民共和国成立前川南苗汉阶级分层差异

一　川南苗族阶级分层情况

解放前夕，据不完全统计，川南叙永、古蔺、古宋、合江、筠连、珙县、高县、庆符、长宁等县有苗族 13262 户。苗族阶级分层情况如表3—1所示，苗族地主仅占苗族总户数的 0.21%，苗族佃户和雇农占苗族总户数的 99.79%，其中近90%的苗族属于贫农或雇农阶层。

表 3—1　　　　　　　　解放前夕川南苗族阶级分层情况①

阶　层	户数（户）	百分比（%）
地主	28	0.21
佃中农	1308	9.86
佃贫农	9620	72.54
雇农	2306	17.39
总计	13262	100.00

据中华人民共和国成立初的调查，土地改革前，川南泸州专区苗族最多的 3 个县叙永、古蔺、古宋共有苗族 9152 户，37237 人。苗族阶级分层情况如表3—2所示，3 个县的苗族地主户数占总户数的 0.23%，人数占总人数的 0.29%；富农户数占总户数的 0.64%，人数占总人数的 0.77%；中农户数占总户数的 11.44%，人数占总人数的 11.94%；贫农户数占总户数的 75.21%，人数占总人数的 75.77%；雇农户数占总户数的 12.41%，人数占总人数的 11.15%。从中可以看出，3 个县 99%的苗族属于富农以下的阶层，其中接近 90%的苗族属于贫农和雇农阶层。

3 个县的苗族阶级分层中，地主比例最高的为叙永，其户数和人数比例分别为 0.61%和 0.74%，最低的为古宋，其户数和人数比例分别为 0.05%和 0.06%；富农比例最高的为叙永，其户数和人数比例分别为 1.38%

①　郎维伟：《四川苗族社会与文化》，四川民族出版社 1997 年版，第 66 页。

表3—2　　　土地改革前川南泸州专区叙永、古蔺、古宋苗族阶级分层情况①

阶层	叙永		古蔺		古宋		总计	
	户数（户）	人口数（人）	户数（户）	人口数（人）	户数（户）	人口数（人）	户数（户）	人口数（人）
	占比	占比	占比	占比	占比	占比	占比	占比
地主	17	85	3	17	1	6	21	108
	0.61%	0.74%	0.07%	0.10%	0.05%	0.06%	0.23%	0.29%
富农	38	190	7	32	13	66	58	288
	1.38%	1.66%	0.17%	0.20%	0.60%	0.69%	0.64%	0.77%
中农	307	1267	334	1227	406	1950	1047	4444
	11.11%	11.07%	7.92%	7.57%	18.67%	20.37%	11.44%	11.94%
贫农	1905	7820	3671	14201	1307	6194	6883	28215
	68.95%	68.31%	87.09%	87.59%	60.12%	64.68%	75.21%	75.77%
雇农	489	2056	200	736	447	1360	1136	4152
	17.70%	17.96%	4.75%	4.54%	20.56%	14.20%	12.41%	11.15%
其他	7	30					7	30
	0.25%	0.26%					0.08%	0.08%
合计	2763	11448	4215	16213	2174	9576	9152	37237
	100.00%	100.00%	100.00%	100.00%	100.00%	100.00%	100.00%	100.00%

和 1.66%，最低的为古蔺，其户数和人数比例分别为 0.17% 和 0.20%；中农比例最高的为古宋，其户数和人数比例分别为 18.67% 和 20.37%，最低的为古蔺，其户数和人数比例分别为 7.92% 和 7.57%；贫农比例最高的为古蔺，其户数和人数比例分别为 87.09% 和 87.59%，贫农比例最低的为古宋，其户数和人数比例分别为 60.12% 和 64.68%；雇农户数比例最高的为古宋 20.56%，雇农人数比例最高的为叙永 17.96%，雇农比例最低的为古蔺，其户数和人数比例分别为 4.75% 和 4.54%。由此说明，川南苗族阶级分层有一定的地区差异，但从总体上看，苗族阶级分层的地

① 四川民族调查组苗族小组：《泸州专区苗族社会历史调查》，载四川省编辑组《四川苗族傈僳族傣族白族满族社会历史调查》，四川省社会科学院出版社 1986 年版，第 7 页。

区差异主要体现在中农、贫农和雇农 3 个阶层，主要是 3 个县的苗族地主和富农阶层所占比例极少的缘故，地主和富农阶层所占比例最高的叙永县也只有 2% 左右，其他两个县均只占百分之零点几。3 个县苗族每一阶层的户数比和人数比均相差不大，但值得注意的是，古宋县的苗族雇农户数占总户数的 20.56%，而雇农人数只占总人数的 14.20%，按照户数和人数计算，该县的雇农大多为一户三口的家庭，在一个高生育的年代多为三口之家，说明雇农的人口再生产受到了经济和生活条件的严重制约。

二 川南苗汉阶级分层差异

由上可见，中华人民共和国成立前川南苗族阶级分层明显，但是，在阶级分层上川南苗族和汉族之间是否存在明显的差异？如果存在，这种差异对苗汉民族关系有何影响？笔者以叙永县文化乡、古蔺县麻城乡、筠连县联合乡为例进行了考察。

叙永县文化乡绝大部分的苗族在解放前都是汉族地主的佃户，全乡 374 户苗族，其中贫雇农高达 328 户，占苗族总户数的 87.70%，中农 46 户，占苗族总户数的 12.30%。46 户中农中，自耕中农也只有 1 户，其余的全是佃中农。① 以文化乡兴复村为例，可以对比苗汉阶级分层情况。从表 3—3 可以看出，占全村总户数 65.03% 的 93 户苗族中，无一户地主或富农，有 14 户中农，占苗族总户数的 15.05%，79 户贫农，占苗族总户数的 84.95%；而占全村总户数 34.97% 的 50 户汉族中，就有 8 户地主和 6 户富农，分别占汉族总户数的 16.00% 和 12.00%，另外还有 22 户中农和 14 户贫农，分别占汉族总户数的 44.00% 和 28.00%。

苗族和汉族之间的阶层构成存在着相当明显的差异，而且，苗族和汉族在主要生产资料——土地的占有上存在更为显著的差异。从表 3—4 可以看出，占全村总户数 65.03% 的苗族只占有 37 石土地，仅占全村土地总面积的 4.92%，其中占全村总户数 9.79% 的苗族中农只占有全村土地总面积的 1.61%，占全村总户数 55.24% 的苗族贫农只占有全村土地总面积的 3.31%；而占全村总户数 34.97% 的汉族占有 714.80 石土地，占全村

---

① 四川民族调查组苗族小组：《叙永县文化乡苗族社会历史调查》，载四川省编辑组《四川省苗族傈僳族傣族白族满族社会历史调查》，四川省社会科学院出版社 1986 年版，第 22 页。

表 3—3　　　　　　解放前川南叙永文化乡兴复村汉苗阶层构成表①

民　族		阶　层				合　计
		地主	富农	中农	贫农	
苗族	户数（户）			14	79	93
	占苗族户数的百分比			15.05%	84.95%	100.00%
	占总户数的百分比			9.79%	55.24%	65.03%
汉族	户数（户）	8	6	22	14	50
	占汉族户数的百分比	16.00%	12.00%	44.00%	28.00%	100.00%
	占总户数的百分比	5.59%	4.20%	15.38%	9.79%	34.97%
合计	户数（户）	8	6	36	93	143
	占总户数的百分比	5.59%	4.20%	25.17%	65.03%	100.00%

土地总面积的 95.08%，其中占全村总户数 5.59% 的汉族地主占有 536.30 石土地，占全村土地总面积的比例高达 71.34%，占全村总户数 4.20% 的汉族富农占有全村土地总面积的 7.82%，占全村总户数 15.38% 的汉族中农占有全村土地总面积的 13.50%，占全村总户数 9.79% 的汉族贫农占有全村土地总面积的 2.42%。由此可见，绝大多数土地都集中在汉族地主和富农阶层。从全村每人平均占地面积来看，苗汉之间也存在明显差异，汉族地主平均每人占地高达 10.73 石，汉族富农平均每人占地为 2.26 石，汉族中农和贫农平均每人占地数分别为 0.79 石和 0.32 石，而苗族中农和贫农平均每人占地数分别为 0.13 石和 0.08 石。汉族地主平均每人占地数为苗族贫农的 134.13 倍，汉族贫农平均每人占地数为苗族贫农的 4 倍，如此悬殊可见族际间的不平等关系。

解放前，苗族和汉族之间不仅在土地占有上存在不平等关系，而且在荒山的占有上也是不平等的。全村共计占有荒山 51.50 亩，占全村总户数 34.97% 的汉族占有 41.50 亩荒山，占荒山总面积的 80.58%，占全村总户数 65.03% 的苗族只占有 10 亩，只占荒山总面积的 19.42%，另外从表 3—5 中的平均每户占有的荒山面积也可以看出汉族和苗族之间在荒山占

① 四川民族调查组苗族小组：《叙永县文化乡苗族社会历史调查》，载四川省编辑组《四川省苗族傈僳族傣族白族满族社会历史调查》，四川省社会科学院出版社 1986 年版，第 26 页。

有上的差异。

表3—4 解放前川南叙永文化乡兴复村汉苗各阶层土地占有情况表①

项目	阶层、民族								总计
	地主		富农		中农		贫农		
	苗族	汉族	苗族	汉族	苗族	汉族	苗族	汉族	
户数（户）		8	6		14	22	79	14	143
人数（人）		50	26		94	129	304	57	660
耕地数量（石）		536.30	58.80		12.10	101.50	24.90	18.20	751.80
占耕地总数的百分比		71.34%	7.82%		1.61%	13.50%	3.31%	2.42%	100.00%
平均每人占地数（石）		10.73	2.26		0.13	0.79	0.08	0.32	1.14

表3—5 解放前川南叙永文化乡兴复村汉苗各阶层荒山占有情况表②

项目	阶层、民族								总计
	地主		富农		中农		贫农		
	苗族	汉族	苗族	汉族	苗族	汉族	苗族	汉族	
户数（户）		8	6		14	22	79	14	143
荒山面积（亩）		19	6.50		2	14	8	2	51.50
占荒山总面积的百分比		36.89%	12.62%		3.88%	27.18%	15.53%	3.88%	100.00%
平均每户占有荒山面积（亩）		2.38	1.08		0.14	0.64	0.10	0.14	0.36

① 四川民族调查组苗族小组：《叙永县文化乡苗族社会历史调查》，载四川省编辑组《四川省苗族傈僳族傣族白族满族社会历史调查》，四川省社会科学院出版社1986年版，第26—27页。

② 同上书，第27页。

1949 年古蔺县麻城乡苗族共有 436 人，其中中农 74 人，占总人数的 16.97%；贫农 362 人，占总人数的 83.03%。[①] 以麻城乡寨和村、东园村为例，可以对比苗汉阶层构成情况。两村共 63 户苗族，占总户数的 25.93%，全是中农或贫农，其中中农只占苗族总户数的 15.87%，贫农占苗族总户数的 84.13%。两村的汉族共 180 户，占总户数的 74.07%，虽然贫农和雇农也占了汉族总户数的 61.67%，但是仍低于苗族贫农所占苗族总户数比例的 84.13%。由此可见，古蔺麻城乡寨和村及东园村苗汉阶层构成也存在明显的差异。

表 3—6　　　　土改前古蔺县麻城乡寨和村和东园村苗汉阶层构成表[②]

族　别		阶　层						合　计
		小土地出租者	地主	富农	中农	贫农	雇农	
苗族	户数（户）				10	53		63
	占苗族户数的百分比				15.87%	84.13%		100.00%
	占总户数的百分比				4.12%	21.81%		25.93%
汉族	户数（户）	6	19	13	31	101	10	180
	占汉族户数的百分比	3.33%	10.56%	7.22%	17.22%	56.11%	5.56%	100.00%
	占总户数的百分比	2.47%	7.82%	5.35%	12.75%	41.56%	4.12%	74.07%
合计	户数（户）	6	19	13	41	154	10	243
	占总户数的百分比	2.47%	7.82%	5.35%	16.87%	63.37%	4.12%	100.00%

---

① 四川民族调查组苗族小组：《古蔺县麻城乡苗族社会历史调查》，载四川省编辑组《四川省苗族傈僳族傣族白族满族社会历史调查》，四川省社会科学院出版社 1986 年版，第 61 页。

② 同上书，第 73—74 页。

古蔺县共和乡（后并入麻城乡）所有的苗族农民都没有土地，多是佃耕汉族地主的土地，故有"老鸦无树桩，苗族无地方"的谚语。[1] 仍以麻城乡寨和村、东园村为例，可见苗族和汉族在主要生产资料——土地的占有上的差异。从表3—7可以看出，寨和村共114户，大多数土地集中在汉族地主或富农阶层，仅占全村总户数5.26%的6户汉族地主就占据了

表3—7　　　土改前古蔺县麻城乡寨和村各阶层占有土地情况表[2]

阶　　层		户　口		占有土地				
		户数（户）	人数（人）	田（亩）	地（亩）	每人平均占有田地亩数	田地合计（亩）	占田地总数的百分比
小土地出租者		2	7	11.66	4.43	2.30	16.09	2.64%
地主		6	27	256.94	184.39	16.35	441.33	72.48%
富农	半地主式富农	1	6	30.28	0.73	5.17	31.01	5.09%
	自耕富农	1	3	7.90	2.53	3.48	10.43	1.71%
	佃耕富农	1	4					
	小计	3	13	38.18	3.26	3.19	41.44	6.81%
中农	自耕中农	5	16	11.86	21.25	2.07	33.11	5.44%
	佃耕中农 汉族	6	31	14.46	10.51	0.81	24.97	4.10%
	佃耕中农 苗族	7	49					
	小计	18	96	26.32	31.76	0.61	58.08	9.54%
贫农	自耕贫农	26	108	22.84	29.12	0.48	51.96	8.53%
	佃耕贫农 汉族	18	78					
	佃耕贫农 苗族	39	179					
	小计	83	365	22.84	29.12	0.14	51.96	8.53%
雇农		2	2					
总计		114	510	355.94	252.96	1.19	608.90	100.00%

---

[1]　四川民族调查组苗族小组：《古蔺县麻城乡苗族社会历史调查》，载四川省编辑组《四川省苗族傈僳族傣族白族满族社会历史调查》，四川省社会科学院出版社1986年版，第70页。

[2]　同上书，第73页。

表 3—8　　　　土改前古蔺县麻城乡东园村各阶层占有土地情况表①

阶　层		户口		占有土地				
		户数（户）	人数（人）	田（亩）	地（亩）	每人平均占有田地亩数	田地合计（亩）	占田地总数的百分比
小土地出租者		4	12	13.09	5.72	1.57	18.81	3.72%
地主		13	60	158.14	107.09	4.42	265.23	52.40%
富农	半地主式富农	2	14	24.82	18.87	3.12	43.69	8.63%
	自耕富农	8	55	46.66	38.70	1.55	85.36	16.86%
	佃耕富农							
	小计	10	69	71.48	57.57	1.87	129.05	25.49%
中农	自耕中农	15	67	19.95	17.84	0.56	37.79	7.47%
	佃耕中农 汉族	5	11	4.14	1.91	0.55	6.05	1.19%
	佃耕中农 苗族	3	14					
	小计	23	92	24.09	19.75	0.48	43.84	8.66%
贫农	自耕贫农	12	37	15.90	11.23	0.73	27.13	5.36%
	佃耕贫农 汉族	45	186	9.98	12.12	0.12	22.10	4.37%
	佃耕贫农 苗族	14	52					
	小计	71	275	25.88	23.35	0.18	49.23	9.73%
雇农		8	11					
总计		129	519	292.68	213.48	0.98	506.16	100.00%

全村 72.48% 的土地，1 户汉族半地主式富农和 1 户汉族自耕富农占有全村 6.81% 的土地，2 户汉族小土地出租者，占有全村 2.64% 的土地。全村有 55 户汉族中农和贫农，其中 37 户汉族中农和贫农占有全村 18.07% 的土地，18 户汉族中农和贫农没有土地。此外，还有 2 户汉族雇农没有

① 四川民族调查组苗族小组：《古蔺县麻城乡苗族社会历史调查》，载四川省编辑组《四川省苗族傈僳族傣族白族满族社会历史调查》，四川省社会科学院出版社 1986 年版，第 74 页。

土地。虽然在土地占有上汉族之间也是不平等的，但是仍然存在着民族之间的明显差异。全村共 46 户苗族，占全村总户数的 40.35%，其中 7 户为佃耕中农，39 户为佃耕贫农，也就是说，所有的苗族均无土地，全是佃耕汉族的土地。

从表 3—8 可以得知，东园村共 129 户，其中汉族 112 户，苗族 17 户。112 户汉族中，4 户小土地出租者占有土地 18.81 亩，占全村土地面积的 3.72%；13 户地主占有土地 265.23 亩，占全村土地面积的 52.40%；2 户半地主式富农占地 43.69 亩，占全村土地面积的 8.63%；8 户自耕富农占地 85.36 亩，占全村土地面积的 16.86%；15 户自耕中农占地 37.79 亩，占全村土地面积的 7.47%；5 户佃耕中农占地 6.05 亩，占全村土地面积的 1.19%；12 户自耕贫农占地 27.13 亩，占全村土地面积的 5.36%；45 户佃耕贫农占地 22.10 亩，占全村土地面积的 4.37%；只有 8 户雇农没有土地。而 17 户苗族中，3 户佃耕中农和 14 户佃耕贫农均没有土地。

根据 1951 年宜宾专区少数民族调查资料，解放前，筠连县联合乡共 230 户苗族，其中佃雇农 96 户，占全乡苗族总户数的 41.74%；佃贫农 88 户，占全乡苗族总户数的 38.26%；佃中农 46 户，占全乡苗族总户数的 20.00%。[①] 下面以联合乡四、五村为例对比苗汉阶层构成情况，见表 3—9。解放前，两村共有 202 户，其中汉族 115 户，占两村总户数的 56.93%，苗族 87 户，占两村总户数的 43.07%。115 户汉族中，小土地出租者、地主、富农共 39 户，占汉族总户数的 19.31%；中农 30 户，占汉族总户数的 26.09%；贫农 34 户，占汉族总户数的 29.57%；雇农 12 户，占汉族总户数的 10.43%。87 户苗族中，中农 26 户，占苗族总户数的 29.89%；贫农 32 户，占苗族总户数的 36.78%；苗族雇农 29 户，占苗族总户数的 33.33%。可见，苗族全是富农以下的阶层，以贫农和雇农居多。

---

① 四川民族调查组苗族小组：《筠连县联合乡苗族社会历史调查》，载四川省编辑组《四川省苗族傈僳族傣族白族满族社会历史调查》，四川省社会科学院出版社 1986 年版，第 109 页。

表 3—9　　　　解放前川南筠连联合乡四、五两村汉苗阶层构成表①

民族		阶层						合计
		小土地出租者	地主	富农	中农	贫农	雇农	
苗族	户数（户）				26	32	29	87
	占苗族户数的百分比				29.89%	36.78%	33.33%	100.00%
	占总户数的百分比				12.87%	15.84%	14.36%	43.07%
汉族	户数（户）	2	20	17	30	34	12	115
	占汉族户数的百分比	1.74%	17.39%	14.78%	26.09%	29.57%	10.43%	100.00%
	占总户数的百分比	0.99%	9.90%	8.42%	14.85%	16.83%	5.94%	56.93%
合计	户数（户）	2	20	17	56	66	41	202
	占总户数的百分比	0.99%	9.90%	8.42%	27.72%	32.67%	20.30%	100.00%

　　从表 3—10 可见，联合乡四、五两村共有 2639.26 亩土地，户均占地面积为 13.07 亩。仅占总人数 9.90% 的 20 户汉族地主占有土地 1285.65 亩，为总面积的 48.71%，平均每户占有 64.28 亩；占总人数 0.99% 的 2 户汉族小土地出租者占有土地 37.10 亩，为总面积的 1.40%，平均每户占有 18.55 亩；占总人数 8.42% 的 17 户汉族富农占有土地 678.46 亩，为总面积的 25.71%，平均每户占有 39.91 亩；占总人数 14.85% 的 30 户汉族中农占有土地 429.10 亩，为总面积的 16.26%，平均每户占有 14.30 亩；占总人数 16.83% 的 34 户汉族贫农占有土地 167.55 亩，为总面积的 6.35%，平均每户占有 4.93 亩；占总人数 5.94% 的 12 户汉族雇农占有土地 11.30 亩，为总面积的 0.43%，平均每户占有 0.94 亩。虽然汉族在土地占有上存在明显的差异，但是，不管是汉族地主、富农，还是汉族中农、贫农和雇农，都占

---

① 四川民族调查组苗族小组：《筠连县联合乡苗族社会历史调查》，载四川省编辑组《四川省苗族傈僳族傣族白族满族社会历史调查》，四川省社会科学院出版社 1986 年版，第 110 页。

有一定的土地，而占两村 43.07% 的 87 户苗族，却没有分寸土地。

表 3—10　　　解放前川南筠连联合乡四、五两村汉苗

各阶层占有土地情况统计表①

阶层	民族	户口		土地占有情况				
		户数（户）	百分比	田（亩）	地（亩）	田地合计（亩）	占田地总数的百分比	平均每户占田地亩数
小土地出租者	苗族							
	汉族	2	0.99%	11.10	26.00	37.10	1.40%	18.55
地主	苗族							
	汉族	20	9.90%	112.95	1172.70	1285.65	48.71%	64.28
富农	苗族							
	汉族	17	8.42%	70.90	607.56	678.46	25.71%	39.91
中农	苗族	26	12.87%					
	汉族	30	14.85%	16.10	413.00	429.10	16.26%	14.30
贫农	苗族	32	15.84%					
	汉族	34	16.83%	10.35	157.20	167.55	6.35%	4.93
雇农	苗族	29	14.36%					
	汉族	12	5.94%	2.90	8.40	11.30	0.43%	0.94
宗祠公地				10.20	19.90	30.10	1.14%	
总计		202	100%	234.50	2404.76	2639.26	100.00%	13.07

三　川南苗汉阶级分层差异的形成原因及对苗汉民族关系的影响

中华人民共和国成立以前，川南苗族绝大多数属于富农以下的阶层，其中又以贫农和雇农居多，苗族农民一般都不占有或很少占有主要的生产资料——土地。苗汉的阶级分层及生产资料占有具有显著的差异，这种族际差异的形成主要有两个方面的原因。

① 四川民族调查组苗族小组：《筠连县联合乡苗族社会历史调查》，载四川省编辑组《四川省苗族傈僳族傣族白族满族社会历史调查》，四川省社会科学院出版社 1986 年版，第 111 页。

　　第一，制度原因。我国存在了两千多年的封建土地所有制，是封建地主阶级占有大量土地以剥削农民的土地私有制度，这是造成中华人民共和国成立前阶级分层的根源。川南地处川滇黔三省咽喉，为明王朝经略西南边疆地区的重要孔道，因此，在明王朝"国家化"过程中，川南叙州府是最早实行流官制度的地区之一，而整个川南地区均在明代完成了从土司制度到改土归流的政策转换。也就是说，明清时期川南已经进入封建土地所有制，大多数土地都集中在地主富农阶级，阶级占有的不平等自然对苗族也不例外。

　　第二，民族歧视。中华人民共和国成立前的苗族人民除了深受阶级剥削之苦，还要饱受民族压迫之痛。可以说，民族压迫、歧视是造成川南苗汉之间阶级分层差异的主要原因。由于受阶级和民族的双重压迫，川南苗族在政治、经济上没有地位。据记载，明代熹宗年间，苗族人民自己劳动开垦了土地，为了避免重役，还找了汉族武官承担外务。[①] 另据记载，顺治十七年，清王朝对川南苗族加倍征收田赋。[②] 除了明清王朝对苗族施以苛政以外，汉族地主还强取豪夺苗族农民的土地，导致川南苗族逐渐失去了自己的土地，绝大多数人成为佃农。关于苗族人民失去土地的历史，川南各地均有类似的记忆，例如，叙永县枧槽乡南圳村峰岩罗姓苗族，古蔺县麻城乡东园村项、杨二姓苗族都传说，他们的祖先曾开垦有大量土地，在历代封建统治者的压迫下，必须请汉族统治者顶名，代缴纳赋税，日久即为汉族统治者所霸占。在叙永县文化乡则传说，苗族原来以草结为界，汉族则以石桩为界，因苗汉争夺土地，草结被汉族地主放火烧掉，苗族没有凭据，告到官府，在汉族官僚地主互相勾结下，苗族土地大部分被汉族统治阶级所霸占。[③] 川南苗族人民对阶级剥削和民族压迫不断进行反抗，现存方志多有记载，例如明洪武二十七年"苗夷作寇"，"永乐十三年，

---

　　① 四川民族调查组苗族小组：《古蔺县麻城乡苗族社会历史调查》，载四川省编辑组《四川省苗族傈僳族傣族白族满族社会历史调查》，四川省社会科学院出版社 1986 年版，第 71 页。

　　② 四川苗族志编委会编：《四川苗族志》，巴蜀书社 2009 年版，第 14 页。

　　③ 四川民族调查组苗族小组：《泸州专区苗族社会历史调查》，载四川省编辑组《四川省苗族傈僳族傣族白族满族社会历史调查》，四川省社会科学院出版社 1986 年版，第 8 页。

苗叛，都督李敬讨平之""嘉靖年间，戎苗数叛，屡讨不靖"①，等等，但反抗均遭镇压，以失败告终。

川南苗汉之间在阶层构成上的显著差异及其生产资料占有上的极其不平等，自然会影响苗汉之间的民族关系。一方面，形成了广大汉族对苗族的固定成见：贫穷、落后，从而滋生了对苗族不尊重或否定的情感、行为；另一方面，造成了苗族对汉族的抵触，虽然这种心理源于汉族统治者的剥削和压迫，但是在现实生活中由于汉族对苗族普遍的偏见、歧视、不尊重，苗族已把对汉族统治者的不满扩大为对整个汉族的抵触。因此，中华人民共和国成立前的川南苗汉民族关系以明显的隔阂和不和为主要特征。

第二节　中华人民共和国成立后川南苗汉族际结构性差异

中华人民共和国成立以后，川南苗区得以解放，苗族人民在政治上翻身当家做主人。1951 年在川南苗区相继掀起的土改运动，废除了封建生产关系，解放了生产力，实现了苗族人民"耕者有其田"的愿望，使经济起步发展。与此同时，川南苗区文化、教育、卫生等各项事业也得到了相应的发展。三年困难时期和十年"文化大革命"期间，民族工作被忽视，川南苗区政治、经济、文化、教育等事业发展受到了严重的影响，遭受了巨大的损失。1978 年 12 月召开的中国共产党十一届三中全会，实现了伟大的历史转折，开启了改革开放新时期，使川南苗区的各项事业步入了稳定、快速发展阶段。改革开放以来，川南苗区民族政策得以真正落实，经济建设取得突出成就，其他事业也获得迅速发展。笔者从现实的视角，以城镇化水平、教育程度、产业职业结构、经济收入与消费支出、自我认定的社会阶层等方面的指标考察目前川南苗汉之间是否仍然存在结构性差异。

一　川南苗汉城镇化水平差异

城镇化是乡村人口向城镇集中的过程，城镇化水平又称城镇化发展程

---

① （清）冉瑞桐、罗度、郭肇林等修纂：光绪《珙县志》卷 15，《中国地方志集成·四川府县志辑 35》，巴蜀书社 1992 年版，第 273—274 页。

度，一般用城镇化率来衡量，城镇化率就是城镇人口占总人口的比例。中华人民共和国成立后的很长一段时间里，川南苗族基本上都生活在乡村，居住在县城和集镇的苗族人数屈指可数。改革开放以来，尤其是推进城镇化进程中，不少苗族由乡村迁入城镇，成为城镇人口。截至 2010 年，川南苗族人口的城镇化率为 7.05%。

城镇化不仅是人口集中的过程，也是产业结构转换的过程，更是价值观念、生活方式转变的过程。一般而言，城镇化水平越高，经济发展水平和公共服务水平就会越高，居民的生活质量也会得到相应完善。在城镇化进程中，川南苗区的集镇建设和新农村建设都取得了一定的成就，产业结构得到优化，经济加速发展，城乡基础设施建设也不断改善。以享受少数民族地区待遇的兴文县为例，2013 年城镇化率 33.8%，比 2008 年提高8.68 个百分点，三次产业结构比例由 2008 年的 31.4∶39.9∶28.7 优化为2013 年的 24.0∶45.5∶30.5。2013 年全县地区生产总值 67.94 亿元，比2008 年增加 35.93 亿元，增长 112.25%；公共财政预算收入 5.13 亿元，比 2008 年增加 4.32 亿元，增长 533.33%；城镇居民人均可支配收入19874 元，比 2008 年增加 9779 元；农村居民人均纯收入 7913 元，比2008 年增加 3845 元；社会消费品零售总额 29.32 亿元，比 2008 年增加16.71 亿元。城乡基础设施建设逐步完善，通乡公路全部硬化，通村公路全部畅通，行政村全部实现通电、通电视、通广播等。①

城镇化建设除了可以优化产业结构，促进苗区经济社会发展，提高苗区公共服务水平，改善苗族人民生活质量，缩小苗汉民族之间的差距，还可以改变苗汉民族的居住格局，增强苗汉的族际认同。混杂而居的苗汉居住格局为促进族际交往提供了新的客观条件，而苗汉之间的相互认同则能为族际通婚消除社会和心理障碍。总之，川南苗区的城镇化建设对苗汉民族关系的团结和谐发展起到了积极的作用。但是，从表 3—11 可以看出，截至 2010 年，川南苗汉之间的城镇化水平仍有较大的差距，该地区苗族人口的城镇化率大大低于汉族人口 34.83% 的城镇化率。不仅如此，还低于一二十年前全国苗族的城镇化水平：1990 年全国苗族的城镇化率为

---

① 兴文县人民政府：《兴文县少数民族地区待遇县政策落实情况》，2014 年 2 月。

8.0%，2000 年全国苗族的城镇化率为 14.1%。[1] 由此可见，川南苗族人口的城镇化建设有待进一步推进，城镇化水平有待进一步提高。

表 3—11　　2010 年人口普查川南（泸州和宜宾）苗汉城镇化率[2]

民族	人口	城市	镇	乡村	合计	城镇化率
汉族	人口数（人）	1091982	1878064	5557912	8527958	
	百分比	12.81%	22.02%	65.17%	100%	34.83%
苗族	人口数（人）	539	9040	126199	135778	
	百分比	0.39%	6.66%	92.95%	100%	7.05%

二　川南苗汉文化程度差异

教育可以提高人口素质，培养人力资本，促进经济社会发展。文化程度即受教育程度，是衡量一个国家、一个地区或一个民族教育普及和发展水平的重要标志，也是衡量一个国家、一个地区或一个民族人口素质的重要指标。一般而言，个体或群体所受的教育程度越高，越容易实现社会流动。社会流动包括个人或群体在社会分层结构中位置的变化和在地理空间结构中位置的变化两个方面。[3] 对一个民族来说，整体受教育程度得到提升，其社会分层结构也会得以优化。

从表 3—12 可以得知，在川南泸州和宜宾苗族 6 岁及以上人口中，具有高中及以上文化程度的人数分别占 3.70% 和 4.16%，具有初中文化程度的人数分别占 21.00% 和 21.97%，具有小学文化程度的人数分别占 66.45% 和 64.30%，未上过学的人数分别占 8.85% 和 9.57%。也就是说，川南泸州和宜宾两地苗族绝大多数人群的文化程度为初中及其以下，以小学文化程度为主，其中还有近 10% 的文盲。应该说，从 1986 年开始实施九年制义务教育以来，川南苗族的受教育程度得到了较大提高，也有不少苗族通过接受教育实现了向上的社会流动。但是，从总体上来看，川南苗

---

① 马戎：《民族社会学——社会学的族群关系研究》，北京大学出版社 2004 年版，第 278 页。

② 四川省人口普查办公室、四川省统计局编：《四川省 2010 年人口普查资料》（上册），中国统计出版社 2012 年版，第 28—58 页。

③ 李强：《社会分层十讲》，社会科学文献出版社 2011 年版，第 2 页。

族受教育程度仍然偏低，其人口素质还有待进一步提高。受教育文化程度偏低这一点从调查中也得到了证明，在 2014 年 7—8 月的 266 个苗族调查对象中，有 132 人具有小学文化程度，占 49.62%，有 100 人具有初中文化程度，占 37.59%，有 34 人具有高中及以上文化程度，占 12.78%。具有初中及其以下文化程度的苗族调查对象都来自农村，而具有高中及其以上文化程度的苗族调查对象基本上都是村、乡、县级公务员或教师，当然这部分苗族大多数都是通过接受中等或高等教育从农村走出去的。

表 3—12　　　　　　　　　2010 年川南苗汉文化程度①

民族	6 岁及以上（人）	学历												
		研究生		大学本科		大学专科		高中		初中		小学		未上过学	
		人数	百分比	人数	百分比	人数	百分比	人数	百分比	人数	百分比	人数	百分比	人数	百分比
泸州苗族	51440	5	0.01%	75	0.15%	240	0.47%	1581	3.07%	10802	21.00%	34184	66.45%	4553	8.85%
泸州汉族	3789797	2555	0.07%	51884	1.37%	105075	2.77%	385079	10.16%	1268689	33.48%	1767948	46.65%	208567	5.50%
宜宾苗族	69532	10	0.02%	139	0.20%	573	0.82%	2170	3.12%	15275	21.97%	44712	64.30%	6653	9.57%
宜宾汉族	4032090	2043	0.05%	56376	1.40%	122851	3.05%	407985	10.12%	1390810	34.49%	1835841	45.53%	216184	5.36%

在川南泸州和宜宾汉族 6 岁及以上人口中，具有高中及以上文化程度的人数分别占 14.37% 和 14.62%，具有初中文化程度的人数分别占 33.48% 和 34.49%，具有小学文化程度的人数分别占 46.65% 和 45.53%，未上过学的人数分别占 5.50% 和 5.36%。虽然川南汉族具有小学程度的人数和未上过学的人数占了约一半，但是，和苗族相比，仍低了约 20 个百分点，而具有初中和高中文化程度的人数则比苗族各高了约 10 个百分点。从中可以看出，川南泸州和宜宾两地苗族和汉族的受教育程度存在一定差距。

① 泸州市人口普查办公室、泸州市统计局编：《泸州市 2010 年人口普查资料》（上册），2012 年，第 133—135 页。
宜宾市人民政府人口普查领导小组办公室、宜宾市统计局编：《宜宾市第六次人口普查资料 2010》，2012 年，第 60—61 页。

三　川南苗汉就业人员的产业分布结构差异

国际上较为通用的产业结构分类方法为三次产业分类法：产品直接取自自然界的部门被称为第一产业，对初级产品进行再加工的部门被称为第二产业，为生产和消费提供各种服务的部门被称为第三产业。在我国的三次产业划分中，第一产业包括农、林、牧、渔业；第二产业包括采矿业，制造业，电力、燃气及水的生产和供应业，建筑业；第三产业包括交通运输、仓储和邮政业，信息传输、计算机服务和软件业，批发和零售业，住宿和餐饮业，金融业，房地产业，租赁和商务服务业，科学研究、技术服务和地质勘查业，水利、环境和公共设施管理业，居民服务和其他服务业，教育，卫生、社会保障和社会福利业，文化、体育和娱乐业，公共管理和社会组织。根据配第一克拉克定理，随着经济的发展和人均国民收入水平的提高，劳动力首先从第一产业向第二产业转移，当人均国民收入水平进一步提高时，劳动力又向第三产业转移。[1]因此，就业人员在各产业的分布结构可以反映一个国家、地区或民族的经济发展水平。

表3—13显示，泸州苗族第一、第二、第三产业的就业人员比重为93.23：3.99：2.78，宜宾苗族为88.56：7.44：4.00，泸州汉族为66.72：15.01：18.27，宜宾汉族为71.40：11.83：16.77。总的来说，川南苗汉第一产业的就业人员比重都偏高，这与当地的产业结构不无关系。但是，在川南劳动力的产业分布结构中，仍存在着民族差异：川南苗族绝大多数就业人员分布在第一产业，其比重大大高于汉族，其中宜宾苗族高于当地汉族17.16个百分点，泸州苗族高于当地汉族26.51个百分点；而川南苗族就业人员在第二、第三产业的分布比重均明显低于当地汉族。从中可以看出，川南苗族就业在当地产业结构调整过程中并没有占据优势。

---

[1]　龙茂发、马明宗主编：《产业经济学概论》，西南财经大学出版社1996年版，第41页。

表 3—13　　　　　2010 年川南苗汉就业人员的产业分布结构①

民族	合计（人）	产业					
		第一产业		第二产业		第三产业	
		人数	百分比	人数	百分比	人数	百分比
泸州苗族	3235	3016	93.23%	129	3.99%	90	2.78%
泸州汉族	223547	149140	66.72%	33558	15.01%	40849	18.27%
宜宾苗族	4530	4012	88.56%	337	7.44%	181	4.00%
宜宾汉族	261538	186726	71.40%	30952	11.83%	43860	16.77%

注：该表数据为 2010 年第六次人口普查长表数据，长表抽取了 10% 的户填报。

四　川南苗汉就业人员的职业结构差异

《中华人民共和国职业分类大典》（1999 年版）将我国职业分为 8 个大类，第一大类：国家机关、党群组织、企业、事业单位负责人；第二大类：专业技术人员；第三大类：办事人员和有关人员；第四大类：商业、服务业人员；第五大类：农、林、牧、渔、水利业生产人员；第六大类：生产、运输设备操作人员及有关人员；第七大类：军人；第八大类：不便分类的其他从业人员。2010 年人口普查资料在职业分类中未列军人这一大类，只列了其他七类。

从表 3—14 可以得知，川南苗族就业人员绝大多数归类到农、林、牧、渔、水利业生产人员，泸州苗族的这一类从业人员比例为 93.38%，宜宾苗族为 88.37%，两个比例与表 3—13 中第一产业劳动力比重差不多，均说明川南苗族绝大多数为从事农林牧渔业的普通生产者。泸州汉族该类从业人员比例低于当地苗族 27 个百分点，宜宾汉族该类从业人员比例低于当地苗族 17.08 个百分点。从中可以看出川南苗汉就业人员的职业结构是有民族差异的。这一点也可从其他几类职业的比例中看出。

---

① 泸州市人口普查办公室、泸州市统计局编：《泸州市 2010 年人口普查资料》（中册），2012 年，第 417—423 页。

宜宾市人民政府人口普查领导小组办公室、宜宾市统计局编：《宜宾市第六次人口普查资料 2010》，2012 年，第 140—143 页。

表 3—14　　　　　　　2010 年川南苗汉就业人员的职业结构①

民族	合计（人）	职业						
		国家机关、党群组织、企事业单位负责人（%）	专业技术人员（%）	办事人员和有关人员（%）	商业、服务业人员（%）	农、林、牧、渔、水利业生产人员（%）	生产、运输设备操作人员及有关人员（%）	其他从业人员（%）
泸州苗族	3235	0.06	0.59	0.31	1.64	93.38	4.02	
泸州汉族	223547	0.73	4.11	2.10	11.36	66.38	15.28	0.04
宜宾苗族	4530	0.11	1.21	0.29	2.74	88.37	7.28	
宜宾汉族	261538	0.72	3.49	2.44	10.47	71.29	11.56	0.03

注：该表数据为 2010 年第六次人口普查长表数据，长表抽取了 10% 的户填报。

　　一般而言，一个族群的国家机关、党群组织、企业、事业单位负责人（以下简称负责人）以及专业技术人员、办事人员和有关人员的比例越高，说明该族群受的教育水平越高，在当地的地位越高、影响越大。川南泸州苗族负责人、专业技术人员、办事人员和有关人员的比例分别为 0.06%、0.59%、0.31%，宜宾苗族负责人、专业技术人员、办事人员和有关人员的比例为 0.11%、1.21%、0.29%。应该说，中华人民共和国成立后，随着民族政策的落实，苗族教育水平的提高，苗族在国家机关、党群组织、企业、事业单位的就业人员不断增加。但是，相比较而言，仍低于当地汉族比例。此外，川南苗族的商业、服务业人员和生产、运输设备操作人员及有关人员比例也明显低于当地汉族。这一结论与前述川南苗汉就业人员的产业结构分布情况一致。

五　川南苗族收入与消费支出的调查分析

　　2014 年 7—8 月，笔者选择了泸州叙永、古蔺和宜宾兴文、筠连、珙

---

　　①　泸州市人口普查办公室、泸州市统计局编：《泸州市 2010 年人口普查资料》（中册），2012 年，第 424—426 页。
　　宜宾市人民政府人口普查领导小组办公室、宜宾市统计局编：《宜宾第六次人口普查资料 2010》，2012 年，第 144—145 页。

县等 5 个少数民族地区待遇县的苗族乡作为调查点，随机对当地苗族群众进行调查，共发放 270 份问卷，回收 268 份问卷，其中有效问卷 266 份。

如表 3—15 所示，81.20% 的苗族家庭年人均纯收入都在 6000 元以下①，13.53% 的苗族家庭年人均纯收入在 6000—11999 元之间，2.26% 的苗族家庭年人均纯收入在 12000—23999 元之间，0.75% 的苗族家庭年人均纯收入在 24000—35999 元之间，2.26% 的苗族家庭年人均纯收入在 36000—47999 元之间，没有苗族家庭的年人均纯收入在 48000 元及以上。从表 3—15 可以看出，在调查者中，务农家庭及外出务工的家庭年人均纯收入基本上都在 12000 元以下，其中绝大部分都在 6000 元以下；相较而言，当地事业单位工作人员及公务员的家庭年人均纯收入要好于务农家庭及外出务工家庭。

表 3—15　　　2014 年川南苗族职业分布与家庭一年的人均纯收入交叉列联表

职业	2014 年川南苗族家庭一年的人均纯收入					合计
	6000 元以下	6000—11999 元	12000—23999 元	24000—35999 元	36000—47999 元	
务农	146	18	4	0	0	168
外出务工	42	14	0	0	0	56
事业单位工作人员	12	0	0	0	4	16
公务员	2	0	2	0	2	6
其他	14	4	0	2	0	20
合计	216	36	6	2	6	266

---

①　2013 年四川省农民人均纯收入为 7895 元，考虑到川南苗区经济发展相对落后的情况，将第一级的收入定为 6000 元以下。因调查问卷设计为收入等级，故无法了解具体的收入数据。据 2012 年兴文县对 180 户苗族家庭的调查，苗族家庭的年人均纯收入为 3047 元。从总体上看，5 个少数民族地区待遇县的苗族乡相差不会太大。因此，可能有不少苗族家庭的年人均纯收入远远低于 6000 元。

为了了解苗族对自己收入的满意度，本研究还专门设计了调查题目：
"您对您家目前收入的满意程度？"调查结果表明，在 266 名调查对象中，
有 4 名未填写，8 名表示非常满意，占调查总数的 3.00%，116 名表示满
意，占 43.61%，28 名表示无所谓，占 10.52%，104 名表示不满意，占
39.10%，只有 6 名表示非常不满意，占 2.26%。虽然从总体上讲苗族家
庭收入偏低，如前所述，81.20% 的苗族家庭年人均纯收入都在 6000 元以
下，但是对收入不满意或非常不满意的苗族比例只占 41.36%，由此可
见，对收入的满意程度并不一定与实际收入成正比。

表 3—16　　　　　　　　**2014 年川南苗族家庭收入来源**

收入来源	频数（人次）	占总人次的百分比（%）	占有效样本的百分比（%）
工资	26	5.56	9.77
种植业	200	42.73	75.19
养殖业	70	14.96	26.32
外出务工	168	35.90	63.16
其他	4	0.85	1.50
合计	468	100.00	175.94

0 个缺失值；266 个有效样本

表 3—16 显示，苗族家庭的收入来源主要来自种植业和外出务工，各
占总人次的 42.73% 和 35.90%，从每种收入来源频数占有效样本的百分
比来看也是如此，75.19% 的苗族家庭有种植业收入，63.16% 的苗族家庭
有外出务工收入。其次是养殖业、工资，各占总人次的 14.96% 和
5.56%。只有 4 人选择其他收入来源，主要来自家庭副业，如制作苗族服
装。没有人选择本地乡村企业收入，说明当地乡村企业并未得到有效发
展。据了解，当地主要种植业以种庄稼为主，也有部分种果树和林木的；
养殖业则以养猪为主，也有部分养鸡鸭、养蚕的；外出务工的主要在建筑
工地当工人，也有不少进工厂的，如电镀厂、修车厂、服装厂等，此外，
还有少量从事其他职业的，如厨师、销售员等。

从表 3—17 可以得知，大多数苗族家庭有 2 个或 3 个劳动力：154

户苗族家庭有 2 个劳动力，占样本总数的 57.89%，66 户苗族家庭有 3 个劳动力，占 24.81%。当地经济发展以传统农业为主，成本高、产出低，收入低下，为了增加家庭收入、提高日常生活水平及改善住房条件，大多数苗族家庭劳动力选择了外出务工。有劳动力外出务工的苗族家庭 188 户，占样本总数的 70.68%，其中有 1 个劳动力外出务工的 110 户，占样本总数的 41.35%；劳动力全部外出务工的苗族家庭有 48 户，占样本总数的 18.05%。外出务工人员的年龄均在 50 岁以下，从 15 岁到 49 岁不等，其中以 20—40 岁居多，占外出务工人员总数的 82.98%。外出务工人员文化程度均不高，有高中学历的只占 1.16%，有初中学历的占 45.35%，有小学学历的占 53.49%。受文化程度的限制，绝大多数外出务工人员只能做体力活，这在很大程度上限制了外出务工人员的收入。

表 3—17　　　　　　2014 年川南苗族家庭劳动力外出务工情况

您家有几个劳动力	您家有几个劳动力外出务工					合计
	0 个	1 个	2 个	3 个	4 个	
1 个	2	6	0	0	0	8
2 个	46	76	32	0	0	154
3 个	20	20	18	8	0	66
4 个	10	6	8	0	2	26
5 个	0	0	4	4	0	8
6 个	0	2	2	0	0	4
合计	78	110	64	12	2	266

从表 3—18 可以看出，苗族家庭的消费支出主要用于食物、日常生活必需品、服装，分别占总人次的 22.52%、21.55%、16.46%，从占有效样本的百分比来看，均有 50% 以上的家庭选择了以上三项支出。除了这三项支出以外，苗族家庭的消费支出还依次用于子女教育、医疗、住房和农资用品，分别占总人次的 14.29%、12.11%、10.17%、1.45%。

表 3—18　　　　　　　2014 年川南苗族家庭消费支出情况

消费支出	频数（人次）	占总人次的百分比（%）	占有效样本的百分比（%）
食物	186	22.52	70.99
日常生活必需品	178	21.55	67.94
服装	136	16.46	51.91
子女教育	118	14.29	45.04
医疗	100	12.11	38.17
住房	84	10.17	32.06
农资用品	12	1.45	4.58
其他	12	1.45	4.58
总计	826	100.00	315.27

4 个缺失值；262 个有效样本

由于调查问卷没有设计食品支出金额及消费支出总金额项目，故无法计算恩格尔系数。虽然苗族家庭食品支出在消费总支出中仍排第一，但恩格尔系数肯定有所下降，因为从实地了解情况来看，随着当地经济的发展及外出务工人员的增加，苗族家庭经济收入在不断增加，住房条件得以改善，生活水平也得到了提高。这一点从苗族家庭拥有家用电器情况（详见表 3—19）也可窥见一斑。从占有效样本的百分比来看，有 93.18% 的家庭拥有洗衣机和电视机，有 83.33% 的家庭拥有电饭锅和电风扇，有 63.64% 的家庭拥有电冰箱，有 53.79% 的家庭拥有电磁炉。

表 3—19　　　　　　　2014 年川南苗族家庭消费支出情况

家用电器	频数（人次）	占总人次的百分比（%）	占有效样本的百分比（%）
洗衣机	246	17.72	93.18
电视机	246	17.72	93.18
电饭锅	220	15.85	83.33

家用电器	频数（人次）	占总人次的百分比（%）	占有效样本的百分比（%）
电风扇	220	15.85	83.33
电冰箱	168	12.10	63.64
电磁炉	142	10.23	53.79
DVD 或 VCD	86	6.20	32.58
计算机	32	2.31	12.12
微波炉	18	1.30	6.82
空调	10	0.72	3.79
总计	1388	100.00	525.76

2 个缺失值；264 个有效样本

六　川南苗族自我认定的社会阶层

除了可以进行客观统计计算的城镇化、教育、行业、职业、收入等指标以外，有的研究者使用"主观自我认定的社会阶层"作为衡量社会分层的指标之一。[①] 有学者把社会成员经过自我评估和自我认定将自己归属为某一具体的阶层称为认同阶层，并通过研究得出，是相对收入而非绝对收入决定了认同阶层的归属。[②]

表 3—20 显示，有 33.83% 的苗族自认为在经济地位上处于中层、中上层或上层，有 33.09% 的苗族自我感觉较差，认为自己在经济地位上处于中下层或下层，有 33.08% 的苗族不知道自己处于何种经济地位。虽然在调查对象中，有 81.20% 的苗族家庭年人均纯收入都在 6000 元以下，有 41.36% 的苗族对收入不满意或非常不满意，但只有三分之一的苗族认为自己的经济地位较差，这说明苗族的经济收入较以前有明显的提高。

---

① 马戎：《民族社会学——社会学的族群关系研究》，北京大学出版社 2004 年版，第 251 页。

② 张翼：《中国社会阶层结构变动趋势研究》，《中国特色社会主义研究》2011 年第 3 期。

表 3—20　　　　　　　　2014 年川南苗族自我认定的经济地位

自我认定的经济地位	人数（人）	百分比（%）	累计百分比（%）
上层	2	0.75	0.75
中上层	12	4.51	5.26
中层	76	28.57	33.83
中下层	60	22.56	56.39
下层	28	10.53	66.92
不知道	88	33.08	100.00
合计	266	100.00	

　　从表 3—21 可以得知，有 56.39% 的苗族自认为在社会地位上处于中层、中上层或上层，有 37.59% 的苗族不知道自己处于何种社会地位，只有 6.02% 的苗族自认为在社会地位上处于中下层，没有人认为自己在社会地位上处于下层。这一主观认同阶层是有其客观基础的，因为中华人民共和国成立以后，苗族人民得以解放，翻身当家做主，获得了和汉族同等的社会地位和权利。

表 3—21　　　　　　　　2014 年川南苗族自我认定的社会地位

自我认定的社会地位	人数（人）	百分比（%）	累计百分比（%）
上层	36	13.53	13.53
中上层	10	3.76	17.29
中层	104	39.10	56.39
中下层	16	6.02	62.41
下层	0	0.00	62.41
不知道	100	37.59	100.00
合计	266	100.00	

七　川南苗汉族际结构性差异案例①

（一）兴文县8个苗族聚居村与7个非苗族聚居村的比较

8个苗族聚居村辖82个村民小组，2011年年末有农户3075户，12411人，其中苗族1370户，5582人，分别占8个村总农户的44.55%，总人口的44.98%。7个非苗族聚居村，辖59个村民小组，2011年年末有农户3802户，总人口14402人。

1. 基础设施

7个非苗族聚居村中有58个组已通公路，1个组未通公路，村组公路总里程83.10公里，其中水泥硬化路面17公里，占总里程的20.46%；有草房户16户，占总农户的0.42%；危劣房户279户，占7.34%；砖瓦（土瓦、木瓦）房户999户，占26.28%；平房、楼房户2508户，占65.96%。

8个苗族聚居村内有80个组通公路，2个组未通公路，村组公路总里程154公里，其中水泥硬化路面17.33公里，占总里程的11.25%，低于非苗族聚居村9.21个百分点；有草房户33户，占总农户的1.07%，比非苗族聚居村高0.65个百分点；危劣房户327户，占10.63%，比非苗族聚居村高3.29个百分点；砖瓦（含土瓦、木瓦）房户1232户，占40.07%，比非苗族聚居村高13.79个百分点；平房和楼房户1483户，占48.23%，比非苗族聚居村低17.73个百分点。

2. 经济状况

2011年，7个非苗族聚居村出栏猪16960头、牛188头、羊60只、家禽62739只，产粮6404吨，人均占有粮食444公斤，农业总产值3391.52万元，有煤硫企业7个，非煤硫企业4个，工业总产值14352.5万元，人均纯收入5574元。

2011年，8个苗族聚居村出栏猪12100头、牛590头、羊60只、家禽45850只，产粮5631吨，人均占有粮食452公斤，农业总产值4088万

---

① 该部分资料来自2012年宜宾兴文县苗族文化促进会的调查，笔者重新整理归纳。参见兴文县民族宗教事务局编《四川·兴文县苗族志1912—2012》（未刊稿），2013年，第206—209页。

元，有非煤硫企业 2 个，工业总产值 100 万元，人均纯收入 4548 元，比非苗族聚居村低 1026 元。

3. 公共服务设施

7 个非苗族聚居村中，有 6 个村有学校，1 个村无学校；有办公用房 28 间，计 1000 平方米；都有党员电教设备；都有村卫生站室，其中两个村有卫生站 2 个，一个村有卫生站 3 个；通自来水的组 24 个，受益户 1320 户，计 4929 人，用水困难组 32 个，用水困难户 1979 户，计 7588 人。

8 个苗族聚居村中，有 7 个村有学校，1 个村无学校；有砖混结构办公用房 27 间，计 930 平方米；都有党员电教设备；有村卫生站 6 个；有 2 户未通电；通自来水的 71 户，计 301 人，用水困难组 51 个，用水困难户 1571 户，计 6494 人。

（二）兴文县 180 户苗族家庭与 234 户汉族家庭调查情况的对比

本次共调查 11 个村的 180 户苗族家庭，总人口 759 人，其中劳动力 386 人；调查 14 个村的 234 户汉族家庭，总人口 1017 人，其中劳动力 453 人。

1. 生活资料

草房户中，苗族占 5.00%，汉族占 0.43%，苗族比汉族高 4.57 个百分点；土瓦、木瓦、砖瓦结构房户中，苗族占 53.89%，汉族占 26.07%，苗族比汉族高 27.82 个百分点；砖混平、楼房户中，苗族占 41.11%，汉族占 73.07%，苗族比汉族低 31.96 个百分点。苗族户均住房面积 115 平方米，汉族户均住房面积 132 平方米，苗族比汉族少 17 平方米。

苗族通电话户（含手机）占 84.44%，汉族占 87.61%，苗族比汉族低 3.17 个百分点；苗族有电视机的户占 80.00%，汉族占 91.88%，苗族比汉族低 11.88 个百分点；苗族有洗衣机的户占 65.56%，汉族占 82.48%，苗族比汉族低 16.92 个百分点。

2. 受教育状况

家庭户主中，高中、中专文化程度的苗族占 1.67%，汉族占 4.27%，苗族比汉族低 2.60 个百分点；初中文化程度的苗族占 15.00%，汉族占 52.14%，苗族比汉族低 37.14 个百分点；小学文化程度的苗族占 81.66%，汉族占 43.16%，苗族比汉族高 38.50 个百分点；文盲苗族占

1.67%，汉族占 0.43%，苗族比汉族高 1.24 个百分点。

　　3. 经济收入

　　苗族人均银行存款 252 元，汉族人均 834 元，苗族人均比汉族少 582 元；苗族人均银行贷款 814 元，汉族人均 1206 元，苗族比汉族少 392 元；苗族人均民间债权 43 元，人均民间债务 806 元，汉族人均债权 593 元，人均民间债务 770 元，苗族人均民间债权比汉族少 550 元，人均民间债务比汉族多 36 元。

　　苗族人均畜牧业收入 1209 元，汉族人均 1884.60 元，苗族比汉族少 675.60 元；苗族人均农业和林业收入 1318 元，汉族人均 1580 元，苗族比汉族少 262 元；苗族工业、交通运输和商业服务业人均收入 85.30 元，汉族人均收入 637 元，苗族比汉族少 551.70 元；苗族人均外出务工收入 1736 元，汉族人均 3410 元，苗族比汉族少 1674 元；苗族人均占有粮食 415 公斤，汉族人均占有粮食 344 公斤，苗族比汉族人均多 71 公斤；苗族人均纯收入 3047 元，汉族人均纯收入 5739 元，苗族比汉族低 2692 元。从统计数据对比情况看，苗族人均纯收入明显低于汉族的主要原因是第二、第三产业发展滞后、外出务工收入差距大。苗族第二、第三产业和外出务工人均收入为 1821.30 元，汉族人均收入为 4047 元，苗族比汉族人均少 2225.70 元。苗族人均低于 2300 元的户占 42.78%，汉族人均低于 2300 元的户占 19.66%，苗族比汉族高 23.12 个百分点。

　　4. 享受公共服务情况

　　苗族通自来水的户占 40.00%，汉族占 49.60%，苗族比汉族低 9.60 个百分点；苗族通公路的户占 68.89%，汉族占 77.35%，苗族比汉族低 8.46 个百分点。

　　苗族参加"新农合"的户占 93.33%，汉族占 98.72%，苗族比汉族低 5.39 个百分点；苗族享受低保户占 18.89%，占年均纯收入低于 2300 元①的苗族户的 44.16%，汉族享受低保户所占比例 19.23% 和苗族差不多，但却是年均纯收入低于 2300 元的汉族户的 97.83%。

———————

　　①　2011 年 11 月 29 日，中央扶贫开发工作会议在北京召开。会议宣布，中央决定将农民人均纯收入 2300 元作为新的国家扶贫标准。

（三）苗族落后于汉族的主要原因

中华人民共和国成立后，尤其是改革开放以来，兴文苗区的经济、社会各项事业都取得了长足的发展，但由于历史原因、客观条件、现实因素等方面的影响，兴文苗族在多方面与当地汉族还存在一定差距。

1. 历史因素

由于历史上的民族压迫与歧视，苗族被迫从平地退居于山区，逐渐丧失了主要生产资料——土地。土地改革前，古宋（今兴文）2174 户苗族中，仅有 1 户地主，占总户数的 0.05%；有 13 户富农，占总户数的 0.60%；有 406 户中农，占总户数的 18.67%；有 1307 户贫农，占总户数的 60.12%；有 447 户雇农，占总户数的 20.56%。[1] 兴文苗族基本上都不占有或很少占有土地，只能佃耕汉人地主或富农的土地，苗汉之间在阶层构成和生产资料的占有上存在着民族不平等。解放后，虽然苗族翻身做了主人，实现了"耕者有其田"的愿望，生活水平有了较大的提高，历史遗留下来的族际差距也在逐渐缩小，但是，由于客观条件、现实因素的制约，苗汉之间差距仍需政策的支持、自身的努力才能完全消除。

2. 客观因素

居住地理环境恶劣、自然灾害频繁是影响兴文苗区经济发展的重要原因之一。兴文苗族大多数都聚居于海拔 600 米以上的高寒山区，气候条件恶劣，地质破碎，冰雪、冰雹、低温、山体滑坡等自然灾害频繁。例如2008 年高寒山区的苗族聚居村在冰雪灾害中受灾严重；2007 年 6 月 30 日两龙乡的教场坝村山体滑坡导致 3 户农户房屋被毁，13 人死亡。

交通不畅也是制约兴文苗族聚居地区经济发展的主要瓶颈。据调查，目前苗族聚居村还有一部分村存在通路不通车或晴雨两不通的现象，而且林区公路建设滞后，运输难问题未得到根本解决，农副产品生产成本和销售成本高，利润低。例如，林产品销售除去砍、运费用，农户所剩无几。

此外，由于苗族聚居村经济基础薄弱，农民只能维持基本的生活开支和简单再生产投入，没有资金投入农田水利设施建设。农田水利基本建设跟不上，抗御自然灾害的能力脆弱，也影响着苗族聚居地区经济的发展。

---

① 四川民族调查组苗族小组：《泸州专区苗族社会历史调查》，载四川省编辑组《四川省苗族傈僳族傣族白族满族社会历史调查》，四川省社会科学院出版社 1986 年版，第 7 页。

3. 现实因素

一是苗区产业化建设推进缓慢。由于苗族同胞的自给自足意识浓厚，重农轻商现象突出，苗族地区产业结构调整步子缓慢。据统计局 2011 年国民经济和社会发展统计，兴文县 2011 年三次产业结构比例为 24.5：46.8：28.7，但五个苗族乡三次产业结构比例为 38.3：41.7：20，而苗族聚居村的三次产业结构比例更不合理，大多数苗族聚居村没有第二、第三产业。第二、第三产业发展落后，影响着整个苗族聚居地区经济的发展。

二是引领性人才短缺，劳动者的文化素质不高。一方面，苗族聚居村科技人才和管理人才短缺，制约了民族地区经济发展。另一方面，由于过去苗族聚居地区教育发展落后，教育条件差，教师队伍不够稳定，教学质量有待提高，学生求学愿望不强；加之过去人们对掌握文化知识的意义认识不足，家长送子女读书的积极性不高，子女愿读就送，不想读就在家务农。因此，劳动者的文化素质普遍不高。由此导致了先进的科学技术在苗区得不到有效推广应用，农业产出低、效益差。

苗汉族际结构性差异在一定程度上构成对民族关系的影响，因为个体家庭或少数家庭的差距是单纯的经济问题，而不同民族之间生活在同一地域，却产生整体性的结构性差距，民族之间的差距是发展问题同样也是民族问题。当然动态的差距可以通过发展加以弥补，获批享受少数民族地区待遇为川南苗区的发展提供了良好的契机。

小　结

中华人民共和国成立前，川南苗族绝大多数属于贫农和雇农阶层，苗族农民一般都不占有或很少占有主要生产资料——土地。在阶级分层及生产资料占有方面，苗汉之间具有显著的差异，这种族际差异的形成原因主要在于封建土地所有制和民族歧视。川南苗汉之间在阶层构成上的显著差异及生产资料占有上的极其不平等，自然影响着苗汉之间的民族关系。一方面，汉族对苗族普遍存在偏见与歧视；另一方面，苗族对汉族也普遍存在着抵触心理。因此，中华人民共和国成立前的川南苗汉民族关系以明显的隔阂和不和为主要特征。

中华人民共和国成立以来，特别是改革开放以后，川南苗区政治、经济、文化、教育、卫生等事业得以持续、稳定发展。在推进城镇化进程中，苗族城镇化水平得以提升。由于九年制义务教育的实施，苗族的受教育程度也有所提高。随着当地国家机关、党群组织、企业、事业单位的就业人员和外出务工人员的增加，苗族的产业职业结构也有一定改善。同时，政治地位的改变，经济收入的增加，消费支出结构的优化，生活环境和生活水平的改善，也提高了苗族主观认同阶层位置。应该说，苗汉之间在政治、经济、教育等方面的族际结构性差异在逐渐缩小，这对消除民族之间的偏见与歧视、促进苗汉之间的族际交往和族际通婚起着积极的作用。

但是，由于历史上存在的族际差异太大，而苗汉都在共同发展，加之苗族整体所处的地理环境较差、一些苗族观念更新不够、受教育水平不高等多种原因，苗汉之间在城镇化水平、教育程度、产业职业结构、经济收入等方面依然存在着族际结构性差异。对苗区给予一定的优惠政策，是缩小或消除族际结构性差异的办法。宜宾兴文县于 2009 年被批准享受少数民族地区待遇，宜宾市珙县、筠连县和泸州市叙永县、古蔺县于 2014 年被批准享受少数民族地区待遇，为川南苗族聚居地区的发展提供了机遇，这将有利于缩小并最终消除川南的苗汉族际结构性差异。

第四章　川南苗汉文化接触下的
苗族传统文化涵化

　　川南苗族有自己的传统文化，如果把文化进行二元分类，区分为物质文化和精神文化，笔者研究的苗族传统文化涵化主要以精神文化为研究对象。还有一点值得注意，苗族在川南少数民族人口中相对占多，但与汉族比显得很少，在不同民族的文化接触中，人口多的民族的文化与人口少的民族的文化，在交往率上是不对等的，"少"受"多"的影响表现得更明显一些。另外，川南经历了较长的封建制社会，苗族不论在政治、经济和文化上都处于弱势，因而他们在乡民社会中更多的是呈现一种"小传统"①，即一般社会大众，特别是乡民或俗民所代表的文化，这种文化在生产、生活中自然传承，当然也受汉文化的影响而发生文化涵化。

　　涵化是文化变迁理论中的重要概念，美国人类学家称之为 acculturation。1936 年，美国人类学家赫斯科维茨、雷德菲尔德、林顿等学者在合著的《涵化研究备忘录》中指出，涵化是指"具有不同文化的群体间发生持续的接触，导致一方或双方原有文化模式发生变化的现象"。赫斯科维茨在 1938 年出版的专论涵化的著作《涵化——文化接触的研究》中重申了这一定义。② 民族之间的文化涵化既是历史上各民族接触、交往、交流的结果，又能加强现实中民族之间的相互认同，促进民族关系的和谐发展。因此，研究各民族语言文字、风俗习惯、宗教信仰、姓氏族谱等文化

---

　　① ［美］罗伯特·雷德菲尔德在 1956 年发表的《乡民社会与文化》一书中使用大小传统的概念，按此分析工具，川南苗族社会基本上没有形成以上层为代表的精英文化，而"小传统"则是他们所普遍存在的文化。

　　② 参见黄淑婷、龚佩华《文化人类学理论方法研究》，广东高等教育出版社 2013 年版，第 223—224 页。

的涵化情况可以帮助我们了解民族关系的演变轨迹和发展趋势。正如美国著名人类学家鲍亚斯所指出的："对相关的部落进行详细的比较将表明文化交融、语言方面的借词现象和文化形式的交换的效果。通过仔细追踪文化交流的线路，就可能追溯居住在某个特定地区的各部落的历史发展。"[①]

第一节　民族语言文字使用

民族语言文字作为民族的基本特征之一，对民族的形成和发展起着重要作用。在我国 55 个少数民族中，除了满族和回族通用汉语之外，其他 53 个民族都有自己的民族语言；有 19 个少数民族有自己的民族文字，1956 年开始，政府帮助 10 个少数民族创制了拼音文字，其中包括 4 种苗文。[②] 民族语言文字不仅是民族文化传承、发展、繁荣重要的载体，而且本身就是一种民族文化。对本民族语言文字的认同是族群文化认同的核心要素之一，而对他族语言文字的使用情况则是衡量族群文化涵化的重要指标之一。因此，在民族关系研究中讨论分析民族语言文字的使用及认同情况尤为重要。

一　川南苗族语言和文字概况

据近代以来语言学家的研究，苗族的语言属汉藏语系苗瑶语族苗语支，整个苗语分成湘西（东部）、黔东（中部）、川黔滇（西部）三大方言。川黔滇方言也称西部方言，分为川黔滇、滇东北、贵阳、惠水、麻山、罗泊河、重安江七个次方言。川南苗族使用西部方言的川黔滇次方言。有学者认为，川黔滇次方言是在唐宋以后的元明之际在贵州北部、中部和四川南部形成的，然后再传入云南各地。[③] 川黔滇方言主要通行于贵州中部、南部、北部，四川南部、广西北部以及云南等地，国内讲该方言的苗族，至今已达两三百万人。此外，居住在越南、老挝、缅甸、柬埔寨、澳大利亚、美国、法国、加拿大等 21 个国家和地区的苗族中，也有

① 参见［美］苏珊·R. 布朗《在中国的文化人类学家——大卫·克罗克特·葛维汉》，载李绍明、周蜀蓉选编《葛维汉民族学考古学论著》，巴蜀书社 2004 年版，第 223 页。

② 金炳镐：《民族理论通论》，中央民族大学出版社 2007 年版，第 567 页。

③ 伍新福、龙伯亚：《苗族史》，四川民族出版社 1992 年版，第 186—188 页。

许多讲川黔滇方言。[①]

关于苗族的文字，大多数学者认为古代苗族没有自己的文字。但也有学者根据苗族的古歌和传说以及历史文献，认为远古苗族可能有古老的文字，后来因为种种原因失传了，至元明和清初，苗语各方言形成后，又可能产生了一些地区性通用的文字，后因被禁止使用而失传。[②] 关于苗族有无传统文字，观点不一，但事实是没有文字作为证据。

川南苗族最早使用的文字是"坡拉字母苗文"（俗称"老苗文"），是由英国人柏格里帮助创制的。20 世纪初，英国基督教循道公会牧师柏格里在川滇黔三省交界地区传教，为方便传教，他在威宁石门坎地区和苗族杨雅各、张武等一起创制了一套包含 26 个大字母、42 个小字母的苗族拼音文字。[③] 这套文字主要用于编写宗教读物，在苗民中传播。据《川苗概况》（林名均，1936）一文记载，花苗中用这种文字印成的书，有《新约全书》《赞美诗》及会话读本，而川苗（林文所指川苗为川南苗族）中则只有民国十二年在日本所印的《马可福音》和《赞美诗》的一部分。[④] 但是，川南苗族中用老苗文编的书籍应该不止这些，因为，芮逸夫在《川南苗族调查日志 1942—43》中提到，川南叙永苗族罗承瑄参与了苗文书籍《川苗一书》（编于民国十三、四年）及《福音诗歌》（编于民国二十一年）的编写。[⑤]

1952—1956 年中国科学院组织语言工作者到苗区普查苗语，1956 年 7 月中科院少数民族语言调查队到川南苗族聚居县调查苗语，1956 年设计了 3 套拉丁字母苗文方案，经国家民委批准后，分别在 3 大方言区试

---

① 杨永华：《兴文苗族》，中国香港天马图书有限公司 2002 年版，第 81—82 页。
　　珙县民族事务委员会编印：《珙县苗族志》，1996 年，第 12 页。
② 伍新福、龙伯亚：《苗族史》，四川民族出版社 1992 年版，第 189—190 页。
③ 郎维伟：《四川苗族社会与文化》，四川民族出版社 1997 年版，第 188 页。
　　珙县民族事务委员会编印：《珙县苗族志》，1996 年，第 14 页。
　　杨永华：《兴文苗族》，中国香港天马图书有限公司 2002 年版，第 86 页。
　　筠连县苗族志编纂委员会：《筠连县苗族志》，2007 年，第 228 页。
④ 林名均：《川苗概况》，《新亚细亚月刊》1936 年第 12 卷第 4 期。
⑤ 芮逸夫著，王明珂编校、导读：《川南苗族调查日志 1942—43》，"中央研究院" 历史语言研究所 2010 年版，第 90 页。

行。① 拉丁字母苗文又被称为新苗文。川南使用的川黔滇方言拉丁字母苗文，是以贵州省毕节市先进乡大南山的苗语语音为标准音创制的。②

二　中华人民共和国成立前川南苗族的语言文字掌握及使用情况

历史上川南苗族通常聚族而居，因此他们都操苗语。至近代，虽苗汉杂处，但苗族仍能熟练使用苗语。由于苗族处于弱势地位，加之汉族对其存在着偏见与歧视，苗族对在汉人面前说苗语有一定的顾忌。民国学者芮逸夫在《川南苗族调查日志 1942—43》中记载，在大坝王乡长家，"适有一兴文簸箕峡苗老者来送信，盖匪首黄国强欲投诚也，询以苗语，笑而不答"③；在古宋④，"入沟至石灰窑，至罗洪顺苗端公家，与之说苗语不答，但以汉语答语，并谓彼称正苗。后又至距 68 公里石椿处之苗人杨铁匠家，杨未在家，只有妇孺。与语，亦均自称不懂苗话，但用苗语询以吃什么，则以汉语答云麦粑粑，绝不肯答语也"。芮逸夫认为"盖此间苗人均以说苗语为耻也"⑤。

20 世纪初，通过宗教的传播以及光华小学的建立，坡拉字母苗文（俗称"老苗文"）得以从石门坎向四周推广。应该说"老苗文"在以贵州威宁石门坎为中心的川滇黔交界的苗族分布区产生了一定影响，当时有多少苗族信仰基督教，就有多少苗族学习和使用这套文字。至于川南苗族掌握和使用"老苗文"的程度，如今无从知晓，但有学者在调查文本中记录了一些情况。例如，据《筠连县志》记载，自从有了"老苗文"，当地苗族"自行设校讲授，以示不忘本也"⑥。又据华西大学林名均教授1936 年调查记载，川苗中已有二三百人能够认识老苗文。⑦ 川南苗族经济

① 郎维伟：《四川苗族社会与文化》，四川民族出版社 1997 年版，第 188 页。

② 珙县民族事务委员会编印：《珙县苗族志》，1996 年，第 15 页。

③ 芮逸夫著，王明珂编校、导读：《川南苗族调查日志 1942—43》，"中央研究院"历史语言研究所 2010 年版，第 101 页。

④ 即今四川兴文县城一带。

⑤ 芮逸夫著，王明珂编校、导读：《川南苗族调查日志 1942—43》，"中央研究院"历史语言研究所 2010 年版，第 115 页。

⑥ 祝世德著，筠连县地方志办公室整理：民国《筠连县志》，四川大学出版社 2012 年版，第 164 页。

⑦ 林名均：《川苗概况》，《新亚细亚月刊》1936 年第 12 卷第 4 期。

状况不佳，生活困苦，社会地位低下，能有机会掌握和学习这套"老苗文"是件不容易的事，加之"老苗文"主要为宗教传播的工具性文字，因此影响力有限。此后随着中华人民共和国成立，受西方传教士支配的教会在川南逐渐消退，新开办的各级学校教育都使用汉语言文字教学。"老苗文"成为历史的记忆，仅少数年长者还能识读。①

因相关历史文献资料的缺失，川南古代苗族对汉语和汉文的使用情况不得而知。王明珂先生在《川南苗族调查日志 1942—43》编者导读并序中指出，明清时期，随着中原王朝政治势力在西南地区逐渐稳固，许多汉人士绅与农民也移居西南。在地方官员推动下，各地广兴儒学、建孔庙，以宣扬汉文化中的人伦与政治秩序。汉人官员、士绅在道德文化上的夸耀，以及其政治、社会优势，使得许多西南非汉族群的土司及钜室家族也纷纷送子弟入学读书，仿效汉人士大夫之习性、雅好，并以能与汉人士大夫诗文往来为荣。如此，"汉化"——为了追求较好或较安全的社会身份而模仿汉人习行之过程——在西南许多非汉族地区普遍进行。变化常始于统治者或地方豪贵家族；许多贵州土司、豪族宣称其祖上来自"江西吉安府"，许多云南土司、土官家族都称其祖籍为"南京上元里"，四川土司及大姓家族自称祖籍为"湖广麻城孝感"的更为普遍。随后，在亲近人群的接触与互动中，许多土司所辖的百姓也开始模仿他们周边的这些"汉人"（土司与大姓家族），说汉语，践行汉人习俗，并称他们的祖上来自南京、江西或湖广。明清以来的汉化过程，使得许多西南地区在清代及20 世纪上半叶成为一个汉与非汉区分模糊的华夏边缘。② 透过王氏的分析和观点，可以认为，对西南这个多民族的区域而言，其接受汉文化的情形基本上就是这样的演变过程。

如第一章所述，明清时期为汉人迁居川南的高峰期，汉族逐渐成为当地主体民族，苗族的汉化自然是不可避免的。由于汉化之效，许多当地民众，特别是地方豪绅与知识分子，皆以本地不同于汉的习俗与"说苗话"

---

① 例如原古蔺县副县长杨马可，听汉族领导做报告时，就用老苗文记录，他做报告，则用老苗文先写好，再用汉话做报告。参见泸州少数民族志编纂委员会《泸州少数民族志》，民族杂志社 2015 年版，第 401 页。

② 芮逸夫著，王明珂编校、导读：《川南苗族调查日志 1942—43》，中研院历史语言研究所 2010 年版，第 XVIII—XIX 页。

为落伍、鄙陋，以仿效汉俗及能说汉话为荣。① 至 20 世纪上半叶，川南苗族使用汉语已经比较普遍。据民国地方志记载，近代川南苗族大多都能够讲汉语的当地方言，有的也能够认识汉文，例如，兴文县苗族"孩提时便能操两种语耳，其种亦日稀"②；古宋县"苗人亦通汉语"③；筠连县苗族"亦能吐汉语，识汉文"④。据民国学者林名均于 20 世纪 30 年代在川南的调查，当地"汉人能够深通苗话的很少，不过他们（苗族）对于汉人却也能够说汉话，妇女间或有不能说汉话的，其为数只不过十分之二三罢了"；当地苗族"平常记事，多刻竹木或结草绳为标识""后来与汉人的交通日繁，才渐渐的有人学习并认识汉文，但却只有最少数的人能够运用"。⑤ 又据胡庆钧于 20 世纪 40 年代在叙永地区的调查，当地"由于汉苗杂处，一般说汉语的程度颇高。大致佳者能与汉人应对自如，不感困难，而劣者只能说少数单词，听说均感不便。中等者能够作通常应酬，事涉专门则感困难，而以此类人为最多。以性别言，男子多优于女子。因男子多有出外与汉人应酬的机会。以年龄言，少壮又胜过老年；因老年人在少时，汉语的需要不如现在的普遍。当时汉族多自大，苗族更趋保守，接触既少，罕有学汉语的机会"⑥；有极少数受过一定教育的苗族能认识、书写文字，但掌握的程度有限，例如，一罗姓苗族家中丧事，戚族和女婿送了三幅用汉字书写的挽联，"这自然是模仿汉俗，（但）文句不顺，白字也多"，其女婿是当地苗族中的一位佼佼者，曾受完全小学教育，但写出的挽联仍有破绽；又如，一陶姓苗族乡长"能识解文字，但难动笔"；

---

①　芮逸夫著，王明珂编校、导读：《川南苗族调查日志 1942—43》，"中央研究院"历史语言研究所 2010 年版，第 XX 页。

②　李仲阳等修纂：民国《兴文县志》卷 3，《中国地方志集成·四川府县志辑 34》，巴蜀书社 1992 年版，第 391 页。

③　民国《古宋县志初稿》卷 8，《中国地方志集成·四川府县志辑 34》，巴蜀书社 1992 年版，第 110 页。

④　祝世德著，筠连县地方志办公室整理：民国《筠连县志》，四川大学出版社 2012 年版，第 164 页。

⑤　林名均：《川苗概况》，《新亚细亚月刊》1936 年第 12 卷第 4 期。

⑥　胡庆钧：《川南叙永苗族人口调查》，《汉村与苗乡——从 20 世纪前期滇东汉村与川南苗乡看传统中国》，天津古籍出版社 2006 年版，第 236 页。

等等。① 民国学者的田野记录，给后人留下了苗人受汉语言文字影响的真实情形。

考察川南苗族语言文字使用的历史，不难发现，苗族从讲本民族的语言并一度使用"老苗文"，到逐渐演变为接受汉语和汉文，这个变化的最直接原因是不同民族文化的接触。不可否认，在持续的文化接触中，苗汉群体由于人口数量的悬殊和文化影响力的强弱，导致苗族一方的文化发生了变化，而苗族文化最先被改变的显然是时常要用的交流工具即语言文字。这个变化称得上是文化涵化，只不过这个涵化过程对苗族而言既有主动效仿和文化借用的情形，又有被动接受的状况。在主动和被动的背后都与那个时代的政治和经济制度有关，历史上苗族在政治上受到不平等待遇，经济地位低下，文化涵化也就以被动接受为主要特征。

三　川南苗族的语言文字掌握及使用现状

根据 2014 年 7—8 月对泸州叙永、古蔺和宜宾兴文、筠连、珙县 5 个少数民族地区待遇县苗族群众的调查，目前川南苗族绝大多数都会说苗语。在 266 名苗族调查对象中，有 242 名能熟练使用苗语，占 90.98%，有 8 名苗族会一般的日常生活用语，占 3.01%，只有 16 名苗族不会讲苗语，占 6.01%。据调查了解，在苗族聚居的村组里，苗族都能熟练使用苗语；在汉族占大多数、苗族占极少数的村组里，也就是苗族散居的地方，能讲苗语的苗族一般为老一辈，中青年苗族已经基本不说或不会苗语；而从小住在县城和镇所在地的苗族基本不会说苗语。如筠连县《高坪苗族乡志》记载，当地少数汉族多苗族少的杂居地苗族，年幼的苗族儿童已不懂苗语，而使用汉语。② 关于苗族学习苗语的方式，有 99.25% 的苗族选择了家庭教育。也就是说，苗族学习苗语基本上都是通过家庭教育习得的。

本次调查的 266 名苗族都会熟练使用汉语。据了解，川南苗族基本上都会使用汉语的当地方言，除了极少数住在高寒山区苗寨的学龄前儿童和

---

① 胡庆钧：《川南苗乡纪行》，《汉村与苗乡——从 20 世纪前期滇东汉村与川南苗乡看传统中国》，天津古籍出版社 2006 年版，第 198—201 页。

② 高坪苗族乡志编纂委员会：《高坪苗族乡志》，方志出版社 2012 年版，第 234 页。

个别没离开过苗寨的老人。关于不会说汉语的老人，也只是听说而已，笔者在调研中没有发现，在珙县玉和苗族乡见到两位八十多岁的苗族老人都会说汉语。据兴文县一位老师介绍，有极少数的苗族乡村小学一年级学生刚进校时还不会说汉语，进校后学会说汉语。调研中，在珙县玉和苗族乡凤凰村见到一个 3 岁的小孩，不会说汉语，在筠连团林苗族乡的一个苗族家庭，见到 6 个小孩，其中有两个 3 岁左右的小孩不会说汉语，另外大一点的、已经上幼儿园或小学的 4 个孩子都会说汉语，主要是通过同汉族小孩一起玩耍、学习学会的。当地一位汉族干部介绍，苗族小孩"跟汉族娃娃一起耍的时候，相互之间交流，时间长了，自然而然地，也会汉语"。

调查结果（详见表4—1）显示，川南苗族的汉语主要是在与汉族居民日常交往和全日制学校中学习的，分别占总人次的51.12%和33.63%；从占有效样本的百分比来看，有85.71%的苗族通过与汉族居民日常交往学习汉语，有56.39%的苗族在全日制学校学习汉语。通过家庭教育学习汉语的苗族占总人次的14.80%，占有效样本的24.81%；而通过族际通婚的配偶学习汉语的只有两人，仅占总人次的0.45%，占有效样本的0.75%。

表 4—1　　　　　　　　　　川南苗族的汉语学习方式

汉语学习方式	频数（人次）	占总人次的百分比（%）	占有效样本的百分比（%）
与汉族居民日常交往	228	51.12	85.71
全日制学校学习	150	33.63	56.39
家庭教育	66	14.80	24.81
族际通婚的配偶	2	0.45	0.75
总计	446	100.00	167.67

266 个有效样本

中华人民共和国成立后，政府帮助创制了湘西、黔东、川黔滇 3 大方言的拉丁字母苗文，这 3 种苗文于 1956 年批准实行，川黔滇方言拉丁字母苗文主要在整个川黔滇方言苗族地区推广和使用。1957 年，四川省语委在泸州市举办了一期苗文培训班，由珙县、叙永县和筠连县 4 名苗族知识分子主讲。1959 年以后，苗文的推行工作中断。党的十一届三中全会后，党中央重申了尊重少数民族语言文字的政策，川南各地又陆续开展了苗文培训。1984 年 7 月和 1985 年 7 月，珙县先后举办了两届苗文培训班，参训学员 104 人次，除了来自全县各地的苗族中青年教师和回乡社会知识青年以外，还有来自高县、筠连的少数学员。[①] 1986 年 8 月 7—25 日，古蔺县举办本县首期苗文培训班，参训学员 25 人。[②] 1991 年 8 月，受四川省少数民族语言文字工作委员会委托，珙县承办了一期"川南苗文培训班"，参训学员共 34 人，来自珙县、筠连、古蔺、兴文等县。兴文县参训学员回县后于 1991 年 10 月举办了兴文首次苗文培训班，为期两个月，参训学员 37 人。[③] 2005 年 7 月 26 日至 8 月 3 日，筠连县民宗局组织了首届苗文培训班，由珙县民宗局干部主讲，来自全县 20 个乡镇以及各机关、部门学员 54 人（其中苗族 52 人、汉族 2 人）参加了培训。[④] 2011 年 8 月 13—17 日，筠连县民宗局举办了全县第二届苗文培训班。[⑤]

虽然川南各地都开展了苗文培训，对新苗文进行了推广，但是，由于川南绝大多数学校都未开展"双语教学"[⑥]，苗文的推广基本上只限于培训模式，加之培训次数少、培训时间短、参训人员有限等多种原因，当地苗族对苗文的掌握和使用情况并不理想。调查结果（详见表 4—2）显示，在 266 名苗族调查对象中，绝大多数苗族不懂苗文。对苗文一点都不懂的苗族占有效样本的 93.92%，会认简单苗文、但不会写的苗族占有效样本

---

① 珙县民族事务委员会编印：《珙县苗族志》，1996 年，第 15 页。

② 四川苗族志编委会编：《四川苗族志》，巴蜀书社 2009 年版，第 146 页。

③ 杨永华：《兴文苗族》，中国香港天马图书有限公司 2002 年版，第 89 页。

④ 筠连县苗族志编纂委员会：《筠连县苗族志》，2007 年，第 229 页。

⑤ 高坪苗族乡志编纂委员会：《高坪苗族乡志》，方志出版社 2012 年版，第 236 页。

⑥ 调查数据显示，在有子女的 234 名川南苗族调查对象中，有 230 名调查对象子女接受的都是普通话教学。据了解，川南除了极少数民族学校开设了苗语课程以外，绝大多数学校都未开展双语教学。此外，极少数苗寨村小的苗族教师，针对极个别不会说汉语的学生或班级里大多苗族学生的特殊情况，有时会使用双语，但不属于双语教学。

表 4—2　　　　　　　　　　　　　川南苗族掌握苗文情况

掌握苗文情况	人数（人）	百分比（%）	有效百分比（%）	累积百分比（%）
既会认常用字，又会写常用字	4	1.50	1.52	1.52
会认常用字，但不会写	4	1.50	1.52	3.04
既会认简单的文字，又会写简单的文字	4	1.50	1.52	4.56
会认简单的文字，但不会写	4	1.50	1.52	6.08
不会	248	93.25	93.92	100.00
合计	264	99.25	100.00	
缺失值	2	0.75		
总计	266	100.00		

的 1.52%，既会认、又会写简单苗文的苗族占有效样本的 1.52%，只会认常用苗文、但不会写的苗族占有效样本的 1.52%，既会认、又会写常用苗文的苗族占有效样本的 1.52%。会使用苗文的 16 名苗族基本上都是公务员和事业单位工作人员，他们大多通过短期培训学习苗文，掌握程度并不高。其中只有 4 名对当地苗族颇有研究的干部或知识分子能熟练掌握苗文，他们使用新苗文主要为了记录和研究本民族文化。实际上，川南苗族在日常生活中几乎没有使用苗文，现代学校教育也没有教授苗文。一种新创制的文字缺少代际传递，缺少现实生活的使用人群，实用性大大降低，其影响力和生命力也就可想而知。教育中通用语言文字的普及，日常生活和工作中汉语言文字的广泛应用，川南汉族人口的绝对优势，客观上也造成新苗文不易推广。

调查结果（详见表 4—3）显示，在 266 名苗族调查对象中，除了 2 名苗族的汉字掌握情况不清楚之外，既会认常用字、又会写常用字的占有效样本的 53.79%，既会认简单文字、又会写简单文字的占 43.94%，会认简单文字、但不会写的仅占 2.27%，既不会认简单文字、又不会写简单文字的没有。据第六次人口普查资料，川南泸州和宜宾苗族中未上过学的人数分别占当地苗族总人数的 8.85% 和 9.57%。① 川南苗族在全日制学校都是接受汉语教育，只要上过学的苗族都能认识和书写汉字，因此，川南绝大多数苗族都能认识和书写汉字，只是掌握的程度不同而已。

表 4—3　　　　　　　　　　　　　　川南苗族掌握汉字情况

掌握汉字情况	人数（人）	百分比（%）	有效百分比（%）	累积百分比（%）
既会认常用字，又会写常用字	142	53.38	53.79	53.79
既会认简单的文字，又会写简单的文字	116	43.61	43.94	97.73
会认简单的文字，但不会写	6	2.26	2.27	100.00
合计	264	99.25	100.00	
缺失值	2	0.75		
总计	266	100.00		

关于汉字学习方式，在 264 名会汉字的苗族调查对象中，选择"全日制学校学习"的有 262 人次，占总人次的 83.98%，占总人数的 99.24%；选择"与汉族居民日常交往"的有 38 人次，占总人次的 12.18%，占总人数的 14.40%；选择"家庭教育"的有 8 人次，占总人次的 2.56%，占总人数的 3.03%；选择"短期培训"和"族际通婚的配偶"的均有 2 人次，各占总人次的 0.64%，占总人数的 0.76%。由此可见，川南苗族学习汉字的主要方式为全日制学校学习。

从调查对象子女的语言文字能力及学习方式中可以进一步了解川南苗族的语言文字掌握和使用情况。调查结果（详见表 4—4）显示，在有子女的 234 名苗族调查对象中，子女只会苗语的仅 2 名，占 0.86%；既会苗语、又会汉语的有 210 名，占 89.74%；只会汉语的有 22 名，

① 泸州市人口普查办公室、泸州市统计局编：《泸州市 2010 年人口普查资料》（上册），2012 年，第 133 页。
宜宾市人民政府人口普查领导小组办公室、宜宾市统计局编：《宜宾市第六次人口普查资料 2010》，2012 年，第 60 页。

占 9.40%。

表 4—4　　　　　　川南苗族年龄段与子女掌握语言情况交叉列联表

年龄段	子女掌握语言的情况			合计
	只会苗语	既会苗语，又会汉语	只会汉语	
20—29 岁	2	28	2	32
30—39 岁	0	114	12	126
40—49 岁	0	50	4	54
50—59 岁	0	14	2	16
60—66 岁	0	4	2	6
总计	2	210	22	234
百分比（%）	0.86	89.74	9.40	100.00

　　从父母年龄段来推断，两名只会苗语、不会汉语的孩子都为学龄前儿童，在调研访谈及实地观察中了解到的情况也是如此。川南只会苗语、不会汉语的苗族极少，通常都为学龄前儿童，他们居住在苗族较为集中的山区，由于周围没有汉族小孩，加之家人都使用苗语，很少有或者没有接触汉语的机会，因此不会说汉语。上幼儿园或小学后，在接受汉语教育和与汉族同学交往的过程中很快就学会了说汉语。

　　与调查对象本身相比，其子女不会苗语、只会汉语的比例略有增加。在 266 名苗族调查对象中，有 16 名苗族只会汉语，仅占 6.01%；而其中有子女的 234 名苗族调查对象里，子女只会汉语的有 22 名，占 9.40%。也就是说，在父母会说苗语的苗族家庭中，有少部分家庭的子女不会说苗语。从父母年龄段来推断，不会苗语、只会汉语的子女从几岁到四十几岁不等。据了解，不会讲苗语的情况大多存在于与汉族杂居或外出务工的苗族中，他们接触的基本上都是汉族，家庭教育中也多使用汉语，而且川南学校基本上都是采用汉语教育，因此其子女自然就只会说汉语了。

　　另据当地苗族研究者 2010 年对 11 个苗寨的调查，20 世纪 60 年代，所有苗族都能讲苗语，在生活中全部使用苗语交流，如今这些村寨 35 岁以上的人基本上都能操苗语，25 岁至 34 岁能说苗语的只有一半，20 岁以下能说苗语的只有四分之一；在临近坝区的兴文县二层山黄姓苗寨、大雁沟李姓苗寨已出现一整寨或一整姓的苗族都不会讲苗语的情况。苗语保持较好的一般是边远山区的苗寨。[①] 这些情况与笔者的调查结果基本吻合，当前会讲苗语的苗族呈下降趋势，尤其是年轻人基本上都讲汉语。实际上苗族学习苗语的方式主要是在家庭教育中习得的[②]，一旦没有了在家庭中学习苗语的环境，孩子们从小讲汉语也就不可避免了。

关于汉语学习方式，在子女会汉语的 232 名苗族调查对象中，其子女学习汉语主要是通过与汉族居民日常交往、全日制学校学习、家庭教育三种途径，分别占总人次的 35.55%、34.37%、29.30%，占有效样本的78.45%、75.86%、64.66%（详见表4—5）。调查发现有些苗族的子女通过电视学习汉语，可见媒介的发展和普及对语言学习也有一定的作用。同调查对象相比，其子女通过家庭教育学习汉语的比例大大提高，有64.66%的调查对象在家中教子女学习汉语，而调查对象通过家庭教育学习汉语的却只有 24.81%。由此可见，越来越多的川南苗族教子女说苗语的同时，也在教子女说汉语。

表4—5　　　　　　　　　川南苗族子女的汉语学习方式

子女的汉语学习方式	频数（人次）	占总人次的百分比（%）	占有效样本的百分比（%）
与汉族居民日常交往	182	35.55	78.45
全日制学校学习	176	34.37	75.86
家庭教育	150	29.30	64.66
短期培训	2	0.39	0.86
其他	2	0.39	0.86
总计	512	100.00	220.69

232 个有效样本

通过以上调查数据和田野访谈观察，笔者发现调查对象教孩子说汉语

---

① 杨永华：《四川苗族风俗面临消亡及保护对策》，《苗学研究》2010 年第 2 期。

② 同调查对象一样，其子女学习苗语的方式主要是家庭教育，有 98.11%的调查对象子女是通过家庭教育学习苗语的。

大致有两种情况，一种是无意识的文化濡化①过程，即长辈在家里说汉语，孩子自然而然就学会了；另外一种是有意识的家庭教育，即专门教孩子说汉语。前者说明更多的川南苗族在家中开始使用双语；后者则说明更多的川南苗族越来越注重家庭教育中的汉语教育，不管哪一种情况，都可以看出川南苗族使用汉语的程度进一步加深。如果说近代川南苗族说汉语是有目的而为的涵化②，那么目前川南苗族都能使用汉语以及部分年轻苗族只能使用汉语，则更多的是自然而然地无意识涵化。其主要原因在于苗汉民族交往日益密切和社会更加开放，而汉族人口占绝对优势、苗族基本呈现杂散居分布状态则构成客观现实基础。

调查结果表明，在子女掌握文字的 228 名苗族调查对象中，其子女不存在只会苗文、不会汉字的情况。有 216 名苗族的子女只会汉字，占94.74%；有 12 名苗族的子女既会苗文，又会汉字，只占 5.26%，其中 8名苗族的子女是通过家庭教育学习苗文的；4 名苗族的子女是通过短期培训学习苗文的。川南苗族子女主要通过全日制学校学习汉字，选择该项的有 222 人次，占总人次的 73.51%，占有效样本的 97.37%（详见表4—6）。与其家长相比，他们通过家庭教育学习汉文的比例有一定提高③，说明川南苗族对家庭教育的重视，当然这与家长文化程度有必然联系。

表 4—6　　　　　　　　　川南苗族子女的汉字学习方式

子女的汉字学习方式	频数（人次）	占总人次的百分比（%）	占有效样本的百分比（%）
全日制学校学习	222	73.51	97.37
家庭教育	40	13.25	17.54

---

①　文化濡化（enculturation）有别于文化涵化，是指文化的习得与传承，本质意义是人的学习与教育。参见崔延虎《文化濡化与民族教育研究》，《新疆师范大学学报》1995 年第 4 期。

②　王明珂先生认为，川南苗人模仿汉人习俗、说汉语、宣称祖先来自湖广的动机则是，为了避免受他人（主要是自称汉人的邻近人群）的歧视与欺侮。参见芮逸夫著，王明珂编校、导读《川南苗族调查日志 1942—43》，"中央研究院"历史语言研究所 2010 年版，第 XXI 页。

③　在 264 名会汉字的苗族调查对象中，选择通过家庭教育学习汉字的只有 8 人次，占总人次的 2.56%，占总人数的 3.03%。而在子女会文字的 228 名苗族调查对象中，选择子女通过家庭教育学习汉字的有 40 人次，占总人次的 13.25%，占总人数的 17.54%。

子女的汉字学习方式	频数（人次）	占总人次的百分比（％）	占有效样本的百分比（％）
与汉族居民日常交往	36	11.92	15.79
短期培训	4	1.32	1.75
总计	302	100.00	132.46

228 个有效样本

家长对待子女学习及掌握苗汉语言文字的态度，可以使我们了解川南苗族对本民族语言文字的认同及在语言文字方面自愿接受汉文化的情况。对于"您希望您的子女接受双语教学吗"这一选项，在 250 个有效样本中，34.40％的调查对象非常希望子女接受双语教学，39.20％的调查对象希望子女接受双语教学，19.20％的调查对象觉得无所谓，7.20％的调查对象不希望或非常不希望子女接受双语教学（详见表4—7）。川南学校基本上都是采用汉语进行教学，因此，从这一选项的选择结果中了解到的实际上就是家长对学校增加苗语教学的态度，调查结果显示，73.60％的苗族对学校增加苗语教学是持欢迎态度的，从中也可看出大多数苗族对本民族语言文字是有认同感的。

表 4—7   川南苗族对子女接受双语教学的态度

对子女接受双语教学的态度	人数（人）	百分比（％）	有效百分比（％）	累积百分比（％）
非常希望	86	32.33	34.40	34.40
希望	98	36.84	39.20	73.60
无所谓	48	18.04	19.20	92.80
不希望	16	6.02	6.40	99.20
非常不希望	2	0.75	0.80	100.00
合计	250	93.98	100.00	
缺失值	16	6.02		
总计	266	100.00		

对于"您希望您的后代掌握苗语和苗文吗"这一选项，在266名调查对象中，选择"非常希望"的占54.13%，选择"希望"的占27.07%，选择"无所谓"的占18.05%，选择"不希望"的占0.75%，没有选择"非常不希望"的（详见表4—8）。有81.20%的调查对象是希望或非常希望后代掌握苗语和苗文的，这进一步佐证了大多数苗族是认同本民族语言文字的。

表4—8　　　　川南苗族对后代掌握苗语和苗文的态度

对后代掌握苗语和苗文的态度	人数（人）	百分比（%）	有效百分比（%）	累积百分比（%）
非常希望	144	54.13	54.13	54.13
希望	72	27.07	27.07	81.20
无所谓	48	18.05	18.05	99.25
不希望	2	0.75	0.75	100.00
总计	266	100.00	100.00	

对于"您希望您的后代掌握汉语和汉字吗"这一选项，在262个有效样本中，49.62%的调查对象非常希望后代掌握汉语和汉字，39.69%的调查对象希望后代掌握汉语和汉字，10.69%的调查对象觉得无所谓，没有调查对象不希望或非常不希望后代掌握汉语和汉字（详见表4—9）。有89.31%的调查对象对后代掌握汉语和汉字持积极态度，这一比例还高于希望或非常希望后代掌握苗语和苗文的比例81.20%，说明川南苗族学习和使用汉语言文字已成普遍现象。

表4—9　　　　川南苗族对后代掌握汉语和汉字的态度

对后代掌握汉语和汉字的态度	人数（人）	百分比（%）	有效百分比（%）	累积百分比（%）
非常希望	130	48.87	49.62	49.62
希望	104	39.10	39.69	89.31
无所谓	28	10.53	10.69	100.00
合计	262	98.50	100.00	
缺失值	4	1.50		
总计	266	100.00		

　　从总体上看，目前多数川南苗族仍能熟练使用苗语，他们学习苗语的主要途径为家庭教育。少数在苗族散居地出生或长大的苗族只会一点简单的苗语或已经不会苗语。川南绝大多数苗族不会苗文，极少数苗族掌握了新苗文，但日常生活中也无从使用。除了极少数住在苗族聚居区的学龄前儿童和极个别没出过远门的老人以外，川南苗族基本上都会熟练使用汉语的当地方言，他们学习汉语的主要途径为与汉族居民日常交往和全日制学校学习。由于普及义务教育和扫盲工作的开展与推进，川南苗族未上过学的人数越来越少，绝大多数苗族都能认识和书写汉字，只是水平参差不齐。从调查结果来看，大多数川南苗族是认同本民族语言文字的，也希望学校开展苗汉双语教学，但是，由于当地汉族在数量上的绝对优势、本民族语言文字使用范围的局限性、汉语教育的普及，再加之外出务工人员增加，而汉语言文字已成为各民族交往、交流的主要语言文字工具，因此他们更愿意后代掌握汉语言文字。

四　川南苗汉语言使用场景与趋同态势

　　民国川南古宋县志记载"苗人亦通汉语，其同种往还，则土音是操"①。20 世纪 90 年代的调查显示，川苗一般在家说苗语，外出说汉语；民族内部操苗语，与汉族交往讲汉语。② 21 世纪初筠连县《高坪苗族乡志》说，聚居的苗族在交谈中仍用苗语，与汉族交谈用汉语。③ 这些记载都告诉我们苗族使用苗语和汉语的场景。为了比较准确地掌握川南苗族对苗汉语言使用场景的变化，笔者在调查问卷中设计了关于苗语和汉语使用场合的相关问题。

　　调查得知，川南苗族使用汉语的主要场合为家庭外部，而使用苗语的主要场合为家庭内部，在家庭外部使用苗语，仅限于和苗族交流，因为川

---

　　① 民国《古宋县志初稿》卷8，《中国地方志集成·四川府县志辑34》，巴蜀书社 1992 年版，第 110 页。

　　② 郎维伟：《四川苗族社会与文化》，四川民族出版社 1997 年版，第 187 页。

　　③ 高坪苗族乡志编纂委员会：《高坪苗族乡志》，方志出版社 2012 年版，第 234 页。

南绝大多数汉族不会说苗语。[1] 当问及"您和家人在家都讲苗语吗",被调查对象回答讲苗语的占 48.87%;有时候讲苗语、有时候讲汉语的占 41.35%;只讲汉语的占 9.78%,这一比例与只会一点苗语和不会讲苗语的苗族比例 9.02% 基本一致。从中可知,有一半左右的苗族和家人在家是会使用汉语的。除了不会苗语和只会一点苗语的苗族以外,熟练掌握苗语的苗族在家也不一定全都使用本民族语言,有时候也会讲汉语,这说明汉语已经成为当地苗族的常用语言。

如果说苗族在家庭外部讲汉语主要是客观原因所致,即为了便于和汉族交流,那么在家庭内部使用汉语则更多的是主观选择的结果,因为除了族际通婚的家庭以外,苗族家庭内部使用本民族语言是不存在交流障碍的。越来越多的川南苗族在家中也会使用汉语,说明苗族在使用本民族语言的观念和态度上发生了改变,这一点从"您认为自己和家人在家都要讲苗语吗"选项调查结果中也可看出。在 264 个有效样本中,只有 66 个调查对象认为自己和家人在家必须讲苗语,占 25.00%;有 114 个调查对象认为自己和家人在家尽量讲苗语,占 43.18%;有 84 个调查对象认为无所谓,占 31.82%。也就是说,大多数苗族认为在家不使用苗语也是可以的。

从语言使用场景及对本民族语言的使用态度可以看出,川南苗族在语言使用上呈现出逐渐和汉族趋同的态势,这一点从苗语的汉语借词也可得到证明。例如,珙县苗语的固有韵母只有 14 个,由于和汉族交往,语言中逐渐掺入了一些汉语借词,于是自然地增加了专拼汉语借词的韵母 13 个。[2] 另外,川南苗族虽然也有新苗文,但是这套文字的实用性不高,推广范围狭小,使用人群很少,因此汉文也成为了川南苗族普遍使用的文字。这是在遵循民族平等原则、落实尊重苗族语言文字的政策下产生的文

---

[1]　据筠连县《高坪苗族乡志》记载,生活在苗族聚居地方的汉族,也有少部分懂苗语的。2000 年,为编修《高坪苗族乡志》,时任高坪苗族乡人民政府副乡长的汉族干部任永生师从艾新荣,对高坪苗族语言文字,尤其是语法、修辞等进行了较为系统的整理和记述。参见高坪苗族乡志编纂委员会《高坪苗族乡志》,方志出版社 2012 年版,第 234、236 页。在调查中也看到有汉族用苗语与苗族交流,另外还听说,有的汉族能说流利的苗语,有的能用苗语主持红白喜事,还有的苗语水平比苗族好。但是,据了解,除了生活在苗族聚居地的极少数汉族会苗语以外,川南绝大多数汉族是不会苗语的,而懂苗文的汉族更是凤毛麟角。

[2]　珙县民族事务委员会编印:《珙县苗族志》,1996 年,第 12 页。

化涵化，与民国时期的被动接受有本质上的区别。

中华人民共和国成立后，党的民族平等政策得到广泛落实，川南苗族虽人口少、居住分散，但在政治、经济、文化等方面享有了平等权利。苗汉民族间的接触交往日益增多，民族之间的文化相互影响和涵化难以避免。正是由于民族间的广泛来往，才加速了川南苗族使用汉语言文字的进程。苗族是川南的世居民族，也是当地人口最多的少数民族，但与汉族人口相差甚远，从整体来看属于散杂居。在改革开放以来的现代化、市场化、城镇化背景下，分散居住的苗族在语言文字的学习和使用上更加趋向"主流化"，因此川南苗族使用汉语言文字呈现出趋同态势。①

第二节 民族风俗习惯、宗教信仰

一 川南苗族风俗习惯的涵化

民族风俗习惯，是指一个民族在衣食住行、婚丧嫁娶、生产生活、节庆礼仪等物质生活和文化生活方面相沿积久、广泛流传的喜好、风气、习尚和禁忌。

据同治年间地方志记载，高县"猫（苗）子，其人朴愚，黑色绉发作椎髻，裹以白帕，富者折丈余黑布裹之，两耳着大银环，身着短黑衣或短绣衣，赤足，出入带刀。妇人头缠花巾，喜着银首饰，两耳垂大环，身着短绣，衣下着裙，赤足，无袴，精女工。常居高山上，结草为房。居平地，则必生疾病。因畏避痘疹迁徙无常，攀援高岩如行坦途。畜牛马为牲种，青稞包谷杂粮为食。近亦有贩卖牛马者，燕（宴）会饮咂酒，与猓猡同，疾病采草药疗之。性好鬼，婚姻聘，用马牛布匹，祭祖宗，以宰盗取之牛为敬。间有习汉人衣冠者，其性必狡，高邑上下四乡俱有。悉属佃人田地，虽有钱之家不自置田地"②。

又据光绪年间地方志记载，珙县"苗俗椎髻，裹头以布，男女皆戴耳环，形如大钩，衣裳绣花纹，不知缔姻，吹芦笙和歌，昔谓之跳月，今名

---

① 刘琳、郎维伟：《川南苗族语言文字使用的历史演变》，《西南民族大学学报》（人文社科版）2018 年第 4 期。

② （清）敖立榜等修，曾毓佐等纂：同治《高县志》卷 54，《中国地方志集成·四川府县志辑 35》，巴蜀书社 1992 年版，第 516—517 页。

曰混寨，情符者约为夫妇，夫家具财礼娶归，尤展成句云，'吹起芦笙来跳月，马郎争上竹梯楼'是也。被化既久，渐革污俗，效中土为女子结姻"①。

再据光绪年间《叙永永宁厅县合志》记载，叙永、永宁"苗子种类不一，有花苗、青苗、鸦鹊苗之别，性蠢胆怯。佃地耕种，就所佃地结草屋而居。男皆辫发或缠头，上包花布尺许，身著麻布衣，两臂及领贴以五彩绣花，短裤，脚穿木履。妇挽发作盘髻，红黑毛线缠之，缀以小贝，富者大耳环如钩，大贯两耳，以插两鬓角簪如碗以为美观。著花衣，不著中衣，腰系百褶花裙，法以蜡绘布，染后去蜡，则空白处皆花纹，极为细致，亦有以五色绒线挑成花者，有五彩绫缎镶成者，谓之苗锦。或赤脚，或穿皮鞋行，滕有长至数丈，缠两胫如钵大，行则两相擦而裙乃圆。富者之裙最重，妥至地尺许，行则前后以四人舁②之，坐则铺地如蒲团。每于正月初旬，椎牛酾酒，约会高阜，名曰踩山，夜聚曰跳月。未婚嫁者，男吹芦笙，女弹口琴，彼此对歌，相悦则引带为婚，然后两家再议财礼。议成乃择期，男必亲迎，女有女伴，人各持一伞，入门则煮鸡以占吉凶，必生子女，家乃送妆奁。丧用布匹裹尸入棺，必合甲子乃葬，东向横埋。弔（吊）用麦饭加一鸡子或犬豕，凡人死必椎一牛，结草像人，男女各一被，以旧所著衣，阁竹架上，于野外扫地而祭，名曰烧筹，如汉人之建斋然也，兼有打歪足跳鬼者。自有苗巫，子孙病则用草茎米粒推算，谓先人索享则烧筹，大都以巫为医，以牛为药。亦有语言文字，语言仍旧，文字则少有习者。亦有买田产、读儒书者，然贫者最多类，皆佃汉人田地，为之役属，最忠顺，有至数世者"③。

虽然史志中不少观点存在偏颇之处，如"居平地，则必生疾病""因畏避痘疹迁徙无常""性好鬼"等，还有些称呼或看法存在歧视之意，例如，"习汉人衣冠者，其性必犾""性蠢胆怯""为之役属，最忠顺"，称苗族为"苗子"，视"吹芦笙和歌""情符者约为夫妇"为"污俗"，等等，但是，史志中关于苗族风俗习惯的写实记载对于我们了解古代苗族却是有其价值和意义的。从中我们可以得知，古代川南苗族在服饰、饮食、居住、婚姻、节日、丧葬等方面的风俗习惯有着其鲜明的民族特色，其中

---

① （清）王麟祥等纂修：《光绪叙州府志》（一）卷22，《中国地方志集成·四川府县志辑28》，巴蜀书社1992年版，第566页。

② 共同抬东西。

③ （清）邓元鏸等修，万慎等纂：光绪三十四年《叙永永宁厅县合志》卷20，第528页。

苗族服饰颇具典型性。古代川南苗族男女皆挽髻如椎，裹以素帕或花巾，佩戴大银耳环，身着带花纹的衣裳。川南苗族服装上的花纹制作有多种工艺，例如，用蜡绘布，染后去蜡，则空白处为花纹；又如，用五色绒线挑成花；再如，用五彩绫缎镶成花；等等。因此，蜡染、挑花等手工艺制作也是川南苗族服饰文化的重要组成部分。

近代，川南苗族仍保留着传统风俗习惯，例如着苗装，吹芦笙，打牛皮鼓，踩山，赶苗场，等等。据《民国古宋县志初稿》记载，当地苗族"男子有发辫，盘于头，缠白布包巾，冬夏皆着麻衣，染蓝色，以布条裹腿。苗妇结发于顶，扎篾圈，裹白布数重，戴于头，形如盖。耳贯重环，缀于肩尾，有钩上伸。上服衣领，多做花纹，两袖窄，亦绣花，腰束花带，系长裙，多印花，有嵌红绿色者。富者，间用绫罗，亦仅矣。脚干内裹草辫，外包白布数层，状如甬，男女多著草履，苗妇亦有著布鞋者，鞋头必上乔起钩，盖欲免阶梯之踢绊也。少女则辫发披于后，盖以示别矣……仍用火食，多食山粮、甘薯、粝，猪牛羊野兽之肉恒煮而聚食之，和盐及薄椒而已，喜饮酒……善畜牧……苗妇喜绩麻……苗习火枪，善射击，隆冬无事，率以猎，炒苞谷成泡，裹于怀作干粮，入山逐兽，数日不息……山中有男女相习者，各于对山吹笛应和，两情相悦，而后议婚。请媒说，给酒肉财礼各若干，得其许可，而后择期下定送礼，谓之放口酒。过门之日，女家自送，以年岁相若之女伴偕之。行至门，贴纸钱于屋上，女向之拜，谓之敬祖。其亲戚至好则团坐唱歌，唱毕而饮。至晚，新妇必举水为众客洗足，洗毕而入室，客乃散。……死者舁入棺，横于室，用苗巫负弩祷祝之，破竹为卦，以定吉凶。葬有穴，横棺而掩以土。其斋醮，先入深山，以牛皮扎鼓，起斋，悬鼓室中，鼓响，吹罗（芦）笙应之，诸苗周环跳舞。舞毕，以酒肉献死，既献，焚楮，取酒肉而饮食之，乃散。……每年元旦日，男女必结伴登山，直上高峰，唱歌吹笙，四面眺望，谓之踩山，尽欢而散。俗于二月初二日，城市办梓桐会，妆演戏剧，板舆转街。是日，苗男女必邀集入城，酒家聚饮，日暮始归。又男女议婚者，亦于是日看人，其溱洧采兰之习俗乎。"①

但是，由于川南苗汉杂处，加之汉族数量上的绝对优势，川南苗族在风

---

① 民国《古宋县志初稿》卷8，《中国地方志集成·四川府县志辑34》，巴蜀书社1992年版，第109—110页。

俗习惯上受到了汉族的很大影响。民国时期在川南进行过多次田野调查的葛维汉于1954年写道："苗族故事似乎也受汉族小故事的影响。……苗族的很多文化特点，就连他们的日历也受到了汉族人的影响。"① 这种影响随着苗汉交往的日益密切而逐渐增强，苗汉风俗习惯便日渐呈现出同质性特征。

据史志记载，光绪年间，叙永、永宁苗人"亦有能习华语，易衣冠，识汉字，起居动作仿效汉人，几难辨识矣"②。民国时期，兴文苗族"近复去高髻蜡裙白帕，布胜服食，全与汉化"③。据林名均教授20世纪30年代在川南的调查，"川苗的服装，男子已多与汉人同化了，没有大的区别。……惟妇女则尚多守旧，与汉人妇女的装束不同。……川苗丧葬，多仿照汉人，惟不用僧道念经诵忏。……川苗的婚姻，本来是非常自由的。……可是，最近这几十年来，情形却渐渐地有些改变了。一部分的苗民，因为与汉人来往，染上了汉人的习惯，婚姻也仿照汉人一样，一切由父母出来包办，不管子女同意与否，父母把子女当成货物交易，从前只要一些酒肉作为聘礼，现在却先要讲好若干财物，并且染着汉人早婚的习惯，男子十三四岁时，便多已结婚，甚有初生之子女，就有父母代订了婚事"④。据芮逸夫、胡庆钧两位学者于1942—1943年在叙永的调查，火麻沟苗族迎亲中的"刀头敬酒，即汉人之回车马⑤，盖仿汉人为之耳。苗人原不行此礼"。马家屯苗族"逢戊，从汉俗不下田工作""猎法及农耕法，盖完全与汉人无异矣"。⑥ 叙永苗族"男子服装与汉人无二，女子则仍保持其原有的格式，少有变革"⑦。但也有妇女着装和汉族妇女趋同的，例如夜珠塘苗族韩介休之妻"剪发改汉装"，又如芮逸夫"在苗人李长兴家

---

① 　[美] 苏珊·R. 布朗：《在中国的文化人类学家——大卫·克罗克特·葛维汉》，载李绍明、周蜀蓉选编《葛维汉民族学考古学论著》，巴蜀书社2004年版，第257页。

② 　（清）邓元鏸等修，万慎等纂：光绪三十四年《叙永永宁厅县合志》卷20，第526—527页。

③ 　李仲阳等修纂：民国《兴文县志》卷3，《中国地方志集成·四川府县志辑34》，巴蜀书社1992年版，第391页。

④ 　林名均：《川南概况》，《新亚细亚月刊》1936年第12卷第4期。

⑤ 　"回车马"为川南迎亲习俗的一部分。当新娘的花轿到达男方家后，众人向轿撒米、豆等以去邪，并要护送的女方"车马"回头，此称回车马。

⑥ 　芮逸夫著，王明珂编校、导读：《川南苗族调查日志1942—43》，"中央研究院"历史语言研究所2010年版，第11、68、74页。

⑦ 　胡庆钧：《川南苗乡纪行》，《汉村与苗乡——从20世纪前期滇东汉村与川南苗乡看传统中国》，天津古籍出版社2006年版，第195页。

晤苗妇，共五口，装束完全汉化矣，尚通苗语"①。总之，当地苗族"汉化程度颇高，大致物质文化方面多采用或仿制汉人工艺品，精神文化方面或已部分汉化，如婚丧仪式，或仍保持其原有方式，如巫术宗教信仰，除少数妇孺外，大多数苗族都能说汉话，虽流利的程度不同"②。

从严格意义上来讲，汉化的说法是不够准确的。以服饰为例，清朝入主中原后，实施了"剃发易服"的政策，强令汉族遵从满族习俗，改变发式和衣装，虽然后来该政策遭到了汉族人民的强烈反抗，朝廷实行了"男从女不从"的政策，即汉族男子必须剃发留辫，着满族服装，而汉族女子服饰可以不用改变，但是，满汉服饰文化仍然相互影响、融合，以至汉族服饰文化也在发生着改变。民国时期，在发式方面，掀起了男子剪辫、女子剪发烫发的风潮，服饰则呈现出多样化的趋势，有长衫、中山装、西服、旗袍、裙装等。汉族服饰既融合了少数民族服饰特色，又借鉴了西方服饰特点，如旗袍便融合了满汉风格，并体现了中西合璧。可以说，在现代化进程中，伴随着中西交流及各民族交往的日益密切，任何一个国家或民族都不只是继承、发扬了传统文化，还吸收、借鉴了外来文化，汉族文化亦是如此。对外来文化的采借、吸收，导致了各民族文化之间的相互涵化。因此，各民族文化逐渐交融、趋同这种说法更贴切实际。

中华人民共和国成立后，尤其是改革开放以来，川南苗汉之间的文化交流不断增强，苗汉两种文化相互影响与渗透，从而导致了两种文化的相互涵化。在这一涵化过程中，苗族文化对汉族文化大量采借、吸收，因此苗族文化的涵化现象更为普遍。这从苗族风俗习惯的急剧变革中便可窥见一斑。例如，20 世纪 70 年代，川南苗族结婚，都必须遵从本民族传统婚俗礼仪，但据 2009 年兴文苗族学者对古蔺和兴文两县的调查，每年结婚的苗族中，遵从了本民族传统礼俗的苗族仅占 8%，而且，近几年来，苗族姑娘出嫁时全着和汉族相同的服装相送，这在过去的苗族家法族规中是绝对不允许的。该苗族学者认为，许多苗族年轻人既搞不清传统风俗，又不按老年人说的办，在他们看来传统风俗已经过时。又如，20 世纪六七

----

① 芮逸夫著，王明珂编校、导读：《川南苗族调查日志 1942—43》，"中央研究院"历史语言研究所 2010 年版，第 89、94 页。

② 胡庆钧：《川南苗乡纪行》，《汉村与苗乡——从 20 世纪前期滇东汉村与川南苗乡看传统中国》，天津古籍出版社 2006 年版，第 202—203 页。

十年代，在川南各地民间的生产劳动中，苗族都着本民族服装，特别是逢城乡集贸期间，苗族都着苗装赶场，如今这一景象已经看不到。苗族服饰仅成为节日庆典、重要会议、婚礼丧葬仪式上穿着的礼服或道具。以服装特征作为标志的苗族，渐渐变为没有或不使用本民族服饰。①

　　据笔者2014年的调查也得知，川南苗族在日常生活中基本上不穿本民族服装。从表4—10和表4—11中可以看出，对于苗族服装，大多数苗族都只是在重要场合穿，有少数苗族从来不穿，只有极少数苗族会经常穿，没有苗族一直穿。据了解，选择"经常穿苗族服装"的苗族调查对象，也并不是在日常生活中穿本民族服装，而是在一些特殊日子或场合穿，只是着苗装的次数更频繁些。苗族女子拥有苗装的情况明显好于男子，多数苗族女子至少拥有一套本民族服饰，而苗族男子除了经常会参加传统文化表演的以外，都没有本民族服饰。据当地一位干部介绍，苗族不愿意穿本民族服装主要有以下几个原因：第一，纯手工织的苗族服装，比大众化的服饰昂贵；第二，从事农业生产不方便；第三，苗族服装厚，夏天炎热，穿上很热；第四，现代文化冲击太大，苗族更愿意选择大众化的服饰。而且，现在的苗族年轻人基本上都不会制作苗族服装了。

表4—10　　　　　　　　　　川南苗族穿苗族服装的情况

穿苗族服装的情况	人数（人）	百分比（%）	有效百分比（%）	累积百分比（%）
从来不穿	64	24.06	24.24	24.24
重要场合穿	190	71.43	71.97	96.21
经常穿	10	3.76	3.79	100.00
小计	264	99.25	100.00	
缺失值	2	0.75		
总计	266	100.00		

---

① 杨永华：《四川苗族风俗面临消亡及保护对策》，《苗学研究》2010年第2期。

表 4—11　　　　　　　　　川南苗族子女穿苗族服装的情况

穿苗族服装的情况	人数（人）	百分比（%）	有效百分比（%）	累积百分比（%）
从来不穿	22	8.27	9.48	9.48
重要场合穿	200	75.19	86.21	95.69
经常穿	10	3.76	4.31	100.00
小计	232	87.22	100.00	
缺失值	34	12.78		
总计	266	100.00		

　　苗族传统风俗习惯正在逐渐消失，目前在川南精通苗族风俗、会刺绣、能唱苗歌、讲苗族民间故事的都是老年人，而且屈指可数。[①] 当然也有极少数苗族地区的个别传统风俗习惯保留得较好的，例如，据古蔺县一干部介绍，大寨乡于每年正月十三至十五自发组织的踩山节，历史悠久，至今还保留着，"文化大革命"时期红卫兵拿棒子打，都未打散参加节日活动的民众。

　　改革开放以来，由于民族政策的落实，民族平等的观念深入人心，民族偏见和歧视逐渐消失，逐步唤醒了部分苗族尤其是苗族知识分子们的文化自觉意识。一位当地苗族老干部在访谈中提道："小儿不会说苗语。最担心的是苗族被汉化了。"一语道出了苗族知识分子们对本民族文化传承的担忧，他们积极开展苗族文化研究，组织或参与文化保护和传承活动。例如，调查、搜集和整理苗族文化资料，编修《珙县苗族志》《高坪苗族乡志》《筠连县苗族志》《兴文县苗族志》《泸州少数民族志》等地方民族志，撰写相关论文、书籍记录苗族传统文化，开展苗族风俗文化传承培训研讨会，探讨苗族的风俗文化现状及挽救对策，等等。

　　一苗族乡的汉族干部如是说："少数民族文化传承，完全靠民间，难度比较大。"由于意识到政府在少数民族文化传承的推动作用，以及搞好少数民族文化传承对地方社会、文化、旅游、经济发展的重要意义，川南地方政府也开始注意保护和弘扬苗族优秀传统文化。一是定期组织一些相

---

① 杨永华：《四川苗族风俗面临消亡及保护对策》，《苗学研究》2010 年第 2 期。

关活动，如一年一度的珙县"五月苗场节"、筠连县"端午苗场节"、兴文县"苗族花山节"、叙永县"苗族踩山节"、古蔺县"苗家风情节"等；二是修建具有民族风格的房屋，打造具有民族特色的村寨或校园；三是开展民族教育，在民族学校中开设苗族语言文字、声乐、舞蹈、器乐、工艺美术、体育等特色文化课程，开发相关的教材，例如，兴文县沙坝民族小学在1—6年级开设了苗语、民族舞蹈课程，3年级以上的班级开设了芦笙课程，效果甚好；四是开办短期培训班，例如，古蔺大寨乡专门针对儿童举办了苗族芦笙、舞蹈培训班。

苗族优秀传统文化活动的开展也吸引了不少汉族参加，例如古蔺县举办的舞蹈大赛，有不少的汉族也在跳苗族舞蹈，虽然当地苗族认为很多舞蹈并不是正宗的苗族舞蹈，称之为"穿起苗装跳汉舞"，但这并不影响汉族的参与热情和活动效果；又如，大寨乡针对儿童举办了苗族舞蹈班，汉族儿童觉得苗族服饰漂亮、苗族舞蹈优美，对以后学习舞蹈很有帮助，踊跃报名，而苗族儿童"还羞答答的"，不好意思来学，因此报名的汉族比苗族多，后来，汉族儿童学会了苗族舞蹈，苗族儿童也想学会，便积极参加，可以说汉族儿童的加入对苗族儿童的学习具有促进作用。政府有意识地引导苗族传承其特色文化，以及不少汉族人民的参与，在一定程度上增强了当地苗族的文化自信。虽然川南苗族的文化自觉、自信有所增强，但是由于川南苗汉接触日益频繁，交往日益密切，通婚日益普遍，苗族传统文化受到汉文化的强烈冲击，苗族文化的涵化现象相当普遍，苗族日常习俗逐渐和汉族趋同仍已成为不可逆转的趋势。

二　川南苗族原初宗教信仰的涵化

宗教是人类社会普遍存在的一种社会文化现象，最本质的特征是对超自然力量的信仰，分为"世界"宗教与"原初"宗教。[①] 川南苗族的宗教信仰属于原初宗教的范畴，主要包括祖先崇拜、自然崇拜、人造物崇拜、鬼神崇拜、巫觋巫术等。

（一）祖先崇拜

川南苗族的祖先崇拜最为普遍，极为虔诚。据《民国古宋县志初稿》

---

① 周大鸣主编：《文化人类学概论》，中山大学出版社2009年版，第199、205页。

记载，当地苗族虽"不设中堂，不奉神位"，但婚丧嫁娶都要祭祖，结婚之日，女方"行至门，贴纸钱于屋上，女向之拜，谓之敬祖"。办丧事时，"以酒肉献死，既献，焚楮，取酒肉而饮食之"。[①] 民国时期葛维汉在川南对苗族进行了近二十年的研究后，在《四川苗族的宗教与习俗》中写道："只要有盛大的节日，就有集会，就要请祖先参加，供奉食物和酒。祭完祖后，人们才开始食用。同样，无论是娶进或嫁出时也都要祭祖。川苗的节气都和当地的汉人相同。在节气那天，要祭祖。"[②] 据林名均教授于 20 世纪 30 年代的调查，川苗因相信人的灵魂不死，故也与汉人一样祀拜祖先，但不像汉人要设神祖牌位；三月清明亦祭扫坟墓，与汉人无异。[③] 据 1958 年对泸州专区的调查，当地苗族人民很重视祖先崇拜，平时虽未供祖先神位，但在逢年过节时，却要进行很隆重的祭奠。[④]

　　过去苗族不供祖先牌位，但受汉文化的影响，逐渐开始设神龛进行供奉。据郎维伟教授于 20 世纪 90 年代的调查，川南苗族几乎每户都要供奉祖先，视老人死后灵魂不死，设神龛供奉，可以造福家人。苗族人家用几张纸钱贴在堂屋 5 尺高处的正壁中部，再钉上竹钉，安放一块小木板，木板上放香炉，即视为供奉的"家神"。[⑤] 不管是逢年过节，还是婚丧嫁娶、修房造屋等，川南苗族都要点香烛、烧纸钱祭拜祖宗，并以酒肉饭菜敬献祖先，敬献完毕，自己方能食用。过去在新粮成熟或有好的饮食时，也要先敬献祖先后才能食用，伴随着生活条件的改善以及务农人员的减少，这一祭祖活动已逐渐消失。目前，已有部分苗族不设神龛香火，不供家神，但仍保留着祭祖的礼节。[⑥]

　　① 民国《古宋县志初稿》卷 8，《中国地方志集成·四川府县志辑 34》，巴蜀书社 1992 年版，第 109—110 页。

　　② ［美］葛维汉：《四川苗族的宗教与习俗》，满莹译，载李绍明、周蜀蓉选编《葛维汉民族学考古学论著》，巴蜀书社 2004 年版，第 138 页。

　　③ 林名均：《川苗概况》，《新亚细亚月刊》1936 年第 12 卷第 4 期。

　　④ 四川民族调查组苗族小组：《泸州专区苗族社会历史调查》，载四川省编辑组《四川省苗族傈僳族傣族白族满族社会历史调查》，四川省社会科学院出版社 1986 年版，第 19 页。

　　⑤ 郎维伟：《四川苗族社会与文化》，四川民族出版社 1997 年版，第 160 页。

　　⑥ 筠连县苗族志编纂委员会：《筠连县苗族志》，2007 年，第 212 页。

珙县民族事务委员会编印：《珙县苗族志》，1996 年，第 48 页。

杨永华：《兴文苗族》，中国香港天马图书有限公司 2002 年版，第 222—223 页。

　　川南汉族也普遍祭祖，过去几乎每家每户都会在中堂供奉神位，在逢年过节、婚丧嫁娶、生日、吃新粮等重大节日或重要事件时，都会烧香烛纸钱、献酒肉饭菜以祭祖。现在绝大多数家庭已经不再供奉神位，嫁娶、生日、吃新粮时也很少祭祖，但仍保留着逢年过节祭祖的礼仪。可见川南苗族和汉族都存在祖先崇拜，一般的祭祖活动虽不尽相同，但有许多相似之处，且祭祖礼仪逐渐呈趋同和简化趋势，这主要是苗汉交错杂居、原始宗教信仰相互涵化所致。

　　除了举行一般的祭祖仪式，川南苗族在过去还有极为隆重、颇具特色的重大祭祖典礼，主要有以下三种。一是椎牛祭祖。中华人民共和国成立前，川南苗族举行丧葬祭奠，都要椎牛。光绪年间《叙永永宁厅县合志》记载，叙永、永宁苗族"凡人死必椎一牛"①。据林名均教授的调查，民国时期川南苗族大祭，则请族中的长者来家，呼请历代祖宗的姓名，并杀牛以献，祭毕即酬以牛腿一只。② 中华人民共和国成立以后，逐渐废除椎牛之俗，至今很多姓氏都改用杀猪或杀鸡祭献。③ 二是还泰山，又称祭天神。苗族敬奉的天神并非天上的神灵，而是传说中的古代苗人部落首领杨娄古仑。凡遇到不顺畅的年辰，就要杀猪祭献，祈求天神保佑平安。主人邀集家族弟兄，于深夜时杀母猪祭献。从杀猪、煮肉祭献到唱祭词再到祭祀家祖，严禁使用汉语，祭祀用的每一件工具和杀猪的全身各部位都有其专门的苗语名称，整个祭祀过程始终萦绕着虔诚的气氛。苗族认为"祭天神"，既可使亡者魂归泰山，又能使生者驱灾解难，因此"祭天神"既是对祖先的祭献，也是对祖先的企盼，希望祖先保佑、造福后代。20 世纪 60 年代后，"还泰山"之俗渐少。④ 三是"翻尸"。"翻尸"实为"二次葬"俗，就是将亡人的尸骨挖出，另行安葬。有的地方称"翻尸"为"超荐"，就是为亡人举行的超度祭奠仪式，有的要荐 2—3 次，有的只荐

　　① （清）邓元鏸等修，万慎等纂：光绪三十四年《叙永永宁厅县合志》卷 20，第 528 页。

　　② 林名均：《川苗概况》，《新亚细亚月刊》1936 年第 12 卷第 4 期。

　　③ 珙县民族事务委员会编印：《珙县苗族志》，1996 年，第 40 页。

　　④ 同上书，第 48 页。

　　郎维伟：《四川苗族社会与文化》，四川民族出版社 1997 年版，第 161 页。

　　泸州少数民族志编纂委员会：《泸州少数民族志》，民族杂志社 2015 年版，第 526、536 页。

1 次，也有的只要亡人"安宁无恙"，就不"超荐"。① 这一祭祖活动在过去比较盛行，据民国《古宋县志初稿》记载，"祖灵不安，当翻尸，则启棺而改易之"②。目前川南苗族基本上都不再行此俗，③ 只有个别姓氏仍保留此遗俗，最近的一次"翻尸"祭祀仪式于 2005 年 1 月在叙永县震东乡举行，距今已有 10 余年时间。④ 据调查，目前川南苗族在丧葬中也有从汉俗，请汉人做道场的，说明他们对汉族习俗是认同的。但是，也有的苗族对此却是有看法的："苗族和汉族不应分别，但各自的风俗不能变。"川南苗族的重大祭祖典礼逐渐简化或消失，一则因为时代变迁移风易俗所致；二则是受汉文化的影响。

（二）自然崇拜和人造物崇拜

自然崇拜就是把自然现象、自然力和自然物当成某种神秘力量和神圣事物，对之进行宗教性的祭祀崇拜活动。⑤ 川南苗族的自然崇拜对象比较广泛，诸如天空、土地、雷电、山石、动物、植物等，其实他们真正崇拜的是这些对象所象征的神灵，诸如天帝、地王、雷神、山神、树神等。他们认为天上最大的神是"慈略娄"，即天帝，而地上最大的神是"叟"，即地王，天帝和地王分别管辖着天上和地上的事物和神灵。⑥ 古代川南苗族对天地的崇拜，一是源于经济和社会生活中对天地的依赖；二是由于对自然现象、规律认识的局限，将天地视为伟大和神秘莫测的。当然也受到了汉人的影响，因为天地是汉族民间普遍祭祀的对象。旧时川南汉族民间多设天地君亲师牌位供奉于中堂，逢年过节要进行祭祀，如光绪年间《珙县志》载："元旦早起，天地祖宗前燃烛焚香，具牲醴谒神。"⑦ 除了崇拜天地以外，川南苗族对雷神也甚是敬畏，他们认为如果人不忠不孝、

---

① 珙县民族事务委员会编印：《珙县苗族志》，1996 年，第 39 页。

② 民国《古宋县志初稿》卷 8，《中国地方志集成·四川府县志辑 34》，巴蜀书社 1992 年版，第 110 页。

③ 叙永枧槽乡沟边古氏家族于 1986 年正月初二专门召开家族会议，共同商讨决定不再"翻尸"移葬。参见叙永枧槽乡沟边古氏家族《古氏族谱》，2000 年，第 119 页。

④ 泸州少数民族志编纂委员会：《泸州少数民族志》，民族杂志社 2015 年版，第 352 页。

⑤ 吕大吉：《宗教学通论新编》，中国社会科学出版社 2010 年版，第 405、408 页。

⑥ 四川苗族志编委会编：《四川苗族志》，巴蜀书社 2009 年版，第 185 页。

⑦ （清）冉瑞桐、罗度、郭肇林等修纂：光绪《珙县志》卷 5，《中国地方志集成·四川府县志辑 35》，巴蜀书社 1992 年版，第 49 页。

不仁不义，就会遭到雷击，受到惩罚。这一观念在川南汉族中也普遍存在。

川南苗族和汉族在自然崇拜中有不少相似之处，但是，川南苗族也有自己特殊的自然崇拜对象，如树、山、石、狗、牛、鸟等。民国时期川南苗族尚有祭祀树神的习俗，据葛维汉调查记载，十二月十三日川南苗族要祭一些长在山坡或高山上的常青树，如楠木，他们认为这种树是当地的神，祭祀树神能使五谷丰登，六畜兴旺，打猎满载而归，还相信树神能治百病。[①] 川南苗族有寄拜的习俗，即将儿女寄拜给人或物做干儿干女，他们认为这样能使儿女平安、健康成长。有的苗族将自己儿女寄拜给古树、大山、巨石等，因为他们认为这些自然物都能保佑人的和顺安康。川南苗族在吃新粮的时候，先用新米煮熟的饭祭天，然后祭祖宗，在人食用之前还要将新米饭先给狗吃，相传稻谷种子是狗横渡长江从"鱼米之乡"带来的，故吃新粮时狗要先吃；每年除夕吃年夜饭的时候，祭毕祖先，也要先给狗吃。川南苗族对牛的崇拜主要体现在两个方面：一是把对牛的崇拜与祖先崇拜结合起来，如前所述，古代川南苗族有椎牛祭祖的习俗；二是他们认为没有牛就没有庄稼的丰收，并把农历十月初一作为牛的生日，在这一天，要打糍粑给牛吃，并在两只牛角分别粘上一坨，觉得这样会让牛来年更加辛勤地劳动。[②] 鸟是古代先民普遍崇拜的对象，在古籍中有很多关于鸟崇拜的记载，古代川南苗族也不例外。虽然目前川南苗族对鸟的崇拜已很少见，相关书籍也鲜有记载，但是，从民间故事和极个别姓氏的族谱、习俗中仍可找到古代川南苗族对鸟崇拜的痕迹。川南苗族民间传说中说到，芦笙是仿照凤凰的样子做的乐器，吹出来的声音像凤凰的鸣叫。[③] 据2000年重修的叙永枧槽沟边苗寨《古氏族谱》记载，古氏家族以立花献雀作为识别宗族的标记，自古一直用雀鸟祭献祖宗，现已改为用猪肉来

---

① ［美］葛维汉：《四川苗族的宗教与习俗》，满莹译，载李绍明、周蜀蓉选编《葛维汉民族学考古学论著》，巴蜀书社2004年版，第135页。

② 筠连县苗族志编纂委员会：《筠连县苗族志》，2007年，第214页。

珙县民族事务委员会编印：《珙县苗族志》，1996年，第48页。

③ 四川省珙县民族事务委员会、珙县民间文学集成办公室编印：《珙县苗族民间故事集》，1988年，第58—60页。

四川大学中文系赴筠采风队、筠连县民间文学集成办公室联合编印：《筠连苗族民间故事专卷》，1988年，第118—119页。

祭献祖先。① 但从调查得知,古氏家族中有的家庭至今仍有大年三十晚将树枝立在门前、正月初一早上用鸟肉祭祖的习俗。这一习俗在《枧槽高山苗》一书中也有所记载,以前古氏家族大年三十晚要用太阳鸟的肉祭祖,太阳鸟绝迹后,改用任意一种鸟肉祭祖。② 虽然笔者调查得知的鸟肉祭祖时间和该书的记载有点出入,但是这一习俗的存在却是毋庸置疑的。

　　除了自然崇拜以外,川南苗族还会将人造物高度抽象化为神灵,加以崇拜。最为普遍的人造物崇拜对象是门神,在关于川南苗族的宗教习俗研究中也多有记载。例如,民国《古宋县志初稿》记载:"有疾病,不知延医诊视,惟服苗巫草药,不效,则谓门神为祟,必杀猪享之。"③ 民国时期葛维汉对川南苗族进行调查之后,详细记载了当地苗族杀猪祭祀门神的过程和禁忌。④ 川南苗族缘何有拜门的习俗,林名均认为,是因为在从前游猎时代,门有保护人类的功劳。⑤ 除了门神以外,川南苗族对灶神也甚是崇拜。汉文化的五祀中便有对门神和灶神的崇拜,川南汉族也普遍崇拜门神和灶神,有过年贴门神及腊月二十三"送灶神"、腊月三十"接灶神"的习俗。

　　川南苗族和汉族在自然崇拜和人造物崇拜中均有相同的崇拜对象,可见两个民族之间在宗教信仰上的相互借鉴、吸收。这一点从川南苗族的民间故事中也有所体现,例如,以前川南苗族和汉族都有崇拜石狮的习俗,而川南苗族关于石狮的来历传说中写道,石狮能避豺狼虎豹,苗家人就在寨门口放上威武雄壮的石狮子,汉家兄弟见苗家有了镇邪的宝物,也像苗家一样在城门、庙门前安放上了石狮子。⑥

---

① 叙永枧槽乡沟边古氏家族:《古氏族谱》,2000 年,第 1、122 页。

② 刘芳:《枧槽高山苗——川滇黔交界处民族散杂区社会文化变迁个案研究》,中央民族大学出版社 2006 年版,第 180 页。

③ 民国《古宋县志初稿》卷 8,《中国地方志集成·四川府县志辑 34》,巴蜀书社 1992 年版,第 110 页。

④ [美] 葛维汉:《四川苗族的宗教与习俗》,满莹译,载李绍明、周蜀蓉选编《葛维汉民族学考古学论著》,巴蜀书社 2004 年版,第 143—144 页。

⑤ 林名均:《川苗概况》,《新亚细亚月刊》1936 年第 12 卷第 4 期。

⑥ 四川大学中文系赴筇采风队、筇连县民间文学集成办公室联合编印:《筇连苗族民间故事专卷》,1988 年,第 28—30 页。

（三）鬼神崇拜和巫觋巫术

川南苗族先民相信人有灵魂，人死了灵魂还会存在于躯体之外，变成鬼或神，因此，鬼神崇拜也是他们原始宗教信仰的重要内容。他们认为，人死了变成鬼后，其灵魂还背负一只大簸箕，这种重荷时刻影响着亡灵的自由，而且"灵簸"不除掉，就一直是鬼，只有解除"灵簸"后才变成神，归入列祖列宗，成为本家族的祖宗神之一。因此，他们通常会在老人亡故 120 天后为其举行隆重的除灵活动，以超度亡灵。① 由于鬼神崇拜的存在，过去川南苗族的巫觋巫术文化比较盛行。

巫术是一种广泛存在于世界各地区和各历史阶段的宗教现象，它的通常形式是通过一定的仪式表演，利用和操纵某种超人的神秘力量来影响人类生活或自然界的事件，以满足一定的目的。巫者则是使用巫术通鬼接神的宗教职业者。《国语·楚语下》观射父说："在男曰觋，在女曰巫。"② 川南苗族先民很早以前就创造了巫觋巫术文化，据光绪年间的地方志记载："有苗巫自言能驱鬼物，煅铧而履，火釜而冠，其术颇幻。"③ 川南苗族称男巫为"端公"，女巫为"仙娘"，认为他们能驱邪除鬼，招魂治病。中华人民共和国成立前，因苗族对疾病没有科学的认识，再加之苗区医疗条件缺乏，通常认为生病是鬼在作祟，就会请巫师下阴曹地府去驱鬼，俗称"走阴"或"下阴曹"。有的驱鬼仪式中，巫师也会召请诸神来帮忙驱鬼，或请一名被称之为"马脚"的助手来帮忙杀鬼。在苗族的丧事中，如果遇到非正常死亡，他们称为横死或凶死，因苗族最忌凶，通常要邀请巫师作法除凶。因苗汉杂处，受道教影响，苗族巫师也采用符咒、占卜、看卦等法术，有的苗族"端公"也成了阴阳道士。④ 川南苗族有时会从汉人道士那里买符贴在门上或者屋里，有时也会找汉人的"端公"为其祖先选择风水宝地。⑤ 中华人民共和国成立后，由于医疗条件的改善，再加上对疾病有了科学的认识，川南苗族逐渐不再尚巫，现在已很少找巫师贴

---

① 筠连县苗族志编纂委员会：《筠连县苗族志》，2007 年，第 302 页。

② 吕大吉：《宗教学通论新编》，中国社会科学出版社 2010 年版，第 232 页。

③ 参见珙县民族事务委员会编印《珙县苗族志》，1996 年，第 49 页。

④ 郎维伟：《四川苗族社会与文化》，四川民族出版社 1997 年版，第 167—169 页。

⑤ ［美］葛维汉：《四川苗族的宗教与习俗》，满莹译，载李绍明、周蜀蓉选编《葛维汉民族学考古学论著》，巴蜀书社 2004 年版，第 134—135 页。

符、"走阴"驱鬼以消灾除病了。但是，占卜、看卦、看风水等现象仍普遍存在于川南苗族和汉人社会。

以上这些巫术都是为了消灾、除病、避邪、保平安，这种以行善做好事为目的的巫术活动通常被称为"保护性巫术"或"白巫术"，而以破坏生产、伤害别人为目的的巫术活动则被称为"破坏性巫术"或"黑巫术"。① 川南苗族也有黑巫术，就是施放蛊毒或走阴摄魂。据民国时期地方志记载："有习蛊者，取毒虫毒草合治之，研为细末，弹于人身或投酒中，中其毒，必死。又有苗妇习走阴者，暗摄幼孩之魂魄不还，孩必死。此种凶毒，不知始于何时，当以何术殄灭之也。"② 苗民谈蛊色变，视蛊为最毒之物，虽然现在这种巫术已消失，但是上了年纪的苗族仍然保留着对蛊的记忆，至今苗族民间也还流传着关于蛊的传说。

三 近代西方宗教在川南苗族社会的传播

近代在川南苗族社会传播的西方宗教主要有天主教和基督教，③ 这两种宗教的苗族信徒数以千计。天主教和基督教得以在川南苗区广为传播，有其历史背景和社会原因，并对近代川南苗族社会产生了一定的影响。

（一）近代天主教在川南苗区的传播概况

天主教传入川南的时间可上溯到乾隆年间，据光绪年间《叙永永宁厅县合志》记载："叙永永宁自乾隆年间已有人奉教，于西关外陶家塘设经堂。"④ 虽然天主教传入时间较早，但是其广泛传播却是在第一次鸦片战争失败、清王朝对西方宗教实行弛禁政策后。咸丰十年（1860 年），天主教川南教区正式设立，其管辖范围包括上南道（邛州、眉州、嘉定府、雅州府和宁远府）、下南道（资州、泸州、叙永厅和叙州府）。至 1864

---

① 孙秋云主编：《文化人类学教程》，民族出版社 2007 年版，第 283 页。
② 民国《古宋县志初稿》卷 8，《中国地方志集成·四川府县志辑 34》，巴蜀书社 1992 年版，第 110 页。
③ 在国外，天主教、东正教、新教被统称为基督教，而国内所称的基督教其实是新教，有的地方又称其为耶稣教或福音教。
④ （清）邓元镠等修，万慎等纂：光绪三十四年《叙永永宁厅县合志》卷 20，第 522 页。

年，川南教区已有布教点 200 余个，信徒 17 万人左右。① 由于信徒较多，各地纷纷修建天主教堂。光绪元年（1875 年），天主教外方传教会于宜宾城都长街建成"巴黎外方传教会川南教区永生公馆"，作为宜宾教区主教公署。②

近代天主教在川南自立门户，巧取豪夺，包揽词讼，仗势横行，既触及了封建统治势力的利益，更让广大民众切齿痛恨。在国人反洋教斗争风起云涌之时，川南各族人民也投身于这一反帝爱国运动中。例如，光绪十七年（1891 年），宜宾县民众冲击天主教川南教区主教公署永生公馆，市郊农民参与捣毁、焚烧城郊关刀田修道院和火地沟玄义玫瑰大教堂。又如，光绪二十四年（1898 年），古宋人刘辉扬响应大足余栋臣起义，率众捣毁古宋、兴文、长宁、江安、珙县、屏山等地教堂，进逼宜宾县城，包围火地沟玄义玫瑰大教堂；③ 同年，滇人彭大川率三百余人到筠连县捣毁天主教堂。④ 川南打教风潮不断，但由于帝国主义施加压力，清政府对打教运动进行镇压，严惩教案为首者，罢免放任打教的官员，并赔偿天主教堂损失费，仅 1898 年的筠连教案，政府就赔银三万两。因此，天主教在川南得以继续传播。

民国时期，虽然基督教势力逐渐兴盛，但天主教信徒仍不少，仅到叙永县两个天主堂做礼拜的"各二三百家，男女共数百人"，且"除汉人外，苗人亦信之"。⑤ 据胡庆钧 1943 年对叙永草坝山、沟边与峰岩 3 个苗寨 146 家苗族的调查，入天主教的占调查总数的 13%，"集中于草坝山，内有若干家设坛敬主，世代相传，信仰也比较坚定"⑥。但天主教主要在川南城镇建堂，且在苗族社会传播时间不长，苗族信徒主要集中在少数村

① 郎伟：《天主教、基督教在川南苗族地区传播述略》，《中央民族学院学报》1989 年第 6 期。

② 宜宾市志编纂委员会编：《宜宾市志 1911—2000》（上），中华书局 2011 年版，第 24 页。

③ 同上。

④ 祝世德著，筠连县地方志办公室整理：民国《筠连县志》，四川大学出版社 2012 年版，第 282 页。

⑤ 赖佐唐等修，宋曙等纂：民国《叙永县志》卷 4，《中国地方志集成·四川府县志辑 33》，巴蜀书社 1992 年版，第 770 页。

⑥ 胡庆钧：《川南叙永苗族人口调查》，《汉村与苗乡——从 20 世纪前期滇东汉村与川南苗乡看传统中国》，天津古籍出版社 2006 年版，第 235 页。

寨，总的入教者不多。

（二）近代基督教在川南苗区的传播概况

基督教传入川南的时间比天主教晚，大致在 20 世纪初。据民国《叙永县志》记载："耶稣教传入叙永较晚，光绪初年有自英伦来者，卖书行教，其宗旨在劝人为善，二十九年始有人入教。"[①] 又据民国《古宋县志初稿》载："古宋于清光绪二十七年始有英国教士率领教徒来城卖书传教，逾年，信奉者多，遂集资购买城内康氏隙地建福音堂，以牧师管领之。"[②]

在川南传播基督教的主要有内地会和循道公会，两个教会都以苗区作为传教重点。以叙永、古蔺县为传教范围的是内地会。1915 年，内地会传教士海烈斯偕夫人从黔西北进入古蔺县，在苗族较多的大坪乡建堂，办"华洋赈济会"，凡入教的苗族可获 5 升米和一小块布。1925 年，内地会在大坪教堂附设一所小学，苗族多来此入学。大坪成了内地会在川南苗区的总堂所在地，成立了基督教执事会。内地会在川南苗区发展迅速，在叙永、古蔺两县的苗区设立了教堂和传教点 30 个，其中叙永 13 个，古蔺 17 个，培植了苗族司铎 1 人、苗族传道员 20 余人，吸收了苗族教徒上千人。[③] 正如民国《叙永县志》记载，当地苗人"入耶稣教者较多"[④]。

循道公会则主要以珙县、筠连县等地为传教范围，以办学校为传教手段，先后在苗族居住较集中的地方开办了 15 所学校，所办学校都冠以"光华小学"之名，主要聘用苗族老师，[⑤] 招收的学生也以苗族为主。例如 1919 年，循道公会英籍牧师马仲中从云南昭通前往筠连县传教，先后在和平乡、乐义乡、联合乡、蒿坝乡、团林乡、大同乡等地兴办了 7 所

---

① 赖佐唐等修，宋曙等纂：民国《叙永县志》卷 4，《中国地方志集成·四川府县志辑 33》，巴蜀书社 1992 年版，第 770 页。

② 民国《古宋县志初稿》卷 8，《中国地方志集成·四川府县志辑 34》，巴蜀书社 1992 年版，第 108—109 页。

③ 郎伟：《天主教、基督教在川南苗族地区传播述略》，《中央民族学院学报》1989 年第 6 期。

④ 赖佐唐等修，宋曙等纂：民国《叙永县志》卷 4，《中国地方志集成·四川府县志辑 33》，巴蜀书社 1992 年版，第 773 页。

⑤ 郎伟：《天主教、基督教在川南苗族地区传播述略》，《中央民族学院学报》1989 年第 6 期。

教会学校，招收学生 250 人，其中苗族学生居多。[①] 又如，1927 年以后，循道公会先后在珙县王武寨、油榨坪、麻园、五同岩、大岩口办了 5 所光华小学，师生多为苗族。[②] 循道公会借兴办学校以进行传教的做法取得了明显的效果，至 20 世纪 30 年代末，循道公会的川南苗族信徒已多至一千余家。为了便于控制和管理，循道公会于 40 年代初将珙县王武寨教堂扩大为联区司所在地，成为其在川南的传播中心，辖筠连、珙县等地苗寨的近 20 个支堂。

（三）近代天主教、基督教传入川南苗族社会的原因及影响

近代天主教和基督教传入川南苗族社会，并为不少苗族所接受和信仰，既有其特定的历史背景，又有其深刻的社会原因。

近代洋教的传入与中国遭受列强侵略、沦为半殖民地半封建社会不无关系。第一次鸦片战争失败后，清政府被迫与西方列强签订了一系列不平等条约，对洋教实行弛禁政策。凭借不平等条约赋予的特权，国外大量的传教士进入中国，并在国内趾高气扬、随心所欲、肆意妄为。西方列强之所以要在中国广泛传播宗教，不外乎想从精神上侵略中国，最终达到干涉中国内政的目的。正是在这样一个特定的历史背景下，天主教和基督教传入了川南苗族社会。

而川南不少苗族接受和信仰天主教、基督教却是有其深刻的社会原因。近代苗族既遭受阶级压迫，又受到民族歧视。苗区地势险峻、山高谷深，苗族社会地位低下，经济条件恶劣，没有或很少占有土地，缺乏教育机会和医疗条件，长期处于受压迫的地位。而西方传教士注意到了这种现状，宣扬"上帝面前人人平等"的教义，并借助兴办学校、提供钱物、免费发药治病等手段进行传教，自然容易取得苗族的认同，使之乐于入教。正如旧志所言，"其教（耶稣教）以慈爱教育为主，所至皆设学校，以救济人民，故信者尚多"[③]。但是，由于西方宗教与苗族传统文化的冲突，如信徒不准与非信徒结婚，必须放弃原始宗教信仰，不能过传统节日等，让不少苗民无法接受，因此，也有许多苗族并不信仰"洋教"。

[①]　筠连县县志编纂委员会：《筠连县志》，四川科学技术出版社 1998 年版，第 752 页。

[②]　珙县民族事务委员会编印：《珙县苗族志》，1996 年，第 73—75 页。

[③]　赖佐唐等修，宋曙等纂：民国《叙永县志》卷 4，《中国地方志集成·四川府县志辑 33》，巴蜀书社 1992 年版，第 770 页。

　　解放后，西方教会在中国的势力灭亡。在党的民族政策光辉照耀下，川南地区实现了民族平等，苗族政治地位显著提高，经济、教育、医疗等条件也得到大力改善。由于西方宗教得以根植的外在条件和内在需求消失，川南苗族对天主教与基督教的信仰已不复存在。在 2014 年笔者调查的 266 名苗族中，无一人信仰基督教或天主教。

　　虽然天主教与基督教在川南的传入有其政治目的，但是在客观上也为川南苗区的发展起到了一定的促进作用，尤其是教育方面。清末民初，苗族子女基本上都没有接受教育的机会，极个别有机会接受过教育、有一定文化知识的苗族也无用武之地，而基督教兴办教会学校后，主要聘用和培养苗族教师，而且只要入教的苗族子女都能免费接受教育。教会学校不仅招收当地的苗族子女，还招收外地的苗族子女。例如，从 1924—1938 年的 14 年间，内地会开办的古蔺大坪小学和叙永沟边小学共招收学生 300 余人，其中绝大多数是苗族子女，主要是古蔺、叙永相交界的苗民子弟，也有部分远道而来的苗民子弟。[①] 循道公会举办的王家镇麻园村光华小学除了本地苗族到校上学，筠连县的雁家坪、落木柔、鲁班山等地的苗族子女，也远来入学。又如，1936 年，王武寨光华小学的学生已达 300 余人，其中有的学生来自高县、筠连、兴文、云南镇雄、威信等地。[②] 这一举措让川南不少苗族子女接受了教育，也让有文化知识的苗族发挥了自己的长处。虽然教会学校教育的最终目的是为了培养信徒，但是学校开设的语文、算术、历史、地理、自然等文化课程还是让学生受益匪浅。1942 年，一些苗族教师和教会学校毕业的苗族学生脱离教会，创办了"边民联立复兴小学"，在古蔺、叙永的苗寨办了 12 所学校，招收了近千名苗族学生。[③] 由此可见，基督教的传入对近代川南的苗族教育起着一定的推动作用。与此同时，基督教传教士为了方便在川滇黔三省边区传教，还在石门坎地区帮助当地苗族创制了"坡拉字母苗文"（俗称老苗文），并向四周推广，川南不少苗族也在学习使用。此外，美国传教士葛维汉从 1921 年在叙府（今宜宾）接触川南苗族以来，多次深入川南苗寨调研，收集了

---

①　泸州少数民族志编纂委员会：《泸州少数民族志》，民族杂志社 2015 年版，第 187 页。
②　珙县民族事务委员会编印：《珙县苗族志》，1996 年，第 73—75 页。
③　郎伟：《天主教、基督教在川南苗族地区传播述略》，《中央民族学院学报》1989 年第 6 期。

大量的苗族故事与歌谣，记录了苗族宗教、习俗等文化。"老苗文"的创制与苗族研究的开展对川南苗族文化的传承与发展也起到了一定的作用。

第三节　苗族的汉姓与家谱

姓氏是社会结构中的一种血缘关系的标志，一般是继承的，由家族成员所共有。中国的姓氏文化起源于五千多年前，姓源于母系社会，是为了实行氏族外婚的需要；氏源于父系社会，是随私有制的出现而产生的。秦汉以后，姓氏混一，不再区别。中国的姓氏文化是多元的，因为我国是一个多民族的国家，许多民族都有自己独特的姓氏文化。在姓氏文化产生后，为了追根溯源、敦宗睦族，便有了家族谱系文化的产生，姓氏、家谱等文化都被列入精神文化的范畴。我国许多少数民族除了有自己的姓氏外，历史上还出现采用汉族姓氏或借鉴汉文化编修家谱的文化现象，川南苗族也不例外，这种采用、借鉴的过程是文化传播或文化涵化的过程，研究这一现象，有助于帮助我们加深对川南苗汉民族关系的认识。

一　川南苗族的姓氏借用、家谱编修现象

川南苗族有自己的姓氏，苗姓是以父系为中心的血缘近亲群体的专称。[1] 由于受汉文化的影响，川南苗族开始使用汉姓。苗族借用汉姓始于何时，已无从考证。据重修的《古氏族谱》记载，明洪武四年（1371年），古氏家族由古幺承顶领照入册上户，各户均以"古幺"户口纳税。[2] 由此可见，川南苗族使用汉姓至少有六百多年的历史了。目前，川南苗族只在本民族内部使用苗姓，对外都只使用汉姓。泸州苗族共有赵、黄、熊、宋、古等26个姓氏，[3] 宜宾珙县苗族有杨、熊、陶、马、王等28个汉姓，[4] 筠连有杨、熊、王、刘、陶等37个汉姓，[5] 兴文有杨、熊、李、

---

① 郎维伟：《四川苗族社会与文化》，四川民族出版社1997年版，第136页。
② 叙永枧槽乡沟边古氏家族：《古氏族谱》，2000年，第2页。
③ 泸州少数民族志编纂委员会：《泸州少数民族志》，民族杂志社2015年版，第297页。
④ 珙县民族事务委员会编印：《珙县苗族志》，1996年，第40—41页。
⑤ 筠连县苗族志编纂委员会：《筠连县苗族志》，2007年，第178页。

黄、陶等 25 个汉姓。①

　　川南苗族的汉姓来源主要有以下三种：第一，领照入册时借用汉姓。这是苗族使用汉姓的主要来源。川南地处川滇黔三省咽喉，为明王朝经略西南的重要孔道，因此整个川南地区均在明朝时期实施了"改土归流"政策。朝廷设置流官管理川南以后，便登记造册，编户齐民，对苗族也不例外。苗族领照入册时须使用汉姓，有的以户主苗姓的谐音汉字为姓，有的自己选择汉姓，有的则是官员给予的汉姓。第二，苗汉通婚的后代随祖先使用汉姓。历史上中央王朝派部队在此屯军，就地娶苗女为妻，或因商贩入苗地落籍成家，于是出现"汉父苗母"的现象。汉族和苗族通婚所生子女的族别虽然从母，但姓氏却从父。例如，明万历年间汉人王武随军征战川南，同当地苗族姑娘成亲，所居住寨子取名为王武寨，后代虽为苗族，但都使用了汉姓。第三，躲避战乱或避免歧视改为汉姓。川南历史上少数民族地位低下，饱受战乱之灾，备受歧视，有的少数民族为了躲避战乱或避免歧视便改为汉姓。例如，珙县余姓苗族自言为蒙古族后裔，始祖姓"铁木真"，后因逃避追杀而改姓"余"，明朝初年隐居叙永大坝（今属兴文县），因该地多为苗族，与苗人通婚而变为苗族，后从大坝迁入珙县。②

　　川南苗族不仅使用汉姓，还采借了汉族的字辈制度。例如，1956 年编修的《古氏族谱》拟定了二十字辈，2000 年重修时又增加了二十字。③又如，笔者在筠连县调查时，当地一位苗族乡干部谈道，"老祖人带了一本筷子厚的族谱，（存在）字辈问题，（字辈只有）20 个字，以前 3 代，搬过来 17 代，后面的王姓无字辈"。为了解决字辈问题，他们家族正在准备重修家谱。由此可见，字辈制度已内化为苗族姓氏文化的重要组成部分。

　　除此之外，川南苗族还吸收了汉族的家谱文化。川南苗族家谱可考者，晚清以前俱无，现存家谱中编修时间最早的是古蔺县德跃镇平义村二坡杨姓苗族编修于清光绪十七年（1891 年）的《杨氏家谱》，这也是泸

　　① 兴文县民族宗教事务局编：《四川·兴文县苗族志 1912—2012》（未刊稿），2013 年，第150 页。

　　② 珙县民族事务委员会编印：《珙县苗族志》，1996 年，第 8 页。

　　③ 叙永枧槽乡沟边古氏家族：《古氏族谱》，2000 年，第 3—5 页。

州境内现存的唯一一本编修于清朝时期的苗族家谱。明清时期川南苗族极少编修家谱的主要原因有以下几点：一是战乱频繁，百姓流离失所，民不聊生，除了生存，无暇顾及其他；二是苗族无文字，仅凭口口相传，资料搜集难度大；三是由于没有受教育的机会，能识文断字者很少，缺乏编修家谱的人员；四是和汉族接触交往不多，对家谱文化缺少了解，根本未意识到编修家谱的重要性。民国时期，川南苗族已定居下来，和汉人的交往增多，受汉文化的影响，这段时期编修的家谱有所增加，但内容翔实的并不多见，至今仍保存完好的也屈指可数。中华人民共和国成立后，尤其是改革开放以后，川南苗族生活水平明显改善，教育水平大幅提高，和汉族的关系也日趋密切，既充分认识到了家谱编修的重要性，又有了编修家谱的能力，纷纷重修或新纂家谱，因此，目前大多数族姓都有各自的家谱。在这些重修或新修的家谱中，关于族源、婚丧、祭祀、家族管理制度等方面的内容都较为详尽。①

二　姓氏、家谱文化采借的意义

川南苗族姓氏文化的借用来源多样，或因躲避战乱，隐姓埋名；或因避免歧视，改用汉姓；或因入册上户，借用汉姓；或因族际通婚，形成文化交融。不论何种来源或途径，都表明川南历史上各民族文化传播的客观事实，而苗族编修家谱则进一步证明了这一事实。这种传播即是一个族群从另一个族群引入新的文化因素，正是文化传播，使不同民族之间实现文化共享，这也是人类社会进步的一个标志。

姓氏借用现象不仅存在于川南苗族中，还大量存在于其他民族中。而且，当下在许多少数民族地区，当人们的物质生活有了很大变化后，不再为衣食而忧，许多过去不曾修谱的少数民族也开始编撰家谱，有的家族甚至凑钱请汉人修谱专家帮助编修家支谱系。通过姓氏、家谱文化的传播、交融，让我们更加了解，中华文化的发展史就是各民族文化相互交融的历史，今天中国各民族的确是你中有我、我中有你。由此可见，民族是一个历史范畴，也是一个不断变化的范畴。

———————————

① 泸州少数民族志编纂委员会：《泸州少数民族志》，民族杂志社 2015 年版，第 304 页。

　　通过姓氏、家谱文化研究，可帮助我们了解一些历史上的族源变迁轨迹。例如，芮逸夫、胡庆钧于1942年年底到川南叙永苗乡调查，在苗族张树芬家看到族谱抄本。据谱载，张树芬老祖二兄弟为汉族，原籍湖广省麻城县孝感乡，明洪武二年入川，辗转来叙，娶苗妇转为苗族。胡庆钧指出，这个族谱包括两个问题：一是祖籍问题，来自湖广且局限于麻城孝感；二是汉转苗问题，几为当地大多数苗族的共同说法。他们认为，叙永苗族最可能的来源是贵州，湖广之说（原为民国时大多数川人的共同传说）系附会汉人之辞；而汉转苗之说则是因为苗族热望汉化，不惜假托，与实际的历史发展情况难于吻合。[①] 王明珂在《川南苗族调查日志1942—43》导读并序中也指出，由这些"祖籍"在四川之本土家族记忆之流传与普及程度来看，它们大多是汉化下的虚构祖源。[②] 当地苗族知识分子在编志时也指出，关于各族姓的本源问题，苗族多以传说和推测为依据，与真实的历史线索有一定的差别；特别是多数姓氏都直接或间接认可的"湖广填四川"之说，实有商榷的必要。[③] 不管是姓氏文化借用现象，还是家谱中的汉转苗及祖籍附会，都说明汉文化在当地占据着主流地位；而苗族作为弱势民族，或为了生存，或为了免遭歧视，或为了提高家族声望，被迫或自愿融入主流文化则是顺理成章的事。但是，笔者以为，并不是所有的汉人祖先、湖广祖籍都是虚构的历史记忆，也不排除祖先的确是汉人、祖籍确实为湖广的事实。

　　从家谱的内容变化，也可见证民族关系的演变。中华人民共和国成立前编修的家谱大多都较为简单，没有或少有苗族婚丧习俗、祭祀礼仪等方面的记载，而中华人民共和国成立后尤其是改革开放后编修的家谱在这方面的记载都较为翔实，这充分体现了苗族地位的提高以及文化自信的增强。此外，苗族的老族谱明确规定，苗汉不能通婚，而新族谱则提倡婚姻自由，允许苗汉通婚，由此可见苗汉关系的改善。

---

　　① 胡庆钧：《川南苗乡纪行》，《汉村与苗乡——从20世纪前期滇东汉村与川南苗乡看传统中国》，天津古籍出版社2006年版，第196页。

　　② 芮逸夫著，王明珂编校、导读：《川南苗族调查日志1942—43》，"中央研究院"历史语言研究所2010年版，第XXI页。

　　③ 泸州少数民族志编纂委员会：《泸州少数民族志》，民族杂志社2015年版，第304页。

小　结

川南历史上苗族聚族而居，在长期的发展过程中，形成了自己独特的语言、风俗习惯和宗教信仰。近代以后，苗汉之间已逐渐形成混居杂处的格局，苗汉接触、交往日益增多，民族之间的文化涵化不可避免。苗族虽是当地世居民族，也是人口最多的少数民族，但与当地汉族人口相差甚远，因此在族际接触、交往过程中受汉文化影响，这种情况下的文化涵化便呈现出苗族文化逐渐与汉文化趋同的特点。

川南苗族在民国时期已经形成苗汉两种语言兼用的情况，不过使用母语表现出对自己民族文化的认同，使用汉语言文字有仰慕汉文化、引以为荣的因素，但不排除制度性民族不平等环境下的被动接受。中华人民共和国成立后，民族平等得以实现，苗族语言受到尊重，政府帮助创制了新苗文。苗语迄今仍在川南苗族中代代相传，但使用人数占苗族人口比例逐渐下降，使用范围逐渐缩小。新苗文由于缺少代际传递和现实生活的使用人群，未能有效推行。与之相反，汉语言文字在散杂居的川南苗族中得到广泛传播和应用，川南苗族在语言使用上呈现出逐渐和汉族趋同的态势。从民国时期的主动效仿、被动接受到中华人民共和国成立后的自然涵化，川南苗族语言文字的使用演变体现了苗族的文化认同变化，也反映出苗汉民族关系的和谐。

古代川南苗族在衣食住行、婚丧嫁娶、节庆礼仪等风俗习惯及宗教信仰方面有着其独特的民族特色，但是，近代以来，川南苗族在风俗习惯、宗教信仰上受到了汉族的很大影响。苗汉风俗习惯、宗教信仰日渐呈现出同质性特征，例如，苗族在日常生活中通常都着和汉族相同的服装，结婚也很少遵从本民族的传统婚俗礼仪，丧葬祭祀仪式逐渐简化，原始宗教中所崇拜对象也和汉族多有相同，等等。现在只有极少数的苗族老年人才精通苗族风俗文化，苗族年轻人大都不懂苗族风俗，不会苗族手工艺。当然，不管是苗族知识分子，还是当地政府，均已意识到苗族文化传承的重要意义和当下面临的问题，并开始注意保护和弘扬苗族优秀传统文化。

近代，天主教和基督教在川南苗区广为传播，这两种宗教的苗族信徒数以千计。洋教之所以传入川南，并为不少苗族所接受和信仰，虽与中国沦为半殖民地半封建社会这一特定的历史背景不无关系，但更关键的原因则在于苗族地位低下，备受歧视。西方传教士注意到了这种现状，乘虚而入，很容易就获得了苗族的认可。虽然洋教的传入有其政治目的，但客观上为苗区的教育发展起到了一定的推动作用。中华人民共和国成立后，苗族政治、经济地位显著提高，民族平等得以真正实现，川南苗族对天主教与基督教的信仰已不复存在。

川南苗族的文化涵化中还包括对汉族姓氏、字辈、家谱文化因子的采借。苗族借用汉姓，或因躲避战乱，或因族际通婚，或因避免歧视，或因入册上户，其中领照上户是苗族借用汉姓的主要原因。由此可见，姓氏文化采借主要是由明清时期统治者推动的，是自上而下的。而字辈、家谱文化因素的引入、吸收则是苗族民间的自发选择，主要是和汉族交往增加，受汉文化影响所致。过去苗族家谱中的汉转苗现象及祖籍附会问题，体现了汉文化的主流地位，而当下家谱中苗族文化因素的增加以及苗族知识分子对族源问题的质疑，则说明了苗族的文化自信得以塑造。

第五章　川南苗汉族际交往与族际通婚

　　族际交往是指不同民族成员之间的接触、互动与往来，是考察民族关系的一个重要方面。如果不同民族成员之间互不往来，甚至存在着排斥和冲突，则可见民族关系的不和谐甚至对立。如果不同民族成员之间友好交往，互帮互助，则说明民族关系是和谐、融洽的。族际通婚也是衡量族际关系融洽度、融合度的重要指标，美国社会学家戈登（Milton M. Gordon）提出了七个族际关系变量，族际通婚是其中之一[①]，辛普森（George Eaton Simpson）和英格尔（J. Milton Yinger）认为，不同群体间通婚的比率是衡量群体认同度、社会距离、整合度的一个敏感指标[②]，马戎教授也持类似观点，他认为两族成员之间的通婚愿望，是得到本族人群体的支持还是反对，在某种意义上被视作体现两族关系总体水平的重要标志之一。[③]由此可见，研究族际交往与族际通婚作为川南苗汉关系的变量是必不可少的环节，本章则以此为重点进行分析。

第一节　族际交往

一　中华人民共和国成立前川南苗汉族际交往情况

　　关于中华人民共和国成立前川南苗汉族际交往的情况，史志鲜有记

----

①　Milton M. Gordon, *Assimilation in American Life: The Role of Race, Religion, and National Origins*, New York: Oxford University Press, 1964, p. 71.

②　［美］G. 辛普森、J. 英格尔：《族际通婚》，载马戎编《西方民族社会学经典读本——种族与族群关系研究》，北京大学出版社 2010 年版，第 315 页。

③　马戎：《民族社会学——社会学的族群关系研究》，北京大学出版社 2004 年版，第 437 页。

载，只能从只言片语中略知一二。居住格局、地理环境、交通条件是民族之间交往的重要客观条件，决定着不同民族成员之间是否有交往的机会。据史志记载，高县苗族"常居高山上"①，珙县"西南山谷，苗居八九""苗民僻处，山巅谷底"②，叙永、古蔺苗族"皆窜居山谷间"③，筠连苗族"大半居高山中"④，古宋苗族"渐退居山洞"⑤。明清以来，川南基本形成了边界清晰的民族居住格局，即"坝区汉家，山上彝家，苗家住在石旮旯"。苗族通常聚族而居，每个苗寨十余户或几十户，散布于崇山峻岭之中，自然条件恶劣，"羊肠道，陡坡爬，肩挑背磨汗水洒"便是当地交通状况的真实写照。⑥ 隔离的居住格局、险峻的地理环境、恶劣的交通条件限制了族际间的交往，在客观上造成了苗族"与汉人不相往还"⑦ 的局面。

当苗族被迫退居于高寒山区之后，也有不少汉族逐渐迁入，至民国时期，已形成苗汉交错分布的格局，苗汉之间便有了接触，甚至贸易往来，在"赶场"⑧ 之日，苗族会以农产品去换取汉人的商品，主要是布匹、铁器、陶器、盐、针、线等维持生活的必需品。⑨ 汉苗的接触自然会引起文化的传播，如第四章所述，主要导致了苗族文化的涵化。但是，这样的交往方式是有限的，而且由于交通条件的不便，绝大多数苗族接触、交往的汉族也是有限的，仅限于居住在周围的汉族或附近集市上的汉族而已。据

---

①　（清）敖立榜等修，曾毓佐等纂：同治《高县志》卷54，《中国地方志集成·四川府县志辑35》，巴蜀书社1992年版，第516页。

②　（清）冉瑞桐、罗度、郭肇林等修纂：光绪《珙县志》，《中国地方志集成·四川府县志辑35》，巴蜀书社1992年版，第230页。

③　（清）邓元镣等修，万慎等纂：光绪三十四年《叙永永宁厅县合志》卷20，第526页。

④　祝世德著，筠连县地方志办公室整理：民国《筠连县志》，四川大学出版社2012年版，第163页。

⑤　民国《古宋县志初稿》卷8，《中国地方志集成·四川府县志辑34》，巴蜀书社1992年版，第109页。

⑥　郎维伟：《四川苗族社会与文化》，四川民族出版社1997年版，第73页。

⑦　赖佐唐等修，宋曙等纂：民国《叙永县志》卷4，《中国地方志集成·四川府县志辑33》，巴蜀书社1992年版，第772页。

⑧　当地汉语方言，即"赶集"的意思。

⑨　胡庆钧：《不容忽视的边区土地问题》，《汉村与苗乡——从20世纪前期滇东汉村与川南苗乡看传统中国》，天津古籍出版社2006年版，第244页。

民国学者林名均调查，川南苗寨的房屋，都是由寨子里的苗族彼此帮忙共同建造的，不向汉人请雇工人。① 由此可见，苗汉之间的交往并不多。

民族心理是影响民族交往的重要主观因素。中华人民共和国成立前的川南社会，汉族普遍对苗族存在偏见与歧视，在受到异族的偏见和歧视下，苗族自然会对汉族存在不满和抵触心理，并通过诸如"石头不是枕头，汉人不是朋友""芭蕉不是丝绸，汉人做不得朋友"② 之类的谚语表达出来。关于族际间的偏见与歧视，笔者将在第六章专门论述，此处不再赘述。苗汉间的心理隔阂在主观上阻碍了苗汉族际交往，而且，和可以量化的空间距离相比而言，这种心理上的无形距离更难拉近。因此，直到中华人民共和国成立后的很长时间之内，这种隔阂还或多或少地影响着苗汉之间的族际交往。筠连县一位 20 世纪 70 年代初出生的苗族回忆道："我们小时候，两个民族相遇时对骂，互相歧视，吵起来，甚至打起来。"

二　川南苗汉族际交往现状

中华人民共和国成立以后，由于民族政策的贯彻落实、民族团结教育的实施，苗汉民族间的心理隔阂逐渐消除，苗汉人民在生产劳动、日常生活等方面加强了友好往来和互助合作。为了了解川南苗汉族际交往现状，笔者专门调查了苗族的族际交往、交友、互助等方面的情况。

（一）族际交往

在 266 个苗族调查对象中，与本民族交往"很多"的占 40.60%，"比较多"的占 28.57%，"一般"的占 30.08%，"比较少"的占 0.75%，"很少"的没有；而与汉族交往"很多"的占 24.81%，"比较多"的占 36.09%，"一般"的占 35.34%，"比较少"的占 3.76%，"很少"的没有。苗族与汉族交往"很多"和"比较多"的共占 60.90%，只略低于苗族与本民族交往"很多"和"比较多"的比例。由此可见，族际交往不再受民族身份的限制了，正如古蔺县一彝族干部所说："交往都不分啥族啥族。"③

---

① 林名均：《川苗概况》，《新亚细亚月刊》1936 年第 12 卷第 4 期。

② 四川民族调查组苗族小组：《泸州专区苗族社会历史调查》，载四川省编辑组《四川省苗族傈僳族傣族白族满族社会历史调查》，四川省社会科学院出版社 1986 年版，第 13 页。

③ 即"不分什么民族"的意思。

（二）族际交友

表 5—1 和表 5—2 显示，在 266 个苗族调查对象中，有 50.38% 的苗族交朋友"很多"和"比较多"，而交汉族朋友"很多"和"比较多"的比例还略高一点点，为 51.13%，交汉族朋友"比较少"的只有 3.76%，交汉族朋友"很少"的没有。从族际交友的情况可以进一步看出，苗族和汉族之间的交往越来越密切。

表 5—1　　　　　　　　　　　　川南苗族的交友情况

交朋友的情况	人数（人）	百分比（%）	有效百分比（%）	累积百分比（%）
很多	68	25.57	25.57	25.57
比较多	66	24.81	24.81	50.38
一般	130	48.87	48.87	99.25
比较少	2	0.75	0.75	100.00
合计	266	100.00	100.00	

表 5—2　　　　　　　　　　　　川南苗族交汉族朋友的情况

交汉族朋友的情况	人数（人）	百分比（%）	有效百分比（%）	累积百分比（%）
很多	54	20.30	20.30	20.30
比较多	82	30.83	30.83	51.13
一般	120	45.11	45.11	96.24
比较少	10	3.76	3.76	100.00
合计	266	100.00	100.00	

（三）族际互助

除了朋友以外，同事或村民也是族际交往圈子中不可或缺的组成部分，而互助则是同事或村民之间交往的重要形式之一，从同事或村民的族际互助情况可了解其族际交往的亲密程度。人情往来和相互帮忙是熟人社会的传统互助形式，也是维系同事或村民之间情感的重要方式。对于川南苗汉民族而言，红白事都是非常重要的仪式，而在红白事上有人情往来、相互帮忙也是当地普遍的社会风气，因此，笔者调查了川南苗汉在红白事中的赶人亲、互帮等族际互助情况。而且，为了了解同事或村民之间的互助是否存在着族群边界，还调查了苗族之间的互助情况，以作比较。

在"如果苗族同事或村民家里有红白事，您会去赶人亲吗"这一问题中，选择"都去"的苗族调查对象占 42.42%，选择"经常去"的占 57.58%，选择"偶尔去"或"不去"的没有。在"如果您家有红白事，苗族同事或村民来赶人亲吗"这一问题中，选择"很多"的苗族调查对象占 50.00%，选择"比较多"的占 46.97%，选择"一般"的占 3.03%，选择"比较少"或"很少"的没有。在"如果苗族同事或村民家里有红白事，您会去帮忙吗"这一问题中，选择"都去"的苗族调查对象占 34.85%，选择"经常去"的占 63.64%，选择"偶尔去"的占 1.51%，选择"不去"的没有。在"如果您家有红白事，苗族同事或村民来帮忙吗"这一问题中，选择"很多"的苗族调查对象占 59.85%，选择"比较多"的占 39.39%，选择"一般"的占 0.76%，选择"比较少"或"很少"的没有。由此可见，川南苗族同事或村民之间在红白事中基本上都常有人情往来，也都会相互帮忙，说明当地苗族之间过从甚密。

在"如果汉族同事或村民家里有红白事，您会去赶人亲吗"这一问题中，选择"都去"的苗族调查对象占 34.85%，选择"经常去"的占 61.36%，选择"偶尔去"的占 3.79%，选择"不去"的没有。在"如果您家有红白事，汉族同事或村民来赶人亲吗"这一问题中，选择"很多"的苗族调查对象占 42.42%，选择"比较多"的占 49.24%，选择"一般"的占 7.58%，选择"比较少"的占 0.76%，选择"很少"的没有。在"如果汉族同事或村民家里有红白事，您会去帮忙吗"这一问题中，选择"都去"的苗族调查对象占 33.33%，选择"经常去"的占 62.88%，选择"偶尔去"的占 3.79%，选择"不去"的没有。在"如果您家有红白事，汉族同事或村民来帮忙吗"这一问题中，选择"很多"的苗族调查对象占 37.88%，选择"比较多"的占 56.06%，选择"一般"的占 4.54%，选择"比较少"和"很少"的各占 0.76%。同川南苗族相互之间赶人亲、帮忙的情况相比，有极少数苗汉同事或村民之间的人情往来和相互帮忙相对要少一些，但从不相互赶人亲和帮忙的没有，而且绝大多数苗汉同事或村民之间都常有往来，都会互相帮忙，由此可见当地苗汉交往也颇为密切，不存在民族边界。

这一点也可从当地苗族干部和群众的介绍中得知，叙永县沟边苗寨"族际之间，都相互帮忙"；白腊苗族乡落木河村苗族和汉族"经常来往，有事大家都集中在一起，在日常生活中不分（民族）""很团结，有红白喜事，不管汉族、苗族，都要去帮忙"；古蔺县箭竹苗寨"上、下寨都相帮①，不分汉族、苗族，都赶人亲。关系都好，像哪家有人过世，不用请，全部都攒拢②来。老一辈（关系也）很好。（现在）都没得③人分苗族、汉族了"；筠连县苗汉杂居的鲁班山新民村，"相邻的两三个社，（苗族和汉族之间）大盘小事④都在赶人亲，走耍。（有汉族）拜苗族为保保⑤"；团林苗族乡大埝村苗汉村民有"红白喜事，大家都去。1组村民家中有红白喜事，（甚至）2组的村民都会去洗菜、背菜、帮忙"。在川南，超越民族边界的不仅只是苗汉之间的交往，还有汉族和其他少数民族之间的往来。据当地一位彝族干部介绍，"苗族、彝族都要搞民族（文化）活动，汉族也要去参与"。

三 川南苗汉族际交往日渐频繁的原因

川南苗汉之间的接触、交往日渐频繁，主要有以下四个方面的原因。第一，中华人民共和国成立以后，民族政策的实施使得民族平等、团结观念深入人心，民族偏见和歧视逐渐消除，苗汉之间的心理距离越来越近，民族边界逐渐消失；第二，由于教育的普及，苗族教育水平的提高，为苗汉提供了新的交往条件——学习场所和工作场所；第三，改革开放以后，交通条件日益便利，社会流动性不断增强，为苗汉交往提供了更多的机会；第四，推进城镇化以来，许多苗族打破了聚族而居的传统，迁移到相对更好的居住环境，苗汉杂处的居住格局逐渐扩大，为族际交往提供了良好的客观条件。

---

① 当地方言，即"帮忙"的意思。
② 当地方言，即"聚到一起"的意思。
③ 当地方言，即"没有"的意思。
④ 当地方言，即"大事小事"的意思。
⑤ 当地方言，即"干爹妈"的意思。

第二节　族际通婚

一　从不通婚到在反对中通婚再到自由通婚

旧时，川南苗族以自主婚姻为主，主要通过"踩山节"（又称"跳花山""花山节""花秆会"）、"赶苗场"等活动寻觅伴侣。据光绪《珙县志》记载："男女吹笙和歌，情投意合即为夫妇。"[1]自由恋爱后仍需通过说媒、提亲、双方父母同意，才能正式缔结婚姻。《叙永永宁厅县合志》载："未婚嫁者，男吹芦笙，女弹口琴，彼此对歌，相悦则引带为婚，然后两家再议财礼，议成乃择期。"[2]《民国古宋县志初稿》载："山中有男女相习者，各于对山吹笛应和，两情相悦，而后议婚。请媒说，给酒肉财礼各若干，得其许可，而后择期下定送礼，谓之放口酒。"[3]《蜀游闻见录》记载，苗家及婚之少年男女择配、双方许可交换彩带后，回家禀告家长，延媒向女家告婚，才可择期行礼。1936年，华西大学林名均教授所著《川苗概况》中提到，双方经过恋爱之后，才正式向家长提起婚姻问题。[4]至近代，川南苗族包办婚姻逐渐盛行，早婚现象普遍。例如，清代末年，珙县苗族"父母之命""媒妁之言"的包办婚姻占据了主流，形成了"大亲""侯亲"的说亲习惯。[5]兴文苗族的婚姻也主要由父母双方包办。一则是因为"踩山"等自由择偶活动逐渐减少；二则是因为与汉族来往，受汉族封建文化中包办婚姻的影响，婚姻习俗仿照汉族，一切由父母包办。

不管是自主婚姻还是包办婚姻，旧时川南苗族均实行族内婚，姑表亲较为盛行，禁止与汉族通婚。川南苗汉不通婚的情况在方志中有明显反映，现当代的一些调查资料也反映出这一状况。民国《筠连县志》记载，

---

[1]　（清）冉瑞桐、罗度、郭肇林等修纂：光绪《珙县志》卷11，《中国地方志集成·四川府县志辑35》，巴蜀书社1992年版，第224页。

[2]　（清）邓元镠等修，万慎等纂：光绪三十四年《叙永永宁厅县合志》卷20，第528页。

[3]　民国《古宋县志初稿》卷8，《中国地方志集成·四川府县志辑34》，巴蜀书社1992年版，第110页。

[4]　郎维伟：《四川苗族社会与文化》，四川民族出版社1997年版，第132—133页。

[5]　珙县民族事务委员会编印：《珙县苗族志》，1996年，第33页。

苗族"虽与汉人杂处，亦绝不通婚媾"①。《兴文县志》记载，解放前，苗家人通婚限于本民族，异族联姻被贬为"根骨不正""降低了苗族骨气"。②《珙县志》写到，"苗汉通婚"是中华人民共和国成立后打破旧传统，加强民族团结的新风。③ 据20世纪50年代的社会调查，在中华人民共和国成立前，古蔺县麻城乡不同民族不通婚，苗族子女不愿同汉族结婚，汉族的子女不愿同苗族通婚；④ 筠连县联合苗族乡不同民族不能结婚，他们认为同异族结婚是"根骨不正"；在珙县罗渡乡一带苗区中，还有一种这样的说法："不同种族通婚，如黄牛配水牛，虽说同样是牛，但不可交配，无育，所以不可以通婚。"⑤ 不同民族不能结婚的规定，在苗族的老族谱中也可查到。⑥ 马戎教授根据20世纪50年代社会调查报告中反映的族际通婚状况分析，苗族属于很少与外族通婚的民族，这个结论与川南苗族的情况基本吻合。⑦

虽然有外地汉族因随军或经商进入川南苗族地区，融入当地苗族社会，学苗语、习苗俗，进而与当地苗族结婚成家的，也有当地苗族违背家规族训与汉族结婚的，但都仅限于个别现象。

中华人民共和国成立后，由于《婚姻法》的颁布实施，苗族中的早婚、近亲结婚等习俗被废除，包办婚姻也逐渐转变为自主婚姻。但苗汉不通婚仍是川南苗族的一条不成文规定，即便存在苗汉通婚的个别现象，也遭到了双方家族的强烈反对。据筠连县一位干部介绍，当地"七十年代有一对私奔的苗族姑娘和汉族男子，双方（家庭）都反对，坚决反对"。

改革开放以后，随着市场经济的发展，外出打工人口的增加，再加上人们思想在解放，观念在转变，年轻一代的苗汉逐渐开始通婚。一开始，

①　祝世德著，筠连县地方志办公室整理：民国《筠连县志》，四川大学出版社2012年版，第164页。

②　兴文县志编纂委员会编：《兴文县志》，四川辞书出版社1994年版，第665页。

③　四川省珙县志编纂委员会编纂：《珙县志》，四川人民出版社1995年版，第811页。

④　四川民族调查组苗族小组：《古蔺县麻城乡苗族社会历史调查》，载四川省编辑组《四川省苗族傈僳族傣族白族满族社会历史调查》，四川省社会科学院出版社1986年版，第87页。

⑤　四川民族调查组苗族小组：《筠连县联合乡苗族社会历史调查》，载四川省编辑组《四川省苗族傈僳族傣族白族满族社会历史调查》，四川省社会科学院出版社1986年版，第128页。

⑥　从文化传播的角度讲，川南苗人编修家谱是对汉文化的借用，但在婚姻文化中苗汉却有隔阂。

⑦　马戎：《民族社会学——社会学的族群关系研究》，北京大学出版社2004年版，第447页。

苗汉通婚是要遭到家族强烈反对的，这种情况到 20 世纪八九十年代还存在，有的地方还存在着因为苗汉通婚被从族谱上除名、双方家族打群架等比较极端的例子。20 世纪 90 年代初一位筠连苗族女孩读中师时曾说过，她如果找一位汉族结婚，家里面肯定是不会同意的，后来她找了一位当地的苗族男教师结婚成家。2013 年 7 月，兴文县一汉族教师在访谈中回忆道："我们家是汉族，两个嫂子都是苗族，家里肯定反对，嫂嫂家也反对，（两家人）在上海待了 10 多年，孩子都七八岁了，才回来。"①

近十年来，川南苗汉通婚数量大幅增加。兴文县一位苗族受访者讲："现在，年轻人思想观念随时代发展。文化多元，各种文化相互影响，在文化的互动中苗汉通婚逐渐普遍起来。"筠连县一位苗族受访者说："（现在）汉族和苗族通婚非常普通，我们家族除了我和二妹与本民族通婚，其他全和汉族通婚，相处很融洽。"兴文县一位苗族干部说道："在老一辈，苗汉是绝对不通婚的，七八十年前，你看不起我，我看不起你。族与族（之间）存在民族歧视，少数民族看不起汉族，汉族看不起少数民族。（现在民族）大融合，（民族关系）融洽了，族际通婚现象非常普遍。（我）一家人都是（族际通婚），儿媳、女婿都是汉族，侄儿媳妇是彝族，没有谁歧视谁。"

川南苗汉通婚基本上已不再受家庭或家族的干预。在调查中得知，以前老一辈坚决反对苗汉通婚，现在中年父母不怎么反对，认为只要年轻人幸福就可以了，有父母如是说，"现在结婚都不管啥族，有的都结婚了可能才晓得啥族，只要大家幸福就可以了""只要年轻的合得来，不管那么多"。老一辈也不再管了，据了解，主要原因有两点，一是思想观念改变了；二是现在都是年轻人打工养家，也管不着了。兴文县一苗族干部女儿的对象为汉族男子，该干部说："开始管了的，后来没办法，不准过去（见面），通过发信息联系，管不了了。"

从川南苗汉族际来往的整个趋势来看，两个民族不婚的现象已经逐渐被新生代年轻人所突破，这一变迁的情形究竟是什么原因引起的，的确值得关注和研究。也许这种现象不仅仅只是在川南有意义，中国有许多这种两个民族历史上不通婚的情形，在当下的时代均发生了变化，例如，四川

---

①　笔者曾生活在川南，文中案例均为本人田野调查和身边的真实事例。

凉山的彝族如今也出现与汉族通婚不再像以前那样严格受限的状态。毫无疑问，族际通婚对民族关系的影响程度是显而易见的，虽然我们不去人为地倡导，同样也不必人为地反对。现实社会的经济社会文化发展必然带来年轻一代的广泛交往，打破族际界限的通婚将逐渐成一种趋势。

二　族际通婚的实证研究

为了了解当下川南的苗汉族际通婚情况，笔者在调查问卷中从族际通婚数量、态度、意愿、子女民族成份选择等维度设计了相关问题，并收集了 2012 年和 2013 年宜宾市 L 县和泸州市 Y 县苗族的婚姻登记数据。

（一）来自 266 名苗族调查对象的数据分析

1. 族际通婚数量

在 266 名苗族调查对象中，163 名苗族家里没有和汉族通婚的，占 61.28%；103 名苗族家里有和汉族通婚的，占 38.72%。这一通婚率是以家庭为单位计算的，但族际通婚率一般是指在一定时期和一定人口范围内，所有族际婚姻占婚姻总数的比值。① 如果以婚姻数为单位计算的族际通婚率肯定要低于这一比例，但是也不会太低，因为调查对象的家庭户类型大多为"二代户"或"三代户"，其中"二代户"占 20.30%，"三代户"占 67.67%；80.45% 的家庭人口数在 6 人以内。而且，在这 103 个苗汉族际通婚家庭中，有 57 个存在 1 对苗汉族际婚姻，占 55.34%；有 32 个存在 2 对苗汉族际婚姻，占 31.07%；有 14 个存在 3 对及以上苗汉族际婚姻，占 13.59%。也就是说，有接近一半的家庭存在 2 对及以上的苗汉族际婚姻。由此可见，族际通婚现象确实较为普遍。

2. 族际通婚态度

在"您家里反对苗汉族际通婚吗"这一问题中，有 2 名苗族选择"非常反对"，占 0.75%，没有苗族选择"比较反对"，有 80 名苗族选择"有的反对，有的不反对"，占 30.08%，有 21 名苗族选择"一开始反对，现在不反对"，占 7.89%，有 163 名苗族选择"一点都不反对"，占 61.28%。从中可知，仅有极个别苗族家庭仍对苗汉族际通婚持强烈反对

---

① 李晓霞：《新疆族际婚姻的调查与分析》，《新疆大学学报》（哲学·人文社会科学版）2008 年第 3 期。

态度，大多数家庭并不反对苗汉族际通婚。

如表5—3所示，对于"如果您的子女与汉族通婚，您同意吗"这一问题，在256个有效样本中，有11.72%的苗族选择"不同意"或"坚决不同意"，有54.69%的苗族选择"同意"或"坚决同意"，此外有33.59%的苗族表示"无所谓"，其实这一态度隐含了对子女族际通婚的默许。由此可以进一步了解到，绝大多数川南苗族对苗汉族际通婚持默许或赞成的态度，这和上一问题得出的结论基本一致。

表5—3　　　　　　　川南苗族对子女与汉族通婚的态度

对子女与汉族通婚的态度	人数（人）	百分比（%）	有效百分比（%）	累积百分比（%）
坚决不同意	18	6.77	7.03	7.03
不同意	12	4.51	4.69	11.72
无所谓	86	32.33	33.59	45.31
同意	118	44.36	46.09	91.40
坚决同意	22	8.27	8.60	100.00
合计	256	96.24	100.00	
缺失值	10	3.76		
总计	266	100.00		

3. 族际通婚意愿

如表5—4所示，对于"您希望您的子女与汉族通婚吗"这一问题，在256个有效样本中，有11.72%的苗族选择"不希望"或"非常不希望"，有56.25%的苗族表示"无所谓"，有32.03%的苗族选择"非常希望"或"希望"。由此可知，有一半多的苗族对子女结婚对象的民族成份并不在意，而有接近三分之一的苗族有让子女与汉族通婚的意愿。

表5—4　　　　　　　川南苗族对子女与汉族通婚的意愿

对子女与汉族通婚的意愿	人数（人）	百分比（%）	有效百分比（%）	累积百分比（%）
非常希望	10	3.76	3.91	3.91
希望	72	27.07	28.12	32.03
无所谓	144	54.13	56.25	88.28

对子女与汉族通婚的意愿	人数（人）	百分比（%）	有效百分比（%）	累积百分比（%）
不希望	18	6.77	7.03	95.31
非常不希望	12	4.51	4.69	100.00
合计	256	96.24	100.00	
缺失值	10	3.76		
总计	266	100.00		

4. 族际通婚子女的民族成份选择

如表5—5所示，对于"如果您的子女与汉族通婚，孩子选择什么民族成份"这一选项，在252个有效样本中，有50.80%的苗族表示"无所谓"，有15.87%的苗族选择"汉族"，有33.33%的苗族选择本民族。一般而言，由于少数民族优惠政策的实施，族际通婚的家庭在子女的民族成份选择上具有倾向性，即更愿意为子女选择少数民族身份。但从调查结果来看，川南苗族对族际通婚子女的民族成份选择上并不具有明显的倾向性，仅有三分之一的苗族选择少数民族身份，有一半的苗族都觉得无所谓，其主要原因在于川南绝大多数苗族并没有享受到少数民族优惠政策。据了解，2014年以前，除了兴文县被确定为少数民族地区待遇县，享受了少数民族优惠政策①，川南苗族相对集中的筠连、叙永、古蔺、珙县都未能享受少数民族地区待遇。2014年，以上四个县均被四川省人民政府确定为少数民族地区待遇县，可享受教育、经济等方面的系列优惠政策。对于苗族民众而言，最为直接的优惠就是享受高考加分的政策。虽然笔者发放调查问卷的时间在四县获批少数民族地区待遇县之后，但是由于相距时间较短，绝大多数苗族都还未受到优惠政策的照顾，而且大多数苗族对优惠政策不一定知晓，即便知道的情况下，也可能因家中没有即将面临高考的孩子，并未在意。在利益分配没有差异的情况下，川南苗族在对族际通婚子女的民族成份选择上并无明显的倾向性，这说明川南苗族的族群心

---

① 2013年7月，笔者在兴文县调查了解到，当地苗汉通婚家庭所生子女的民族成份多选苗族。笔者认为，这一选择倾向性主要是由于当地少数民族优惠政策实施所致。

理边界已逐渐消失。

表 5—5　　川南苗族对子女与汉族通婚所生孩子的民族成份选择

对子女与汉族通婚所生孩子的民族成份选择	人数（人）	百分比（％）	有效百分比（％）	累积百分比（％）
苗族	84	31.58	33.33	33.33
汉族	40	15.04	15.87	49.20
无所谓	128	48.12	50.80	100.00
合计	252	94.74	100.00	
缺失值	14	5.26		
总计	266	100.00		

（二）来自 L、Y 两县的婚姻登记数据分析

从 2012 年和 2013 年宜宾市 L 县和泸州市 Y 县苗族的婚姻登记数据得知，川南苗族的族际通婚对象基本上都是汉族，其他民族极少，例如，L 县 2012 年仅有苗族—毛南族 1 对，2013 年数量有所增加，也只有 6 对，其中苗族—藏族 2 对，苗族—朝鲜族 1 对，苗族—维吾尔族 1 对，苗族—彝族 1 对，因此，本书对苗族和非汉民族的族际通婚忽略不计。

1. 族际通婚的数量比例

表 5—6 显示，川南 L 县 2012 年苗族的婚姻登记总数共 218 对，其中族内婚 167 对，占 76.61％，苗汉族际婚 51 对，占 23.39％；2013 年苗族的婚姻登记总数共 278 对，其中族内婚 196 对，占 70.50％，苗汉族际婚 82 对，占 29.50％。

从表 5—7 可以得知，川南 Y 县 2012 年苗族的婚姻登记总数共 691 对，其中族内婚 503 对，占 72.79％，苗汉族际婚 188 对，占 27.21％；2013 年苗族的婚姻登记总数共 383 对，其中族内婚 214 对，占 55.87％，苗汉族际婚 169 对，占 44.13％。

表 5—6　　　　　　　　　　　　川南 L 县苗汉族际通婚情况①

| | 2012 年 | | | | 2013 年 | | |
男	女	数量（对）	比例（%）	男	女	数量（对）	比例（%）
苗族	汉族	20	9.17	苗族	汉族	36	12.95
汉族	苗族	31	14.22	汉族	苗族	46	16.55
苗族	苗族	167	76.61	苗族	苗族	196	70.50
总计		218	100.00	总计		278	100.00

表 5—7　　　　　　　　　　　　川南 Y 县苗汉族际通婚情况②

| | 2012 年 | | | | 2013 年 | | |
男	女	数量（对）	比例（%）	男	女	数量（对）	比例（%）
苗族	汉族	70	10.13	苗族	汉族	51	13.32
汉族	苗族	118	17.08	汉族	苗族	118	30.81
苗族	苗族	503	72.79	苗族	苗族	214	55.87
总计		691	100.00	总计		383	100.00

　　从上可以得知两点，第一，苗汉族际通婚现象普遍。2013 年 Y 县苗汉族际通婚数量差不多占当年苗族婚姻登记总数的一半，这说明当地苗汉通婚已相当普遍。第二，苗汉族际通婚比例呈上升趋势。L、Y 两县 2013 年的苗汉族际通婚率均比上一年有所增长，其中 L 县增长了 6.11 个百分点③，而 Y 县则增长了 16.92 个百分点。

　　2. 族际通婚的性别差异

　　2012 年，L 县登记的 51 对苗汉族际婚姻中，苗族男性娶汉族的有 20 对，占 39.22%，而苗族女性嫁给汉族的有 31 对，占 60.78%；Y 县登记的 188 对苗汉族际婚姻中，苗族男性娶汉族的有 70 对，占 37.23%；而苗

---

　　①　资料来源于 L 县民政局。

　　②　资料来源于 Y 县民政局婚姻登记处。

　　③　因到 L 县民政局收集数据的时间为 2014 年 7 月，故 2014 年的婚姻登记数据只有 1—6 月的。2014 年 1—6 月，L 县苗族的婚姻登记总数共 113 对，其中族内婚 76 对，占 67.26%，和汉族通婚的 37 对，占 32.74%。从这半年登记结婚的族际通婚率来看，也比 2013 年增长了 3.24 个百分点。

族女性嫁给汉族的有 118 对，占 62.77%。2013 年，L 县登记的 82 对苗汉族际婚姻中，苗族男性娶汉族的有 36 对，占 43.90%，而苗族女性嫁给汉族的有 46 对，占 56.10%①；Y 县登记的 169 对苗汉族际婚姻中，苗族男性娶汉族的有 51 对，占 30.18%，而苗族女性嫁给汉族的有 118 对，占 69.82%。

无论是 L 县还是 Y 县，苗族的族际婚姻中都是外嫁多于外娶。不仅川南苗族的族际婚姻如此，我国大多数少数民族的族际婚姻都是男性娶进的少，女性嫁出的多。有学者认为，造成这一现象的原因，是由于人口规模最大、族际婚姻数量最多的汉族在族际婚姻中的男多女少，而与汉族通婚者中女性较多的重要原因在于，社会发展相对后进、对族际婚姻没有太多限制的民族中的一些女性，希望通过嫁给生活水平或能力或地位相对较高的汉族男性，达到改变自己生活状况的目的。② 有学者认为，婚姻迁移的一般规律是女性的梯级迁移，并将其形象地比喻为：山上的姑娘嫁到山脚，山脚的姑娘嫁到邻近的平原，平原上的姑娘嫁到城市郊区，郊区的姑娘嫁进城市。③

不可否认，川南苗族族际婚姻中也存在着女性的梯级迁移，但笔者认为，造成川南苗族族际婚姻中外嫁多于外娶的原因不止于此，还有心理方面的原因。正如兴文县一位汉族教师所说："汉族女孩嫁给外地苗族，还行，嫁给本地苗族，不行，面子观念。汉（女）嫁苗（男）少，苗（女）嫁汉（男）多。"从这一言语中，可以得知"汉（女）嫁苗（男）少"的原因在于"面子观念"，即汉族女性嫁给本地苗族男性没有面子。究其根源，主要是中华人民共和国成立前的川南社会，苗族社会地位低下，汉族普遍对其存在着偏见和歧视，虽然现在偏见与歧视已逐渐消失，但是有些汉族在女性婚姻方面的思想观念还没有完全转变。当然，并不是所有汉族姑娘或父母都会有这样的"面子观念"，因为川南也有不少汉族姑娘嫁给本地苗族的。2013 年，L 县登记的 18 对本乡镇苗汉族际婚姻中，苗男汉女和汉男苗女的数量各占一半。伴随着思想观念的转变，以及族别

---

① 2014 年 1—6 月，L 县登记的 37 对苗汉族际婚中，苗族男性娶汉族女性的有 12 对，占 32.43%，而苗族女性嫁给汉族男性的有 25 对，占 67.57%。

② 李晓霞：《中国各民族间族际婚姻的现状分析》，《人口研究》2004 年第 3 期。

③ 王宗萍：《高度集中的婚姻挤压最令人担忧》，《人口研究》2003 年第 5 期。

观念的淡化、民族边界的消失，当地汉族姑娘嫁给苗族的现象肯定会越来越多。

　　3. 族际通婚的地域范围

　　川南苗汉通婚的绝大多数是"80后"、"90后"，不少是因外出打工而结识的异族对象。据调查①，W县B苗族乡Z村200多户苗族人家中，有10多户苗汉通婚家庭，只有一对是"70后"，其他均为"80后"、"90后"，都是从外地打工回来的。因此，川南苗汉族际通婚的地域范围不仅限于本乡镇，还包括本县外乡镇、本省外县甚至外省。以L县为例，2012年，该县登记的51对苗汉族际婚姻中，只有11对男女双方都是本乡镇的，占21.57%，有13对男女双方分属本县不同乡镇，占25.49%，有27对男女双方则是本省不同县份甚至不同省份的，占52.94%；2013年，该县登记的82对苗汉族际婚姻中，只有18对男女双方都是本乡镇的，占21.95%，有25对男女双方分属本县不同乡镇，占30.49%，有27对男女双方则是本省不同县份甚至不同省份的，占47.56%。

　　从实地调查了解的情况及婚姻登记处获取的数据来看，川南苗汉族际通婚呈现以下几个特点：第一，苗汉族际通婚现象普遍；第二，苗汉族际通婚比例呈上升趋势；第三，苗族与汉族通婚基本上不再受到家庭或家族的反对；第四，部分苗族家庭有让子女同汉族通婚的意愿；第五，在利益分配无差异的情况下，苗族在对族际通婚子女的民族成份选择上并无明显的倾向性；第六，外嫁的苗族女性多于外娶的苗族男性；第七，苗汉族际通婚的地域范围不断扩大。

三　从川南族际通婚变迁看苗汉民族关系的演进

　　只有两个族群的文化同化已经达到较高的程度，族群之间没有语言障碍，宗教上互不冲突或至少能彼此容忍，成员之间有很多的社会交往机会，没有整体性的偏见与歧视，所在家庭与族群社区对于族际通婚不持反对态度甚至持比较积极的态度，这两个族群的成员之间才有可能发生较大

---

　　①　2013年7月到W县苗族乡进行实地调查，在W县B苗族乡Z村村主任处获取的数据。

规模的通婚。^①透过川南苗汉族际通婚的递进轨迹：不通婚—在反对中通婚—自由通婚，即可看到苗汉民族关系从冲突、隔阂走向和谐共生的演进过程。这一演变过程既有苗汉之间语言、风俗习惯、姓氏文化等方面的涵化、趋同，也有从"老死不相往来"到互帮互助的交往嬗变，更有从偏见、歧视、不满与抵触到平等、自信的民族心理变迁历程。如果说文化趋同、交往嬗变为族际通婚提供了必要的客观条件，那么民族心理的变化这一主观条件才是突破族内通婚、实现族际通婚的决定性因素。近代以来，川南苗族文化已逐渐与汉文化趋同，民国时期胡庆钧先生在叙永苗乡的调查显示，当地苗族汉化程度颇高，^②但苗汉之间绝不通婚，主要原因就在于两个民族之间并未形成心理上的认同。

　　川南兴文县一位苗族干部一语道出旧时苗汉不婚的原因："一是汉族瞧不起苗族人，不愿意；二是苗族心目中仇恨汉族，不得^③（与汉人通婚）。"珙县一位苗族干部也说道："老一代不同意苗汉通婚，苗族怕受欺负，汉族认为是苗族，按照以前的说法，（苗族）低人一等。"从这些话语表达中可以察觉历史上汉族对苗族存在偏见与歧视，也可以看出历史上苗族有多么不信任汉族，以致使用了"仇恨""欺负"这样的词汇，从心理上反映出苗族强烈的自尊和深刻的历史记忆。这些话语证明历史上苗汉关系有很深的隔阂，最起码也是不和谐的。

　　一方面，中华人民共和国成立前的川南社会，对苗族的偏见与歧视具有普遍性。历史上汉族对苗族的偏见与歧视主要体现在以下几个方面：第一，苗族没有政治、经济地位。据光绪《珙县志》记载，曩时苗族"不得用袍帽袜履，不得置平田广宅，不得充县衙公差，不得应文武考试"^④。另据同治《高县志》记载，当地苗族"悉属佃人田地，虽有钱之家不自

---

①　马戎：《民族社会学——社会学的族群关系研究》，北京大学出版社 2004 年版，第 447 页。

②　胡庆钧：《川南苗乡纪行》，《汉村与苗乡——从 20 世纪前期滇东汉村与川南苗乡看传统中国》，天津古籍出版社 2006 年版，第 202 页。

③　"不得"为当地方言，即普通话中"不会"的意思。

④　（清）冉瑞桐、罗度、郭肇林等修纂：光绪《珙县志》卷 11，《中国地方志集成·四川府县志辑 35》，巴蜀书社 1992 年版，第 230 页。

置田地"①。苗族不是不愿自置田地，而是在一个充满民族剥削与压迫的时代，不敢自置田地。因为历史上苗族曾经拥有过土地，后被汉族统治者强行霸占。例如，古蔺县东园村项、杨二姓苗族的先祖，于明代熹宗年间，自己开垦了土地，为避免重役，找了汉族武官顶名，土地后被其后代据为己有。② 因此，解放前夕的川南苗族流行这样的谚语："老鸦无树桩，苗家无地方。"这是指在封建地主制经济下，川南苗族基本上都是佃农或雇工，没有自己赖以生存的生产资料——土地。第二，苗族被迫退居条件差的区域。整个明清时期，川南苗族颠沛流离、避居深山，诸多方志都存在类似的记载，如叙永、古蔺苗族"已窜居山谷间"③，古宋苗族"渐退居山洞"④，珙县"苗民僻处，山巅谷底"⑤，高县苗族"常居高山上"⑥，筠连苗族"大半居高山中"⑦，等等。从川南"山上彝家，坝区汉家，苗家住在石旮旯"⑧ 的居住格局，可以看出川南苗汉生存环境的较大差距，不是苗族"喜耕山辟荒土"⑨，而是在一个充满民族偏见与歧视的社会中，只能选择条件最差的地方居住。一位苗族干部如是说："（历史上苗族）生存受到当政者挤压，在坝区无生存空间，只有在高山生存。"第三，苗族文化得不到认同。旧时，川南汉族将说苗语贬称为"讲苗话"，称色彩

① （清）敖立榜等修，曾毓佐等纂：同治《高县志》卷54，《中国地方志集成·四川府县志辑35》，巴蜀书社1992年版，第516—517页。

② 四川民族调查组苗族小组：《古蔺县麻城乡苗族社会历史调查》，载四川省编辑组《四川省苗族傈僳族傣族白族满族社会历史调查》，四川省社会科学院出版社1986年版，第71页。

③ 赖佐唐等修，宋曙等纂：民国《叙永县志》卷4，《中国地方志集成·四川府县志辑33》，巴蜀书社1992年版，第772页。

④ 民国《古宋县志初稿》卷8，《中国地方志集成·四川府县志辑34》，巴蜀书社1992年版，第109页。

⑤ （清）冉瑞桐、罗度、郭肇林等修纂：光绪《珙县志》卷11，《中国地方志集成·四川府县志辑35》，巴蜀书社1992年版，第230页。

⑥ （清）敖立榜等修，曾毓佐等纂：同治《高县志》卷54，《中国地方志集成·四川府县志辑35》，巴蜀书社1992年版，第516页。

⑦ 祝世德著，筠连县地方志办公室整理：民国《筠连县志》，四川大学出版社2012年版，第163页。

⑧ 郎维伟：《四川苗族社会与文化》，四川民族出版社1997年版，第72页。

⑨ 民国《古宋县志初稿》卷8，《中国地方志集成·四川府县志辑34》，巴蜀书社1992年版，第109页。

斑斓、特色浓郁的苗族服饰为"苗里苗气"①，视苗族青年男女"吹芦笙和歌""情符者约为夫妇"的婚俗为"污俗"②，普遍称呼苗族为"苗子""苗婆"。此外，民国政府和明清王朝对苗族实行的强制同化，也是基于对苗族文化的偏见所实施的一种歧视政策。

当这种偏见与歧视不仅体现在政治和经济地位上，而且直接针对苗族的文化特征时，实际上已经转化为汉族对整个苗族群体的民族偏见与歧视，在川南汉族群体处于强势，苗族处于弱势，汉族群体在择偶中自然不会选择苗族。近代川南苗汉民族通婚不被社会接受的影响因素可能有很多，但从民族心理来分析，近代汉族对苗族的偏见与歧视才是阻碍苗汉族际通婚的关键因素。

另一方面，汉族对苗族的偏见与歧视，自然会留在苗族的心理记忆中，并演化为对异民族的抵触心理。因此，中华人民共和国成立前川南苗族民间流行这样的谚语："老虎不是牲口，汉人不是朋友。""石头不是枕头，汉人不是朋友。""芭蕉不是丝绸，汉人做不得朋友。"③ 旧时川南苗族对汉族抵触心理的形成有其深刻的历史和现实原因，主要有三个方面。第一，受到历代汉族统治者的残酷剥削和压迫，田地被汉族"客民"霸占，被迫迁居深山，生存空间受到挤压，苗族与汉族统治者之间产生了民族矛盾。第二，苗族不断起义，汉族统治者实行军事镇压，加剧了民族矛盾。正如当地一位苗族干部所言："因为苗族人不断造反，汉人镇压，苗汉的仇恨比较大，苗族古歌传唱中，谈到了这些事。"第三，受到汉族的歧视。如前所述，川南汉人对苗族存在整体性的偏见与歧视，而这种歧视也深刻地留在了苗族的历史记忆中。有苗族干部说道："对苗族的歧视，一是打仗、造反失败，失败者被歧视；二是不断迁徙，待在深山老林，不和外面交流，无文字，（文化靠）口头传承，老人过世而消失，没有很好传承下去。迁徙开始，直到新中国解放，被歧视得非常厉害"④。从历史

---

① 郎维伟：《四川苗族社会与文化》，四川民族出版社 1997 年版，第 61 页。

② （清）冉瑞桐、罗度、郭肇林等修纂：光绪《珙县志》卷 5，《中国地方志集成·四川府县志辑 35》，巴蜀书社 1992 年版，第 51 页。

③ 四川民族调查组苗族小组：《泸州专区苗族社会历史调查》，载四川省编辑组《四川省苗族傈僳族傣族白族满族社会历史调查》，四川省社会科学院出版社 1986 年版，第 13 页。

④ 即"很受歧视"的意思。

文献资料和苗族的历史记忆中，我们可以看出，历史上苗族对汉族的抵触心理源于汉族统治者的剥削和压迫，但由于两个民族之间很少往来，缺乏了解，自然把对汉族统治者的不满扩大为对整个汉族的抵触。这种心理的存在，也是导致苗汉不通婚的重要因素。

除此之外，强烈的民族自尊也是旧时川南苗族不愿意和汉族通婚的重要心理因素。苗族的民族自尊心极强，主要从两个方面体现出来：一是对侮辱性称呼的极力反对。苗族忌讳自称"苗子""苗儿"，也忌讳外族这样称呼自己，认为这是对自己人格和民族的极大侮辱。若偶然之间听到外族这样称呼自己的民族，就会上前理论，甚至发生打斗或激化民族矛盾现象。① 二是自我隔离。少数民族群体自愿与主流社会相分离的过程叫自我隔离（self – segregation）。少数民族群体成员找不到满意的方式与主导群体相处，他们就通过这一过程努力限制与群体外成员的接触。② 这主要可以从川南"坝区汉家、苗家住在石旮旯"的居住格局看出来。苗族居住山区的地理特征为土地贫瘠，荆棘遍野，峭岩如壁，道路崎岖。虽然居住于山区客观上是汉族统治者逼迫所致，但主观上也体现了苗族的自尊心理，即异族看不起我族，我族自给自足，与异族老死不相往来。

苗汉民族心理的改变，是在川南地区获得解放以后。在川南这样的苗汉杂居区要消除民族隔阂，首先要解决生产关系的变革。川南的土地改革在整个西南民族地区是开展得最早的，1951 年川南古宋、古蔺、叙永、高、珙等县的苗族佃农率先提出从速分配土地，实行土改，实现耕者有其田。西南军政委员会顺应了苗族人民的这一愿望，让苗族成为土地的主人，实现了当家做主。③ 这一切使苗族民众对新政权的民族政策产生了信任感，对汉族干部和民众的观念也逐渐发生转变，在新的制度下苗汉关系逐渐改善。

改革开放以来，国家制定了一系列政策、采取了一系列措施保障少数民族权利，解决少数民族民生问题，帮助民族地区发展经济和社会事业。川南苗族地区的社会、经济、教育、文化等事业得到前所未有的发展，大

---

① 四川苗族志编委会编：《四川苗族志》，巴蜀书社 2009 年版，第 209 页。
② ［美］戴维·波普诺：《社会学》，李强等译，中国人民大学出版社 1999 年版，第 320 页。
③ 郎维伟：《邓小平与西南少数民族》，四川人民出版社 2004 年版，第 99—100 页。

大提升了苗族的民族自信心。民族平等团结的观念逐渐深入川南苗汉民族心中，汉族不再歧视苗族，苗族不再抵触汉族。年轻一代结婚不再过多地考虑民族身份的因素，老年人不再干预年轻人的族际婚姻，川南苗汉族际通婚得到空前的发展。①

　　大规模的族际通婚是族际关系和谐的重要标志。一般来说，当两个族群集团间的通婚率达到 10% 以上，则可以说他们之间的族群关系是比较好的。② 2013 年，L 县苗族与汉族的通婚率为 29.50%，而 Y 县苗族与汉族的通婚率高达 44.13%，足见当地苗汉关系的融洽、和谐。从当地苗汉民族干部和群众的言语中也能感受到这种和谐："我们（苗汉）是一家人"（苗族教师所言）；"（苗汉关系）咋处理不好？我们都想当苗族"（和苗族通婚的汉族女性所言）；"（苗汉关系）不是比较和谐，是很和谐。修后沟水库（时），组上唯——一家苗族未搬迁，大家捐款，帮忙安顿好"（汉族村民所言）。正如当地一位彝族干部所说，川南"民族关系越来越好，越来越和谐"。

小　结

　　明清时期，川南苗族由于种种原因被迫退居高寒山区，苗汉民族居住环境边界清晰，导致了苗汉之间的"老死不相往来"。随着汉族的逐渐迁入，至民国时期，川南已形成大杂居、小聚居、相互交错居住的民族分布格局，苗汉之间便有了接触、往来，但苗汉之间绝不通婚。中华人民共和国成立以后，随着民族政策的落实，两个民族之间的交往也日益增加，但在很长一段时间内，"苗汉不通婚"这一老规矩仍是当地两个民族之间无法逾越的精神藩篱。

　　旧时苗汉不通婚的主要原因在于双方之间的心理隔阂，一方面，历史上的川南社会，汉族统治者和一般民众均对苗族持有整体性的偏见与歧视，不仅体现在政治和经济地位上，而且直接针对苗族的文化特征；另一

---

① 刘琳：《近代以来川南苗汉族际通婚研究：基于心理学的视角》，《中南民族大学学报》（人文社会科学版）2014 年第 3 期。

② 马戎：《民族社会学——社会学的族群关系研究》，北京大学出版社 2004 年版，第 447 页。

方面，汉族对苗族的偏见与歧视，深刻地留在苗族的历史记忆中，并演化为对汉族的不信任感和抵触心理，而且这种偏见和歧视也激发了苗族的民族自尊心。中华人民共和国成立后，随着苗区社会日新月异的发展，苗族政治经济地位的大力提高，苗汉民族差距不断缩小，民族交往日益密切，民族心理均发生了积极的改变，两个民族之间的心理隔阂逐渐消除，不通婚的传统也渐渐被新生代年轻人所打破。

目前川南苗汉之间在日常交往、交友等方面已不再有族群边界，族际通婚现象也相当普遍，族际通婚率正在呈逐年上升趋势。苗汉家庭基本上不再反对族际通婚，有的家庭甚至对此持较为积极的态度，在族际通婚子女的民族成份选择上也不再有民族歧视，有的甚至更倾向于选择少数民族。由于社会流动性的增强，外出务工人员的增加，苗汉族际通婚的地域范围也在不断扩大。虽然由于婚姻中女性的"梯级迁移"规律，以及历史遗留的消极心理和面子思想，苗汉族际通婚方面还存在一定的性别差异，即外嫁的苗族女性稍多于外娶的苗族男性，但伴随着川南苗区的社会发展，苗汉民族心理上的积极转变，这一差异也将会不断缩小。

从"老死不相往来"到互帮互助，从不通婚到在反对中通婚再到自由通婚，苗汉族际交往和族际通婚的嬗变既反映了苗汉之间的文化涵化、趋同，更折射出两个民族从偏见与歧视、不信任与抵触到平等、自信的民族心理演变过程。普遍存在的族际通婚是川南苗汉民族关系得以改善的结果，而族际通婚的普遍存在也将会促进川南苗汉民族关系更加和谐、融洽。

第六章 民族心理与川南苗汉民族关系变迁

民族心理是一个民族的政治、经济、历史传统、生活方式及地理环境在该民族精神面貌上的反映,[①] 包括由气质、认知风格和性格组成的族体人格；由认知、情感、意识和行为构成的民族心理过程；由物态文化、精神文化和行为文化组成的民族心理活动结果三大要素。[②] 作为一种群体社会心理,民族心理对民族关系有着直接、明显的影响。只要一个民族对另一民族存在消极的心理,如负面刻板印象、偏见、歧视等,就容易导致两个民族之间的隔阂与不和；反之,如果两个民族彼此都以积极的心理相待,如对异民族正确的认识、友好的态度、文化的认同等,就会促进两个民族之间的关系和谐发展。本章主要从民族偏见与歧视、民族认同两个方面分析川南苗汉民族心理演变对两个民族之间关系的影响。

第一节 民族偏见与歧视

一 民族偏见与歧视的理论

"偏见"是社会心理学研究社会人群的一种观念模式,虽然偏见没有直接的行为特征,但是偏见会在无形中影响人类的行为。一般而言,偏见是指预先判断,即在评估有关信息之前已在头脑中形成了一定的主见。这种预先判断的观念构成了社会心理学上偏见概念的重要部分。偏见较典型地是指关于社会团体的信念,这种信念基本上是属于反对方面的,通常是表示对一个团体的否定或敌视态度。偏见并非基于对某个社会团体的实际

---

① 戴庆瑄:《民族心理及其机构层次刍议》,《学术论坛》1990 年第 2 期。
② 李静、张智渊:《民族心理研究的理论与实践》,《甘肃社会科学》2014 年第 5 期。

评估，与这个社会团体的接触也不太可能推翻偏见。[1] 正如奥尔波特所言："预先判断只是在面对新知识依然不可逆的情况下才成为偏见。"[2] 偏见包含了信念和态度两个维度，[3] 有学者进一步指出，偏见是建立在信念上的一种态度。而歧视是一种行动或行为，更准确地说，歧视是指由于某些人是某一群体或类属之成员而对他们施以不公平或不平等的待遇。[4]

民族偏见是指某民族对异民族的预先判断或先入为主的信念，该信念是针对整个民族的，不易改变，且通常是负面的，隐含着对异民族的否定态度。民族偏见的信念维度主要是指针对异民族的种族体质、文化、语言、宗教、生活习俗等方面形成或习得的负面刻板印象[5]，态度维度则是指建立在负面刻板印象上的否定情感。具体而言，当一个民族以自己民族的文化、语言、宗教、习俗等为标准，去衡量别的民族，发现与自己民族不同而觉得其另类或落后，便形成了对该民族的刻板印象，在此基础上产生了不尊重或否定的情感，这就构成了民族偏见的态度维度。由此可见，这种类比是建立在居高临下、民族不平等的基础之上。一旦形成对异民族的刻板印象和否定情感，如果社会环境不变，就会代际传递，构成难以克服的、根深蒂固的社会心理偏见。

民族偏见可能是有意识的，也可能是潜意识的，但均不在行动中表现出来。也就是说这是主观的，无法直接感知。在多元或文化异质性较明显的社会中，很多人针对与自己民族不同的群体往往容易持无意识偏见。当民族偏见以语言、文字的形式表达出来，或者以民族类别先天性地享有某些体系、制度上的优势表达出来时，就是民族歧视了。二者相较，民族偏

---

[1]　［英］亚当·库珀、杰西卡·库珀主编：《社会科学百科全书》，上海译文出版社1989年版，第592页。

[2]　Gordon W. Allport, *The Nature of Prejudice*: *25th Anniversary Edition*, New York: Basic Books, 1979, p. 9.

[3]　Ibid., p. 13.

[4]　［美］戴维·波普诺：《社会学》，李强等译，中国人民大学出版社1999年版，第306页。

[5]　刻板印象是由沃尔特·李普曼（Walter Lippmann）于1922年提出的，他将刻板印象描述为：人们没有经过个人经验而获得的"脑海中的图景"。就族群刻板印象而言，外群体的成员选择某个族群独特的行为特点，将其夸大并构建成为群体的"一种速记式的描述"（Shibutani and Kwan, 1965）。参见［美］马丁·N. 麦格《族群社会学：美国及全球视角下的种族和族群关系》，祖力亚提·司马义译，华夏出版社2007年版，第60页。

见属于意识范畴；民族歧视属于行为范畴，后者是偏见性表达，民族偏见不一定导致民族歧视，但二者可结伴而行，互相强化。在社会调查中，我们可以观察到民族偏见是双向的，例如，中华人民共和国成立前川南社会人群中汉族对苗族持有偏见；苗族同样对汉人持有偏见，但后者更多的是对前者所持偏见不满的情形下形成的偏见意识。而汉族人群在心理上将自己置于比苗族更优越、更重要的位置，就构成了汉对苗偏见与歧视的心理基础，在中华人民共和国成立前的社会生活中也就更多地表现为汉作为强势民族对苗作为弱小民族的歧视。

二　中华人民共和国成立前川南苗汉民族关系中的偏见与歧视

从前人留下的方志及调查资料和后人对历史的回忆考察，川南苗汉关系的历史记忆中确有许多反映民族隔阂的情形，以民族偏见与歧视为主要特征，笔者将这些资料整理归纳，总结出偏见主要表现在以下两方面。

第一，川南社会对苗人构成负面的刻板印象。中华人民共和国成立前，苗族多居住在海拔 600 米以上的山区，土地贫瘠，荆棘遍野，峭岩深阻，道路崎岖。① 方志中把苗族的居住情形归结为："喜山居""喜耕山辟荒土"②"居平地，则必生疾病"③。甚至认为苗族"蓬发鬓面""实未开化"④，把其看作是落后的民族⑤，而把汉族看作"智识程度实占优等之位置"，并以"丛林法则"解释苗族"日亡日少"："以见优胜劣败，不能逃天演之公例也。"⑥ 由此可见，野蛮、落后、劣等、喜欢居住在山区成为人们对苗族的刻板印象。

---

① 郎维伟：《四川苗族社会与文化》，四川民族出版社 1997 年版，第 72 页。

② 民国《古宋县志初稿》卷 8，《中国地方志集成·四川府县志辑 34》，巴蜀书社 1992 年版，第 109—110 页。

③ （清）敖立榜等修，曾毓佐等纂：同治《高县志》卷 54，《中国地方志集成·四川府县志辑 35》，巴蜀书社 1992 年版，第 516 页。

④ 赖佐唐等修，宋曙等纂：民国《叙永县志》卷 4，《中国地方志集成·四川府县志辑 33》，巴蜀书社 1992 年版，第 772 页。

⑤ 四川民族调查组苗族小组：《泸州专区苗族社会历史调查》，载四川省编辑组《四川省苗族傈僳族傣族白族满族社会历史调查》，四川省社会科学院出版社 1986 年版，第 13 页。

⑥ （清）邓元鏸等修，万慎等纂：光绪三十四年《叙永永宁厅县合志》卷 20，第 524、529 页。

　　第二，川南汉人对苗族持排斥的态度。偏见的情感维度是被社会学家称为社会距离的反映。博加德斯提出了测量美国各个族群之间社会距离的技术，这个量表被社会学家普遍作为族群偏见的一般度量标准。① 该量表的七个指标按照从最近社会距离到最远社会距离的顺序排列：亲人、朋友、邻居、同事、公民、游客、被排斥在外的人，后一个指标代表的社会亲密度比前一个指标低一个层次。中华人民共和国成立前川南苗汉之间的社会距离虽然无法按照指标一一具体量化，但是以下三点事实能在一定程度上反映出苗汉之间的社会距离。

　　一是苗族作为有自己文化特点的人群并未受到社会的接纳和承认。明清时期统治者视川苗为"蛮夷"，民国时代视苗人为"边民"，普通民众则歧视性地称他们为"苗子""苗婆"。苗族作为有自己文化特征的人群，在受到异族的偏见和歧视下，自然会形成一种群体意识，并通过自己的表达方式来抵制汉族人群和当时社会对他们的偏见和歧视。于是，川苗中也就流传"老虎不是牲口，汉人不是朋友""芭蕉不是丝绸，汉人做不得朋友"② "苗家下不得山，下山要绝种"③ 等谚语。通过"主位"的表达，可以得出两点认知：（1）中华人民共和国成立前川南苗族未受到主流社会真正接纳，汉对苗持偏见和歧视，苗也拒绝与汉交往，苗与汉的社会距离明显较远；（2）苗族对偏见和歧视的抵制也反映出苗是一个利益共同体，在受到异族的压制时，他们的民族认同会更加强烈。

　　二是据史志记载，明清以来川南苗族逐渐由平坝退居山谷，基本上形成了"坝区汉家，山上彝家，苗家住在石旮旯"④ 的民族分布格局，这种分离的民族居住环境格局客观上造成苗汉之间的社会距离更加疏远，两个民族之间的社会区隔更加明显。

　　三是中华人民共和国成立前川南苗汉两个民族在通婚关系上持排斥的态度。一方面，汉人看不起苗民，文化上有排斥感，族际不通婚成为苗汉

---

① ［美］马丁·N. 麦格：《族群社会学：美国及全球视角下的种族和族群关系》，祖力亚提·司马义译，华夏出版社 2007 年版，第 67 页。

② 四川民族调查组苗族小组：《泸州专区苗族社会历史调查》，载四川省编辑组《四川省苗族傈僳族傣族白族满族社会历史调查》，四川省社会科学院出版社 1986 年版，第 13 页。

③ 郎维伟：《四川苗族社会与文化》，四川民族出版社 1997 年版，第 73 页。

④ 同上书，第 72 页。

之间无形的屏障，川南的旧方志也记载这些情况，例如，民国《筠连县志》记载，苗族与汉人"不通婚媾"①；另一方面，苗民既然视汉人不可做朋友，在择偶的习俗中便形成了不与汉人通婚的禁忌，以至在川苗的族谱中成为族规而传承下来。②

以上三点明显表现出中华人民共和国成立前川南苗汉民族之间社会距离的客观状况，从中可见，苗族受汉人排斥和在此基础上形成的对汉人的不认可已构成了川南民族偏见的情感维度，而民族偏见则是导致民族隔阂的原动力。中华人民共和国成立前川南社会的民族关系中没有使民族偏见消减的动力，反而是加深和继续传递了这些偏见。

当这些偏见外化在人们的行为中，就成了民族歧视行为。民族歧视行为在形式和程度上的变化是广泛的：程度相对较低的族群歧视形式是使用针对族群成员的毁谤性标签；对少数群体造成更大伤害的、程度更为严重的歧视行为，包括拒绝给他们提供各种生活机会；程度最为严重的歧视形式是攻击行为。③ 中华人民共和国成立前川南的民族歧视主要体现在以下三个方面。

第一，对苗族的歧视性语言广为流传，在某种程度上"苗子"成了污名化的代名词。在很多情况下，使用者甚至根本就不理解那些毁谤性语言。虽然如此，这些词和习语仍然会强化族群刻板印象，并对毁谤对象造成心理伤害。

川南苗族有青年男女"吹芦笙和歌""情符者约为夫妇"的婚俗，此婚俗被视为"污俗"；苗族表达美好爱情的歌谣被贬称为"淫词谑浪"④。苗族的服饰特点显著，色彩鲜明，被视为"苗里苗气"⑤"苗头苗脑"，后成为普通人对穿着打扮看不顺眼的代名词而延续传播，可见这种污名化

① 祝世德著，筠连县地方志办公室整理：民国《筠连县志》，四川大学出版社 2012 年版，第 164 页。

② 中华人民共和国成立前川南苗汉不能结婚的规定，可在川南苗族的老族谱中查到，如叙永县枧槽乡苗族的老族谱中就明确规定苗族不能与其他民族通婚。

③ ［美］马丁·N. 麦格：《族群社会学：美国及全球视角下的种族和族群关系》，祖力亚提·司马义译，华夏出版社 2007 年版，第 69~70 页。

④ （清）冉瑞桐、罗度、郭肇林等修纂：光绪《珙县志》卷 5，《中国地方志集成·四川府县志辑 35》，巴蜀书社 1992 年版，第 51 页。

⑤ 郎维伟：《四川苗族社会与文化》，四川民族出版社 1997 年版，第 61 页。

的影响有多深远。汉族听不懂苗族语言，把说苗语贬称为"讲苗话"，当听不懂某人讲话时，不管是汉族还是苗族，就会说其"讲苗话"。汉族普遍称呼苗族为"苗子""苗婆"，有的地方还称其为"苗老保娘""苗老保爷"①，有的地方则称其为"苗大哥""苗大嫂"②，总之，"苗"成为贬词在川南汉族人群中广为传播。汉族对苗族毁谤性的称谓或习语，隐含着苗族野蛮、落后、劣等的刻板印象和对苗族的否定情感。这些称谓或习语的使用，既会加深汉族对苗族的偏见，又会给苗族带来心理伤害，以至于苗族认为"汉人不是朋友""汉人做不得朋友"③。

第二，中华人民共和国成立前川南苗族社会地位低下，无法享有平等的社会资源。

中华人民共和国成立前，川南苗族政治地位低下。晚清时期，川南乡村匪盗横行，各地苗族自办苗团，官府为利用其维持当地的秩序，便授予苗族团首一定的职务，如光绪三十四年（1908年），筠连苗族陶富华被任命为总团首，负责地方治安。④民国时期，珙县苗族王仿钦被委以罗渡团防局长、罗渡联保主任、罗渡乡长。⑤但是，清末民初，在苗族聚居的乡村，苗人乡绅谋得一官半职的，寥寥无几。1947年，川南边民文化促进会提出，苗族也要参加国大代表选举，触怒了国民党统治者，而被视为"异党活动"⑥。可见，中华人民共和国成立前川南苗族谋求政治参与的行为遭到打压和禁止。

一般而言，教育能帮助社会人群实现向上流动和社会地位的改变。然而中华人民共和国成立前川南苗族社会受教育的条件远不如汉族人群，清末川南社会的私塾教育比较普遍，但对苗族而言，仅在珙县出现过苗族乡

---

① 四川民族调查组苗族小组：《泸州专区苗族社会历史调查》，载四川省编辑组《四川省苗族傈僳族傣族白族满族社会历史调查》，四川省社会科学院出版社1986年版，第13页。

② 四川民族调查组苗族小组：《筠连县联合乡苗族社会历史调查》，载四川省编辑组《四川省苗族傈僳族傣族白族满族社会历史调查》，四川省社会科学院出版社1986年版，第97页。

③ 四川民族调查组苗族小组：《泸州专区苗族社会历史调查》，载四川省编辑组《四川省苗族傈僳族傣族白族满族社会历史调查》，四川省社会科学院出版社1986年版，第13页。

④ 筠连县苗族志编纂委员会：《筠连县苗族志》，2007年，第11页。

⑤ 珙县民族事务委员会编印：《珙县苗族志》，1996年，第51页。

⑥ 郎维伟：《四川苗族社会与文化》，四川民族出版社1997年版，第79页。

绅出资创办的私塾学堂。① 到了民国，川南学校勃兴，但苗区却无官办教育出现。反而是西方教会在川南苗寨传教的同时，循道公会在苗寨相继开办了15所光华小学，以致川南苗族识文断字者多为基督教徒。② 1938年川南苗族在筠连县乡村开办了一所苗民小学，因成绩日有进展，汉人保甲长闻之而生怨恨，纠集数十人无理捣毁苗民小学，幸师生逃脱，苗民告至县府，虽下令清查，办事者敷衍塞责，最后未作追究，不了了之。③ 抗战时期的1942年，叙永苗族自发成立边民文化促进会，创办私立复兴小学，苗民节衣缩食，自盖校舍，捐玉米为薪酬，但最终因边民文化促进会要求参与国大代表选举的诉求，被当局视为"异党活动"，而殃及复兴小学被迫关闭。④ 苗寨没有官办的教育，西方教会率先而入，从社会心理上拉近了教会与苗族的关系，对苗汉间的偏见和歧视起到推波助澜的作用。中华人民共和国成立前川南苗族未能享有同样的教育机会，而自办教育又招致干扰和破坏，教育上的歧视导致了他们没有资格和能力从事更好的工作，无法改变落后的经济状况和低下的社会地位。换言之，教育领域上的公开歧视，在就业、经济等领域产生了间接的歧视效应。⑤

川南苗族在生产资料的占有关系上明显受到歧视。解放前，据不完全统计，川南有苗族13262户，苗族地主仅占苗族总户数的0.21%，苗族佃户和雇农占苗族总户数的99.79%。⑥ 这种悬殊的生产资料占有不平等是十分惊人的。苗族农民一般都不占有或很少占有土地，他们基本上依赖佃种汉族地主富农的土地为生。例如，叙永县文化乡兴复村143户居民中有苗族93户，占全村总户数的65.04%，仅占有全村耕地总面积的

---

① 清宣统元年（1909年），珙县苗族乡绅陶荣欣创办过曹营乡私塾学堂，此外珙县玉和、陈胜苗族乡绅也相继开办过私塾学堂。参见珙县民族事务委员会编印《珙县苗族志》，1996年，第73页。

② 郎伟：《天主教、基督教在川南苗族地区传播述略》，《中央民族学院学报》1989年第6期。

③ 王建明：《西南苗民的社会形态》，《边声月刊》1939年第1卷第3期。

④ 郎维伟：《四川苗族社会与文化》，四川民族出版社1997年版，第78—79页。

⑤ 这种情况被费金夫妇称为"歧视的副作用"。他们认为，在某个领域人们的蓄意歧视将导致另外一个领域无意识的歧视，因为绝大多数的社会领域（经济、政治等）都是彼此紧密联系的，歧视具有一种跨制度的特性。参见［美］马丁·N.麦格《族群社会学：美国及全球视角下的种族和族群关系》，祖力亚提·司马义译，华夏出版社2007年版，第72页。

⑥ 郎维伟：《四川苗族社会与文化》，四川民族出版社1997年版，第66页。

4.92%，平均每户仅占有 0.40 石土地。其余 50 户为汉人家庭，却占有耕地的 95.08%，如此悬殊的土地占有关系，从两个民族的关系看具有明显的社会性歧视。①　又如，古蔺县共和乡（后并入麻城乡）苗族均无土地，多是佃耕汉族地主的土地，以至川南苗族流行这样的谚语：“老鸦无树桩，苗家无地方。”②　这是在封建地主制经济下，阶级占有的不平等在民族关系上的表现，由于这种表现所具有的普遍性，在社会人群中也造成广大汉人对苗人身份的固定成见，从而滋生了普遍的偏见意识和歧视行为。

　　除了教育、经济等领域，对川南苗族的歧视在医疗领域也有所体现，即苗区没有医疗条件，苗族人民生病只能求助于苗巫草药。据《民国古宋县志》记载，苗族“有疾病，不知延医诊视，惟服苗巫草药，不效，则谓门神为祟，必杀猪享之，或谓祖灵不安，当翻尸，则启棺而改易之。其所作与病者何关？盖不讲卫生时，疫易染，病作而又失医调之法，所以多死丧也。苗族之消灭，此其大原因矣”③。其实，苗族人民生病不看医生并不在于他们主观上不知道、不愿意，而是由于当地并无医疗条件这一客观原因造成的。由于医疗条件的缺乏，苗族地区经常流行着伤寒、回归热、痢疾等传染病，给苗族带来了深重的灾难。

　　第三，苗族存在民族地位低下的历史记忆。

　　由于生产资料占有的严重不平等，中华人民共和国成立前川南广大苗族贫雇农在封建地主制经济下受到租佃剥削、附加剥削、高利贷剥削、雇工剥削，生活十分窘迫，更无政治地位可言，尤其是只能靠长期雇工为生的苗族农民，在汉族地主家中受到非人对待更是司空见惯。在 20 世纪 50 年代川南苗区的社会调查中有许多这样的历史记忆，尽管这些资料有浓厚的阶级斗争色彩，但苗族在中华人民共和国成立前社会地位低下应该是一个基本事实。清末，川南苗族也曾参与到整个西南出现的反清起义中，但

---

①　四川民族调查组苗族小组：《叙永县文化乡苗族社会历史调查》，载四川省编辑组《四川省苗族傈僳族傣族白族满族社会历史调查》，四川省社会科学院出版社 1986 年版，第 26—27 页。

②　四川民族调查组苗族小组：《古蔺县麻城乡苗族社会历史调查》，载四川省编辑组《四川省苗族傈僳族傣族白族满族社会历史调查》，四川省社会科学院出版社 1986 年版，第 70 页。

③　民国《古宋县志初稿》卷 8，《中国地方志集成·四川府县志辑 34》，巴蜀书社 1992 年版，第 110 页。

其结果都是以失败告终。所以，留给广大苗族的是民族社会地位低下的历史记忆。

三　民族偏见与歧视的成因

如前所述，中华人民共和国成立前川南苗汉民族关系存在隔阂，以民族偏见与歧视为主要特征，其成因可以从两个视角去分析，一个是阶级分析的视角，这是中华人民共和国成立前川南汉族对苗族存在偏见和歧视的制度性诱因。

在土地改革前，川南广大农村以封建地主制经济为主要的所有制关系，当地苗族中贫困农民占绝大多数，苗族佃农和雇农占苗族总户数的99.79%。换言之，川南的土地基本上集中在汉人手中，当然主要集中在汉族地主和富农手中。历史上形成的土地占有状况反映出浓厚的民族不平等色彩，这无疑与整个苗族在旧中国的政治地位和经济地位低下是分不开的。生产关系的制度性不平等，自然会导致民族压迫从属于阶级压迫的状况，因此在阶级社会中不能排除民族偏见和歧视有制度性诱因。而川南苗族则以"老鸦无树桩，苗家无地方"的谚语来表达对这种既有阶级不平等，又有民族占有不平等的不满。

另一个是社会心理学的视角。除了制度性不平等的诱因外，民族之间的群体心理因素，也会产生具有负效应的民族偏见。由大民族引起两个民族互持偏见的情形，久而久之，这种民族偏见会无意识地储存在人们的记忆中而不易消除。汉族人群以自己的方式外化表达出对苗族的歧视，而苗族则以"苗家是朋友，汉族是仇人"①的谚语来表达自己的偏见性判断。中华人民共和国成立前川南苗汉民族间出现的偏见与歧视从社会心理学的角度讲也是说得通的。

中华人民共和国成立前川南汉族对苗族存在偏见和歧视可以用社会心理学的规范理论和权力冲突理论进行解释。权力冲突理论可以解释在川南这一场域中汉族对苗族存在偏见和歧视的起源，而规范理论则能解释这种偏见和歧视是如何在中华人民共和国成立前的川南得以传播和维系的。

第一，对苗族的偏见和歧视源于"赶苗夺业"。

---

① 郎维伟：《四川苗族社会与文化》，四川民族出版社1997年版，第61页。

　　权力冲突理论认为，偏见和歧视源于历史上的群体冲突事件（Bernard，1951；Newman，1973）。负面的信念和刻板印象是支配群体意识形态的基本组成部分，以强化支配群体的社会地位意识，维持主从关系模式，并为对少数族群的差别待遇提供一个正当合理的理由，歧视是支配群体伤害或消解威胁自己权力和利益地位的外群体的一种手段。简而言之，偏见和歧视是群体利益的产物，并且被用来保护和增进这些利益。①

　　苗族出现在川南最早且有据可查的记载在明代。明嘉靖年间编修的《四川总志》在叙泸（宜宾和泸州）民族种类中出现了苗族的记载。《明史·四川土司二》记载，白罗罗于"景泰中，纠戎、珙苗，攻破长宁九县"②。此后，有关川南苗族的记载便不绝于书。据乾隆时期撰写的《珙邑安苗论》记载："此处（珙县）苗民自明万历初年隶入中国，二百余载未尝轻动。"③《高县志》称苗族乃"明初始渐入川南"④。另据多位学者在川南的田野调查，得知不论是苗族的民间传说，还是苗族的族谱记载，均推测川南境内的苗族迁居至此不过二十代，且为明清时期陆续迁入。迁入川南的苗族一部分在彝族土司领地内生活；另一部分则自己垦荒有了自己的家园和村落。

　　明清王朝的"国家化"进程使汉人大量进入川南。川南属于丘陵山区，便于耕作的平地有限。按照零和竞争理论，在总的资源不变的情况下，一方资源的增加必定导致另一方资源的减少。大量"客民"迁入川南苗区，便产生了土地争夺问题。外来势力强盛之时，则强行夺取苗民土地产业，并驱赶苗民离开家园，故有"赶苗夺业"之说。这一点可从方志记载中得以证明。《叙永永宁厅县合志》记载："叙永、永宁，旧为苗人故居，凡土著者皆苗人，今皆窜居山谷间。"⑤《古宋县志》记载："有

---

① ［美］马丁·N. 麦格：《族群社会学：美国及全球视角下的种族和族群关系》，祖力亚提·司马义译，华夏出版社 2007 年版，第 83、88 页。

② （清）张廷玉等撰：《明史》卷 312《列传第二百·四川土司二》，中华书局 1974 年版，第 8052 页。

③ （清）冉瑞桐、罗度、郭肇林等修纂：光绪《珙县志》卷 11，《中国地方志集成·四川府县志辑 35》，巴蜀书社 1992 年版，第 230 页。

④ 参见刘复生《僰国与泸夷——民族迁徙、冲突与融合》，巴蜀书社 2000 年版，第 199 页。

⑤ （清）邓元鏸等修，万慎等纂：光绪三十四年《叙永永宁厅县合志》卷 20，第 526 页。

明改制，汉人傈居，诸苗渐退居山洞，日即凌夷。"①

　　"赶苗夺业"自然会遭到苗人反对和抗争，但在强大的"国家化"进程中，抗争无济于事，苗人渐渐流入山间各地，汉人对苗人的偏见和歧视伴随着"赶苗夺业"而在社会中形成。久而久之，汉人社会对苗人形成落后、劣等、喜居山区的刻板印象，对苗族的否定情感构成了汉族群体意识形态的基本组成部分。不管是汉族统治者，还是汉族民众，对苗族施以语言侮辱，已成为一种普遍存在的社会行为。而汉族统治者拒绝为苗族提供社会资源，则被深深嵌入中华人民共和国成立前的川南社会规范体系中。

　　第二，对苗族的偏见和歧视是社会化的产物。

　　规范是群体标准，界定了在特定的社会情境中人们被期望如何行动。偏见和歧视可以借助社会规范框架得以解释，也就是说，偏见和歧视是人们对所处社会情境的从众反应，是社会化的产物。因此，偏见和歧视可以追溯到的根源不是个体本身，而是个体的社会环境——他们所属的群体、所在社会及团体的文化和政治规范，以及社会化的过程。②

　　社会化，是一个人获得自己的人格和学会参与社会或群体的方法的社会互动过程。③通过社会化，个体学习外在于自身的价值标准和社会规范，并将其内化为自己的思想标准，并按照社会的期望行动。

　　当民族偏见和民族歧视已经成为汉族群体的意识和行为标准时，无需刻意指导，也会被儿童在家庭、学校和居住环境等主要社会化场所中自行习得。例如，当汉族家长在家经常称呼苗族为"苗子"时，儿童自然而然地就学会了如此称呼苗族，而且觉得这样的称呼理所当然。这些在早年习得的思想和行为标准引导着人们成年后对待苗族的态度和行为，同时又在潜移默化中影响着下一代。通过一代代的社会化，汉族对苗族的偏见和

---

　　①　民国《古宋县志初稿》卷8，《中国地方志集成·四川府县志辑34》，巴蜀书社1992年版，第109页。

　　②　［美］马丁·N.麦格：《族群社会学：美国及全球视角下的种族和族群关系》，祖力亚提·司马义译，华夏出版社2007年版，第77页。

　　③　［美］戴维·波普诺：《社会学》，李强等译，中国人民大学出版社1999年版，第154页。

歧视在中华人民共和国成立前的川南得以传承和维系。①

四　中华人民共和国成立后川南民族偏见与歧视的消除

旧时川南汉族对苗族存在的偏见和歧视，既有制度性不平等的诱因，又与民族之间的群体心理因素有关。前者导致的是民族剥削、压迫和歧视，必须通过制度的根本性变迁，实现真正的平等，才能得以根除；而汉族对苗族存在的群体性偏见与歧视，既有显性的、有意识的，也有隐性的、无意识或潜意识的，在消除制度性根源的基础上，还需通过政策的宣传、民族团结教育的开展、社会舆论的引导、群际间的接触交往与合作交流等多种途径，才能得到有效减少，直至彻底消除。

中华人民共和国成立前，川南广大苗族受到汉族统治阶级的压迫和歧视，主要有封建地主制下的经济压迫和剥削、禁止苗族参与政治、拒绝为其提供社会资源等制度性歧视。从阶级分析的视角来看，"民族压迫是由阶级压迫和剥削制度所造成"②。也就是说，在阶级社会，汉族统治阶级对苗族的剥削、压迫、歧视的实质是阶级压迫，其根源是制度不平等。这种带有阶级压迫性质的民族歧视，必须通过制度的根本性变革，实现真正的平等，才能得到根除。中华人民共和国成立以后，党和政府废除了封建地主土地所有制，消灭了剥削阶级，建立了社会主义制度，将民族平等作为处理民族问题的基本原则，并制定了一系列法律法规、政策措施，切实保障少数民族的平等权利。在党的民族政策光辉照耀下，川南广大苗族摆脱了统治阶级的压迫，翻身做主人，享有了平等的政治、经济、教育、文化等权利，社会地位大幅提升。制度的根本性变革，民族平等的真正实现，有效铲除了制度性的民族压迫、剥削和歧视。

制度变迁可铲除汉族统治阶级对川南广大苗族的民族剥削、压迫和歧视，但却不能完全消除汉族对苗族的群体性偏见与歧视，如对苗族的负面

---

① 刘琳、郎维伟：《新中国成立前川南民族关系浅析》，《西南边疆民族研究》第25辑。

② "民族压迫是由阶级压迫和剥削制度所造成"的理论在《中国民族理论新编》（吴仕民，中央民族大学出版社2008年版）的第106页能够查到其完整的解释。在《四川省苗族傈僳族傣族白族满族社会历史调查》（20世纪50年代的调查）中也持这种观点。这个理论的来源出自马克思、恩格斯在《共产党宣言》中所表述的"人对人的剥削一消灭，民族对民族的剥削就会随之消灭""民族内部的阶级对立一消失，民族之间的敌对关系就会随之消失"。

刻板印象、在通婚关系上的排斥态度、对苗族的歧视性语言等。因为民族心理的形成或改变是一个长期的过程，而且，群体性偏见与歧视一经形成，便根深蒂固，尤其是隐性的、无意识的偏见与歧视。群体性偏见与歧视的消除既需要一定的时间，也需要正确的途径。中华人民共和国成立近七十年，由于多种政策的实施，川南苗汉之间的偏见与歧视基本上得到消除。

一是通过社会准则的重构来消除偏见与歧视。道格拉斯·W. 贝斯黑莱姆在《偏见心理学》中指出，"如果社会准则不鼓励偏见，那么偏见就会减少""如果人们知道这个社会准则是没有偏见的，那么他们的行为就较可能没有偏见"。① 川南地方政府采取张贴标语、印发资料、召开会议、深入到苗区和苗族家庭、拍摄宣传片、开展民族团结教育活动等多种形式，并利用报纸、杂志、广播、电视、互联网等大众媒体，宣传党的各项民族政策，引导社会舆论，使民族平等、团结、互助、和谐的思想观念深入人心。通过政策的大力宣传、民族团结教育的有效开展和社会舆论的正确引导，当地带有民族偏见与歧视的不成文社会准则得以重构，从而使偏见与歧视得以逐渐消除。

二是通过增加群体间的接触、交往来减少偏见与歧视。长期以来，群际接触一直被认为是心理学中改善群际关系最有效的策略之一。"接触假说"（Allport，1954；Amir，1969）代表了一种在减少群际偏见和冲突方面有前景的策略。该理论认为，群际间的简单接触并不足以改善群际关系，但只要满足一定的前提条件，群际接触就能成功减少偏见。② 1954年，奥尔波特在《偏见的本质》中指出："多数群体和少数群体之间有共同的目标，通过平等地交往，可以减少偏见。如果这种交往受制度支持（如法律、习惯或当地氛围等），并使两个群体成员感知共同的利益和共同的人性，那么偏见就会大大减少。"③ 在他看来，只要两个群体处于平

① ［英］道格拉斯·W. 贝斯黑莱姆：《偏见心理学》，邹海燕、郑佳明译，湖南人民出版社 1989 年版，第 249 页。

② 参见 John F. Dovidio, Samuel L. Gaertner, Kerry Kawakami, "Intergroup Contact: The Past, Present, and the Future", *Group Processes & Intergroup Relations*, Vol. 6, No. 1, January 2003.

③ Gordon W. Allport, *The Nature of Prejudice: 25th Anniversary Edition*, New York: Basic Books, 1979, p. 281.

等的地位，有共同的目标、共同的利益、共同的认知，并有制度保障，这两个群体的接触、交往就会大大减少他们之间的偏见。中华人民共和国成立后，民族平等以法律的形式得到确定，并通过各种途径得以实现。现在的川南社会，不管是官方还是民间，都把民族平等、团结作为处理苗汉民族关系的根本准则。川南苗汉民族在追求共同繁荣的过程中，加强了接触、交往、交流、合作。由第五章的论述可知，当地苗族与汉族之间在学习、工作、生产、生活中的接触日渐频繁，族际交往日益密切，族际通婚现象逐渐普遍。两个民族接触、交往、交流、通婚的增加，大大减少了偏见与歧视；反过来，偏见与歧视的明显减少，也将促进苗汉之间的交往更为频繁，通婚更为普遍，关系更为密切。二者互为因果，相互促进。

　　在川南 266 名苗族调查对象中，当问及"您觉得汉族对苗族有没有偏见"时，6.77% 的苗族表示"不知道"，70.68% 的苗族认为"没有"，22.55% 的苗族认为"有，但不严重"，没有苗族认为"有严重的偏见"；当问及"您觉得汉族对苗族有没有歧视"时，7.89% 的苗族表示"不知道"，73.31% 的苗族认为"没有"，18.80% 的苗族认为"有，但不严重"，没有苗族认为"有严重的歧视"。由此可见，大多数苗族认为汉族对苗族不存在偏见与歧视，正如一位苗族干部所说，"汉族和苗族现在关系都（相）处得好了，通婚、打亲家①，慢慢就都差不多了，没得②歧视"。

　　从调查情况来看，仅有五分之一左右的苗族认为汉族对苗族有一定的偏见与歧视。据进一步了解，偏见主要体现在对苗族存在落后、野蛮的刻板印象，如"喜欢以点带面认为苗族人野蛮、不讲理""经济文化落后"等。歧视主要体现在两个方面，一是汉族对苗族的称呼，如"'苗子''苗娃儿'等称呼还会偶尔出现"；二是不与苗族通婚，如"有的汉族不会找苗族的子女结婚"。但从总体上看，汉族对苗族存在偏见与歧视的历史记忆较多，现存偏见与歧视极少，已属于个别现象，尤其是村民、邻里之间都不存在偏见与歧视，正如当地苗族所言，"以前不懂的要说侮辱性话，苗族怎么样，现在很少了""苗族忌讳苗子（的称呼），以前随处可

---

① 当地方言，即"拜认干爹干妈"的意思。
② 当地方言，即"没有"的意思。

听到（这种称呼），娃娃些①吵架都听得到。现在好得多，基本上听不到。女儿在学校读书，没得这种概念，从来没听到过。同学还多羡慕（她是苗族）的""当地没得（偏见与歧视），大家都认识"。在极少有的偏见与歧视中，有的只是在特定的环境针对特定的人物，如"吵架的时候，骂人骂得有，但不严重"。而更多的情况则是无意识或潜意识的，例如，当地苗族介绍，"农村对苗族的侮辱性语言：苗子。对横不讲理的人说，你这个人，像苗子一样。有些是无意的，不经意说出来。现在年轻人都不晓得是什么意思，只晓得是对不讲理的一种表达""侮辱性语言，边远的地方（才有）。（只是）口头禅，并无恶意"；又如，一位苗族干部谈到，"一次招考，录取了一位一米七的漂亮苗族姑娘。一位面试官说，看到不像苗族。言外之意是，苗族应该是和汉族不一样的，有区别的"，其实，对这位面试官来说，他可能根本没有意识到自己对苗族是存在着隐性偏见的。美国学者贝纳基和格林沃尔德用视网膜上的盲点来比喻隐性偏见，他们在《盲点：好人的潜意识偏见》一书中指出，我们对这种隐性偏见和自己双眼视网膜上的盲点一样察觉不到。② 正因为隐性偏见与无意识歧视的不易察觉，才很难彻底消除。但从川南苗汉交往日益密切、通婚日渐普遍、关系不断向好的趋势中可以得知，川南汉族对苗族的个体性偏见与歧视，不管是显性的，还是隐性的，在不久的将来一定会彻底消失。

第二节　民族认同

一　民族认同的理论

心理学上的"认同"概念最早由弗洛伊德提出，他认为，认同是个人与他人、群体或模仿人物在情感上、心理上趋同的过程。③ 后被运用到社会心理学中，以探讨群际行为和群际关系。社会认同论的创建者泰弗尔将社会认同定义为："个体知晓他/她归属于特定的社会群体，而且他/她

---

① 当地方言，即"小孩们"的意思。

② ［美］马扎林·贝纳基、安东尼·格林沃尔德：《盲点：好人的潜意识偏见》，葛樱楠译，中信出版社 2014 年版，第 XV 页。

③ 车文博：《弗洛伊德主义原理选辑》，辽宁人民出版社 1988 年版，第 375 页。

所获得的群体资格会赋予其某种情感和价值意义。"① 民族认同也是一种社会认同，有学者将其定义为"社会成员对自己民族归属的认知和感情依附"。②

关于民族（族群）认同的产生，有工具论和根基论之争。Edward Shils、Clifford Geertz、Harold P. Isaacs 与 Charles Keyes 等被称为"根基论者"的学者认为，族群认同主要是来自根基性的情感联系。Geertz 指出，这种根基性的情感来自由亲属传承而得的既定资赋，如既定的血缘、语言、宗教、风俗习惯。但是，根基论者并不是强调生物性传承造成族群；也不是以客观文化特征定义族群。相反地，他们相当注重主观的文化因素，如 Geertz 强调，他所谓的既定资赋是主观认知的既定资赋；Keyes 亦认为，造成族群的血统传承，只是文化性解释的传承。举例来说，一个中国人自称是炎黄子孙，并不是说他真的是炎帝、黄帝的后代，而是他主观上认为如此。另一派被称为"工具论者"的学者，如 Leo A. Despres、Gunnar Haaland 及 Abner Cohen 等，基本上将族群视为政治、社会或经济现象，以政治与经济资源的竞争与分配，来解释族群的形成、维持与变迁，强调族群认同的多重性，以及随情势变化的特质。譬如，一个在中国台湾新竹的客家人，可能自称客家人、台湾人、汉人、中国人，每一种自称都让他与一群人结为一个族群；但是要用哪一种自称，是视状况而定的。王明珂先生认为工具论无法解答族群认同与其他人类社会认同间的差别在哪里这一问题，而根基论指出了族群认同的根本重要性，但并没有解释这种根基性的感情联系如何产生、维系和传承，于是调和了二者。他指出，族群是由家庭、家族发展而来的亲属体系的延伸，这就是族群能凝聚人群的基本力量所在，也是族群根基性的由来。而以血缘或假血缘关系凝聚的基本人群，其维持、延续与发展都须凭借集体记忆与结构性失忆，来重组过去以适应变迁，由此可解释族群的现实性或工具性。族群认同便在这两种力量间形成变迁。③

----

① ［澳］迈克尔·A. 豪格、［英］多米尼克·阿布拉姆斯：《社会认同过程》，高明华译，中国人民大学出版社 2011 年版，第 9 页。

② 王希恩：《民族认同与民族意识》，《民族研究》1995 年第 6 期。

③ 王明珂：《华夏边缘——历史记忆与族群认同》，社会科学文献出版社 2006 年版，第 37—39、41—42、59 页。

二　川南苗族对本民族的认同

旧时苗族没有自己的文字，有关川南苗族的历史和文化都是通过口口相传或汉文献记载得以传承。前近代时期的川南苗人历史记忆已日渐久远、模糊，与他们相关的汉文献记载也甚少，因此，对这一时期川南苗人对本民族的认同情况无从分析。近代，从汉人编修的地方史志和汉族学者的田野调查记录得知，川南苗族有自己的文化特征，但到 20 世纪 40 年代，其"汉化程度颇高"[①]，例如，说汉语，行汉俗，服装和汉人趋同，等等。苗族的传统文化受汉文化影响严重，涵化现象普遍，这一点已在第四章专门论及，在此不再赘述。由于汉化之效，许多苗族"以本地不同于汉的习俗与'说苗话'为落伍、鄙陋"[②]。另外，从川南苗族采借汉文化编修的族谱中则可追溯他们"来自湖广且局限于麻城孝感"以及"汉转苗"的祖源记忆。胡庆钧指出，湖广之说系附会汉人之辞；而汉转苗之说则是因为苗族热望汉化，不惜假托。[③] 王明珂也认为，由这些"祖籍"在四川的本土家族记忆的流传与普及程度来看，它们大多是汉化下的虚构祖源。模仿汉人习俗、说汉语、宣称祖先来自湖广的动机则是，为了避免受他人（主要是自称汉人的邻近人群）的歧视与欺侮。[④] 不管是"他者"的叙述，还是"自我"的建构，都反映出川南苗族对本民族不敢公开认同。中国历史上的统治阶级对"蛮夷""边民"地位的不认可和压迫剥削，以及川南汉人社会对苗族的偏见与歧视，导致了川南苗族不敢公开认同本民族，并使得他们选择"结构性失忆"，在汉族历史记忆影响下重构祖源记忆，并凭借"汉化"以提升地位，这便是族群认同的工具性所致。但是，从川南苗族不与异族通婚的族规可以得知，他们内心其实是认同本民族的。这种内心的认同因为严重的歧视和压迫而不能表达时，则

---

①　胡庆钧：《川南苗乡纪行》，《汉村与苗乡——从 20 世纪前期滇东汉村与川南苗乡看传统中国》，天津古籍出版社 2006 年版，第 202 页。

②　芮逸夫著，王明珂编校、导读：《川南苗族调查日志 1942—43》，"中央研究院"历史语言研究所 2010 年版，第 XX 页。

③　胡庆钧：《川南苗乡纪行》，《汉村与苗乡——从 20 世纪前期滇东汉村与川南苗乡看传统中国》，天津古籍出版社 2006 年版，第 196 页。

④　芮逸夫著，王明珂编校、导读：《川南苗族调查日志 1942—43》，"中央研究院"历史语言研究所 2010 年版，第 XXI 页。

只能内化为本民族的族规而得以传承。由此可见族群认同的根基性所在。

中华人民共和国成立后，通过国家的民族识别和法律确认，川南苗族不再处于"汉与非汉区分模糊的华夏边缘"[1]，从"他者"称呼的"苗蛮"上升为被法律赋予平等身份和地位的苗族。国家从制度层面确认的苗族身份，已逐渐内化为川南苗的主观认同。对于"作为苗族的成员，您的感受是什么"这一问题，在本次调查的 264 个有效样本中，有51.51% 的苗族认为"非常自豪"，43.94% 的苗族认为"自豪"，只有4.55% 的苗族觉得"无所谓"，没有苗族觉得"自卑"或"非常自卑"。而且，如果能随意选择户口上的民族成份，有 99.45% 的苗族仍会选择"苗族"，只有4.55% 的苗族会选择"汉族"，没有苗族选择其他民族成份。由此可见，川南苗族普遍存在"我族"身份认同。而且，他们中的绝大多数都愿意宣称或表达自己的这种认同，在 262 个有效调查样本中，31.30% 的苗族"非常希望"身份证上显示民族成份，55.72% 的苗族"希望"身份证上显示民族成份，只有12.98% 的苗族"不希望"身份证上显示民族成份。

关于我国的族群认同研究，目前学界存在两大主要观点，一是强调现代国家的政治建构，认为国家政治话语主导了族群认同的形成与变迁；另一观点则强调族群之间的文化差异和心理边界，认为这些文化差异和心理边界是族群认同的重要基础。[2] 前者注重的是族群认同的现实性或工具性，而后者注重的则是族群认同的根基性。

不可否认，在川南苗族的本民族身份认同建构上，国家的行政力量起着不可忽视的作用。第一，国家的民族识别和法律认定，让苗族具有了合法的身份地位，这为川南苗族的本民族身份认同提供了条件，使得他们从不敢公开认同走向积极认同；第二，国家针对少数民族和民族地区的系列政策，让川南苗族享受了政治、经济、文化等方面的照顾，使他们的自豪感得到提高，从而强化了他们对本民族身份的认同。以民族成份更正情况为例，当地的户口原来采用手写的形式，后来改为微机管理，在录入微机

---

① 芮逸夫著，王明珂编校、导读：《川南苗族调查日志 1942—43》，"中央研究院"历史语言研究所 2010 年版，第 XXI 页。

② 周建新、严月华：《现代国家话语下的族群认同变迁》，《广西民族研究》2012 年第 1期。

时，有一些将苗族录入成汉族的情况，其中大多都觉得无所谓，并未及时申请更正，但为了享受少数民族优惠政策便会去申请更正。据各地民宗局干部介绍，"苗族录（入）为汉族，觉得改不改无所谓的"（珙县）；"没（有）来改的还多，来改的一半都还占不到"（筠连县）；"录错了，老百姓没看或看了（觉得）无所谓，对他的生产生活无影响。现在娃娃些①要读书了，才来更正"（古蔺县）；"以前觉得无所谓，今年（来更正的）要多一些②"（叙永县）。由此可见，川南苗族对本民族的认同带有一定的现实性或工具性。

但是，族群认同是有其根基性的，需要通过"共同的历史渊源和相似的文化特质"③ 体现，而相关的历史记忆和文化表征符号则由知识精英群体"重新选择、建立与诠释"④，这对于苗族的自我认同建构也不例外。改革开放以前，对苗族的研究基本上都是来自"他者"的眼光。在清末民初主流社会知识精英的建构之下，苗族被视为与汉族有对抗关系的"土著民族"，而蚩尤则以"始作乱"的失败者形象成为了苗族的祖先，从此苗族定位在主流社会中的便是"古老而衰败"的民族形象。从 20 世纪 80 年代以来，各地掀起了以苗族知识分子为主体的苗学研究热潮，他们凭借"他者"的"书史"材料和挖掘"自我"的"心史"资料，重构本民族的历史和探求共同的文化表征符号，以强化对本民族的认同。"集体受难""富有反抗精神"但却不断失败、迁徙的"悲情"表述，以及本土文化的重构，成为他们整合民族自我认同的主旋律。在这一表述和建构过程中，苗族社会于 20 世纪 90 年代以后兴起了一股"蚩尤热"，把蚩尤奉为苗族共同祖先，并要求恢复蚩尤作为中华文明开创者的地位，将蚩尤同炎帝、黄帝一起列入中华始祖。蚩尤作为苗族"精神共祖"，成为了超越苗族各支系之间差异的共同文化标识，对凝聚苗族的民族认同、提升苗

---

① 当地方言，即"小孩们"的意思。

② 2014 年申请更正的人数有所增加的原因在于，当年叙永、古蔺、筠连、珙县获批享受少数民族地区待遇，少数民族可享受更多的优惠政策。

③ 周大鸣：《论族群与族群关系》，载周大鸣《多元与共融——族群研究的理论与实践》，商务印书馆 2011 年版，第 31 页。

④ 王明珂：《华夏边缘——历史记忆与族群认同》，社会科学文献出版社 2006 年版，第 369 页。

族的历史地位、激发苗族的民族自豪感起到一定的作用。①

在这场从"他者"叙事转向"自我"重构的过程中，川南苗族知识分子从 20 世纪 90 年代初也积极加入到其中，以建构当地苗族的自我认同。第一，传播苗族始祖蚩尤的共同祖源记忆，并建构苗族各姓氏、各宗族的本土历史记忆；第二，使用和推广政府帮助创制的川黔滇方言拉丁字母苗文，以期建立语言文字上的认同；第三，深入挖掘、整理当地苗族的起源、姓氏、语言、服饰、风俗习惯、宗教信仰、民间故事、歌谣等文化，在地方政府的支持下②，积极传承、恢复、创新与推广传统文化。

但任何脱离了传统土壤的"民族的"表征符号的建构，仅凭知识精英们的"主观"选择，要想在民族社会中得到普遍的认同并产生共振效应，是非常困难的。③ 虽然川南苗族知识分子积极选择、建构、传播、推广本民族的历史记忆和本土文化，但是，在目前的川南苗族社会，知道始祖蚩尤的并不多，调查得知，在 264 个有效样本中，93.94% 的苗族不知道始祖是谁，只有 6.06% 的苗族知道始祖蚩尤，这部分苗族都是当地的知识分子；对苗文的掌握情况并不理想，使用也仅限于苗学研究；传统文化的涵化现象普遍，苗族民间的服饰、风俗习惯、宗教信仰等文化已逐渐与汉文化趋同。

尽管我国苗族知识精英群体建构的共同祖源记忆并未在川南苗族民间社会得以普及，川南苗族的风俗习惯、服饰、宗教信仰等文化特征也在逐渐消失，但这并没有在多大程度上影响他们对本民族的认同。从表 6—1得知，在 250 个有效样本中，有 48.80% 的苗族一直或经常祭拜始祖，有26.40% 的苗族偶尔祭拜始祖，从来不祭始祖的苗族只有 24.80%。虽然

---

① 杨志强：《蚩尤崇拜与民族认同——论当今中国苗族树立"精神共祖"的过程及背景》，《青海民族研究》2010 年第 2 期。

② 近年来，我国少数民族地区普遍存在地方政府愿意并大力支持少数民族传承、恢复、创新与推广传统文化的情况，其中主要原因之一在于利益驱动。当地政府机构和事业单位的少数民族干部、知识分子为了强化本民族认同和争取本民族的利益而积极推动。更重要的是，可以为当地带来实际利益，例如，获得更多的政策、资金等支持，带动当地经济社会发展，等等。由此可见，根基性历史记忆、文化特征的重构其实也带有现实性或工具性。

③ 杨志强：《蚩尤崇拜与民族认同——论当今中国苗族树立"精神共祖"的过程及背景》，《青海民族研究》2010 年第 2 期。

绝大多数川南苗族并不知道共同始祖是谁，但他们中的大多数仍会祭拜始祖，由此可见蚩尤始祖与川南苗族的祖先认同无关。因此，笔者认为，仅靠苗族知识精英建构的"精神共祖"这一象征符号，是无法凝聚苗族自我认同的。川南苗族祖先认同的根基性情感主要来自于同一姓氏、宗族亲属传承而得的血缘关系，当然，这种血缘关系的"共同起源"历史记忆也是由本姓氏、本宗族中有声望的人物选择、建构和诠释的。

表6—1 川南苗族祭拜始祖情况

祭拜始祖情况	人数（人）	百分比（%）	有效百分比（%）	累积百分比（%）
从来不	62	23.31	24.80	24.80
偶尔	66	24.81	26.40	51.20
经常	88	33.08	35.20	86.40
一直	34	12.78	13.60	100.00
合计	250	93.98	100.00	
缺失值	16	6.02		
总计	266	100.00		

从表6—2可以看出，在266个调查对象中，有79.70%的苗族"喜欢"或"非常喜欢"本民族文化，19.55%的苗族觉得本民族文化"一般"，只有0.75%的苗族"非常不喜欢"本民族文化。从表6—3得知，在230个有效样本中，有73.91%的苗族子女"喜欢"或"非常喜欢"本民族文化，26.09%的苗族子女觉得本民族文化"一般"，没有苗族子女"不喜欢"或"非常不喜欢"本民族文化。虽然，川南苗族日常生活中的穿着打扮逐渐和汉族趋同，风俗习惯、宗教信仰等文化特征也日渐消失，但是，这并没有妨碍他们对本民族服饰、传统节日等文化的认同。其主要原因有两点：第一，虽然川南苗族基本上都能熟练使用当地汉语方言，但多数苗族仍能熟练使用苗语，苗族语言文化特征的保留说明他们对本民族语言的认同，也使得他们会对本民族文化产生认同；第二，他们对苗族祖源存在认同感，对苗族身份有着归属感，自然也会认同本民族文化。

表 6—2　　　　　　　　　川南苗族对本民族文化的喜爱程度

苗族对本民族文化的喜爱程度	人数（人）	百分比（%）	有效百分比（%）	累积百分比（%）
非常喜欢	110	41.35	41.35	41.35
喜欢	102	38.35	38.35	79.70
一般	52	19.55	19.55	99.25
非常不喜欢	2	0.75	0.75	100.00
合计	266	100.00	100.00	

表 6—3　　　　　　　　　川南苗族子女对本民族文化的喜爱程度

苗族子女对本民族文化的喜爱程度	人数（人）	百分比（%）	有效百分比（%）	累积百分比（%）
非常喜欢	70	26.32	30.43	30.43
喜欢	100	37.59	43.48	73.91
一般	60	22.56	26.09	100.00
合计	230	86.47	100.00	
缺失值	36	13.53		
总计	266	100.00		

三　川南苗族对中华民族的认同

在我国，民族认同既包括 56 个民族对本民族的认同，也包括对中华民族的认同。费孝通先生指出，多元一体格局中，56 个民族是基层，中华民族是高层；相对于本民族认同而言，中华民族认同是高层次的认同；高层次的认同并不一定取代或排斥低层次的认同，不同层次可以并存不悖。[①]

对于"作为中华民族的一员，您的感受是什么"这一问题，在本次调查的 264 个有效样本中，有 52.27% 的苗族认为"非常自豪"，46.21% 的苗族认为"自豪"，只有 1.52% 的苗族觉得"无所谓"，没有苗族觉得"自卑"或"非常自卑"。当问及"您更喜欢哪一个身份"时，在 264 个

---

① 费孝通：《论人类学与文化自觉》，华夏出版社 2004 年版，第 163 页。

有效样本中，有23.48%的苗族选择了"中华民族"，有25.76%的苗族选择了"苗族"，有50.76%的苗族选择了"两个都喜欢"。由此可见，大多数川南苗族有强烈的中华民族认同，而且，对中华民族的认同与对本民族的认同是可以同时存在的，并不冲突。

中华民族作为一个自觉的民族实体，是在近百年来中国和西方列强对抗中出现的，但作为一个自在的民族实体则是几千年的历史过程中所形成的。[①] 近代，由于西方列强的大肆侵略，中华民族面临亡国灭种的危机，促使国人的中华民族意识开始觉醒。为了救亡图存，国人掀起了爱国救亡运动的高潮，川南苗族也积极加入其中。例如，1911年5月，清政府宣布将川汉铁路收归国有，妄图夺路转送外人。这种卖国行为，激起了川人的愤恨，各地纷纷成立了保路同志会，掀起了轰轰烈烈的保路运动，川南不少苗族人民也毅然投身到这场革命中，仅玉和乡五同岩就有苗族三十余人参加。[②] 此外，川南还有一些苗族参加了中国共产党，积极开展地下活动，坚持斗争，直至迎来中国人民的彻底解放。[③] 从中可见川南部分苗族的中华民族意识，以及他们对中华民族认同的萌芽。

中华人民共和国成立后，川南苗族的中华民族认同主要通过以下几种途径得以形塑。第一，学校教育、家庭教育、地方政府的政策宣传和大众媒介的舆论引导，让川南苗族明白，中华民族的悠久历史是各民族共同创造的，光辉灿烂的中华文化由各民族文化共同构成，各民族血肉相连，"你中有我，我中有你"，形成了"汉族离不开少数民族、少数民族离不开汉族、少数民族之间也相互离不开"的中华民族命运共同体。共同的祖先、共同的历史、共同的文化、共同的命运，使得他们对祖国大家庭产生了归属感，对中华民族产生了认同感。第二，在国家法律、制度的保障下，伴随着民族政策措施的有效落实，川南苗族不再受到剥削和压迫，享有了和其他民族一样的平等地位和权利，生活水平得到了明显改善，增强了他们对中华民族的认同感。第三，国家日益繁荣富强，中华民族以崭新的姿态重新屹立于世界民族之林，大大提升了川南苗族作为中华民族的自

---

① 费孝通主编：《中华民族多元一体格局》（修订本），中央民族大学出版社2003年版，第3页。

② 珙县民族事务委员会编印：《珙县苗族志》，1996年，第99页。

③ 郎维伟：《四川苗族社会与文化》，四川民族出版社1997年版，第83页。

信心，激发了他们作为中华民族的自豪感，进一步强化了他们的中华民族认同。

民族认同既是民族自我认同，也包括对其他民族的认同。[①] 有学者指出，作为民族认同基本含义的延伸，民族认同这一术语的应用还可以指一个民族及其成员对其他民族的客观存在，以及其他民族不同于本民族的文化模式的认可。[②] 笔者认为，这一认可是基于中华民族认同而对异族同胞产生的认同心理。以川南苗汉为例，当两个民族都意识到自己归属于中华民族时，就会产生同胞手足之情，对对方的客观存在、文化模式相互认同。

如前所述，历史上川南汉族对苗族普遍存在偏见与歧视，而苗族对汉族也存在着不信任与抵触心理，苗汉之间有很深的隔阂。中华人民共和国成立以来，川南苗汉逐渐意识到"五十六个民族是一家"，都对中华民族产生了归属感和认同感。同属中华民族的观念已深入苗汉人心，在调查中，多次听到"我们是一家人"的说法，还有苗族称呼"汉族老大哥"的；这种观念还反映在民间的"弟兄祖先故事"[③] 中，如1987年采录的《五谷和苗、彝、汉族的起源》中，就有"苗大哥、彝二哥、汉三哥"[④] 的说法。同胞兄弟的根基性情感，促进了川南苗汉民族之间隔阂的消除，并使他们对对方的身份、文化彼此认同。从族际交往的日益密切、族际通婚的日渐普遍，便可反映出川南苗汉之间的认同感与日俱增。正因为相互认同，才使得苗汉之间的族际心理边界逐渐消失，也让苗汉之间的关系越来越和谐，在266个苗族调查对象中，有87.22%的苗族觉得苗汉之间的关系"非常和谐"或"和谐"，12.78%的苗族觉得"一般"，没有苗族觉得"不和谐"或"非常不和谐"。

---

① 柏贵喜：《民族认同与中华民族认同浅论》，《西南民族大学学报》（人文社科版）2011年第11期。

② 何叔涛：《民族过程中的同化与认同》，《云南民族大学学报》（哲学社会科学版）2005年第1期。

③ 王明珂：《羌在汉藏之间》，中华书局2009年版，第207页。

④ 四川大学中文系赴筠采风队、筠连县民间文学集成办公室联合编印：《筠连苗族民间故事专卷》，1988年，第12页。

小 结

通过前人留下的方志可以梳理出中华人民共和国成立前苗汉关系的基本轮廓，自明代在西南边疆推行"国家化"以来，大量汉人进入川南，苗族居住格局发生变化，到了近代，川南苗族已基本退居山区，正如方志所载"其田少，其民乏"。伴随着生存条件的不利，社会地位的低下，传统文化的异质性差别，苗汉民族关系以汉对苗的偏见与歧视为显著特征。旧时川南出现的民族偏见与歧视在田野调查的资料中有所记录，诸如川南苗族民间流传于世的"石头不是枕头，汉人不是朋友"① 等谚语，为规避民族歧视，他们告诫族人"下不得山，下山要绝种"②。在日常生活中苗汉通婚已成禁忌，汉对苗的歧视性称呼习以为常，以至民国学者在川南调查时发出"苗民之畏汉人，甚于虎豹"的话语。应该说史志文献和民国学者的调查对苗人而言，属于"他者"的记录，苗人的谚语格言和生活禁忌是"主位"的感受，两者反映的情形是一致的，这就说明旧时川南苗汉民族关系的确充满隔阂与不和。而造成这种情形的主要原因是汉对苗的偏见与歧视。笔者采用阶级理论和社会心理学相结合的分析框架，考察了民族偏见与歧视形成的原因，为研究历史上的民族关系提供了新的方法和解释。

中华人民共和国成立后，伴随着制度的根本性变迁，民族平等得以真正地实现，汉族统治阶级对苗族的剥削、压迫和歧视不复存在，而汉族社会对苗族普遍存在的偏见与歧视，则通过社会准则的重构和群体间接触交往的增加得以逐渐消除。与此同时，川南苗族也从中华人民共和国成立前对本民族不敢公开认同逐渐转变为对本民族积极认同。在这一转变过程中，国家的行政力量起着不可忽视的作用：一是国家的民族识别和法律确认，为川南苗族的自我认同提供了可能性；二是苗族身份背后的系列优惠政策，强化了他们的自我认同。这便是族群认同的现实性或工具性所在。

① 四川民族调查组苗族小组：《泸州专区苗族社会历史调查》，载四川省编辑组《四川省苗族傈僳族傣族白族满族社会历史调查》，四川省社会科学院出版社 1986 年版，第 13 页。
② 郎维伟：《四川苗族社会与文化》，四川民族出版社 1997 年版，第 73 页。

但是，与其他社会认同不一样的是，族群认同是有其根基性的。川南苗族认同的根基性情感主要来自于亲属传承而得的血缘关系、语言文化符号特征，而这种根基性情感联系则通过本地各姓氏、各宗族建构的历史记忆得以维持、延续和发展。

川南苗族的民族认同既包括对本民族的认同，也包括对中华民族的认同。他们对中华民族的认同感来源于对共同祖先、共同历史、共同文化、共同命运的认知，并在民族政策的落实、国家地位的提升中得到巩固和强化。中华民族认同的形成，也使得川南苗汉两个民族意识到同属"一家人"，并相互认同对方的身份、文化。从偏见、歧视、不信任、抵触走向相互认同，川南苗汉之间的心理边界逐渐消失，民族关系也越来越和谐。

第七章　民族政策与川南苗汉
民族关系的演变

民族政策是指"政治主体为规范国家范围内的民族事务而采取的策略、准则和措施"[1]，"体现了政治主体在处理民族问题、调整民族关系方面的意志和利益"[2]。作为调节民族关系的策略、准则和措施，民族政策的成败得失直接影响着民族关系的好坏。川南自古以来就是一个多民族区域，在不同的时期经历着不一样的民族政策。每一时期的民族政策有何特点？对川南苗汉民族关系产生了何种影响？这些问题鲜有人探究，但却是研究川南苗汉民族关系不可回避的问题，因此，本章将从明清时期、民国时期、中华人民共和国成立以后三个阶段来考察川南所经历的民族政策与苗汉民族关系的演变。

第一节　明清时期的民族政策与川南苗汉民族关系

明清时期的川南是一个多民族区域，少数民族被统称为"诸族蛮夷"，汉文献出现过都掌、"僰、羿、苗、猓"等族，这些可能是自称或他称，但有一点是肯定的，这个区域主要分布的是少数民族，随着大量汉族的迁入，民族分布格局才逐渐发生改变。在西南边疆的"国家化"过程中，明清时期川南经历了土司制度到土流共治再到改土归流的制度转换，封建王朝对当地民族采取剿抚兼施的政策，这些制度和政策

---

[1]　沈桂萍、石亚洲：《民族政策科学导论——中国当代民族政策理论研究》，中央民族大学出版社 1998 年版，第 20 页。

[2]　余梓东：《"民族政策"定义推究》，《内蒙古社会科学》（文史哲版）1996 年第 3 期。

直接影响了川南苗汉民族关系的变化。

一　土司制度与改土归流："国家化"过程中的政策转换

土司制度，又称土官制度，形成于元朝，盛行于明朝，衰落于清朝，是中央王朝为实现对边疆地区的统治，而采取的"以夷治夷"的政治制度，这一制度主要针对西南边疆地区。西南边疆"夷情"复杂，元朝为了控制复杂局面、稳定局势，在西南边疆建立了土司制度。有明一代，对西南的开发可以说是明王朝治理边疆的重头戏，有学者将其称为西南边疆的"国家化"过程。在这一国家化过程中，明王朝沿袭了元朝的土司制度，并在一些矛盾突出的地方实行"以流官土官参用"的政策或进行"改土归流"政策。满洲人统一中国后，从康熙到雍正年间在西南展开大规模的"改土归流"，迎来了西南边疆"国家化"的高峰期。[①]

川南位于西南地区川、滇、黔三省交界地带，这一"鸡鸣三省"之地在历史上却是众多民族活动的舞台。[②]据明嘉靖年间编修的志书记载："叙泸诸夷，泸戎依山险，善寇掠，即僰、羿、苗、猓等种是也。"[③]"僰、羿、苗、猓等种蛮夷杂居，夷性好问乱，为害无常。元以前皆为羁縻，生杀予夺，一以夷法治之，名隶职方，实无赋税，但为中国之藩垣爪牙而已。皇明始置流官，即今筠、高、戎、珙、庆、长六县，与乌蒙、东川、永宁、镇雄、乌撒等夷府司接壤。自洪武至今，诸夷叛服不一。"[④]根据这段叙述可知元明之际川南尚有"僰、羿、苗、猓"等民族，中央王朝对他们实行羁縻统治，明代开始改置流官，将其编户齐民，但招至"诸夷"反抗，而且这种冲突与强制同化持续的时间比较长，从明初洪武至嘉靖年间达两百年之久。除此而外，都掌也是川南记载较多的古民族，明时活动于叙永、兴文、珙县、筠连、高县一带，其首领称阿大、阿二，有

---

① 杨志强：《"国家化"视野下的中国西南地域与民族社会》，《苗学研究》2013 年第 2期。

② 刘复生：《僰国与泸夷——民族迁徙、冲突与融合》，巴蜀书社 2000 年版，第 5 页。

③ （明）刘大谟、杨慎等纂修：嘉靖《四川总志》卷 16，《北京图书馆古籍珍本丛刊》，书目文献出版社 1988 年版，第 42 册，第 312 页。

④ 同上书，第 320 页。

椎髻、凿齿等风俗。明初在筠连、高县、珙县设巡检司专门管辖都掌，明景泰元年（1450 年），因官吏对都掌肆意盘剥，激起民反，明多次用兵，万历元年（1573 年）明启用大军再次征剿都掌后，族人或逃亡他乡，或隐族埋姓，从此不复见于记载。

这里需要回溯一下历史建制，元至元二十三年（1286 年），元朝在四川建行中书省，下辖路、府、州、县四级，川南大部属叙州路，在叙州路下以少数民族的土司统治为主，实行的是间接统治政策。王朝更迭，明洪武九年（1376 年）明朝改四川行省为四川承宣布政使司，废路改府，省州改县，成为府、州、县三级制。由此可见，明王朝建立后在叙州府下（今宜宾），设立了筠、高、戎、珙、庆、长六县，置流官管理治下，一改前朝的羁縻统治方式。当然这种改变不会是一帆风顺的，招致反抗在所难免，所以方志记为"叛服不一""为害无常"，从洪武至嘉靖都是如此。而此时，从汉文献记载的民族分类系统中，川南仍然保持有"僰、羿、苗、猓"等民族种类的情况。明初在建制划分上将贵州的遵义府和云南的镇雄、乌蒙、乌撒等均划归四川管辖，这些地方正好与叙州府相连，也是苗、彝等民族比较集中分布的区域，所以，元明清时期川南地区主要分布的是少数民族是确信无疑的。

明王朝对川南少数民族的直接统治，可以从历史文献中梳理出来。据明代流传下来的《确庵曾先生西蜀平蛮全录·覆勘将官疏》记载："都蛮东连永宁，南接芒部，西通乌蒙，北达马湖，而戎、长、高、珙、庆、筠六县近相连络，即古戎僰，汉之西南夷也。唐宋以来置州内附，不过羁縻，我大明悉改为县，流官钤治属之戎县，办纳税粮已为编民。"① 由此可见，明王朝首次将川南各族编户齐民，接受统一税赋。显然，这是渐进的过程，最初有些地方继续元朝的土司制，采取"因俗而治"，但随着土官的叛乱或伏诛，皆进行了改土归流。根据《明史·四川土司一》记载："洪武四年冬，马湖路（今宜宾屏山）总管安济，遣其子仁来归附，诏改马湖路为马湖府。……以安济为知府，世袭。……弘治八年，土知府安鳌有罪，伏诛。……巡按御史张鸾请治之，得实，伏诛，遂改马湖府为流官

---

① （明）曾省吾：《确庵曾先生西蜀平蛮全录》，《北京图书馆古籍珍本丛刊》，书目文献出版社 1988 年版，第 9 册，第 39 页。

知府。"① 根据《明史·四川土司二》记载:"洪武四年平蜀,永宁(今泸州叙永、古蔺)内附,置永宁卫。六年……以九姓长官司隶永宁安抚司。七年升永宁等处军民安抚司为宣抚使司,秩正三品。八年以禄照为宣抚使。十七年,永宁宣抚使禄照贡马,诏赐钞币冠服,定三年一贡如例。"② 天启元年(1621 年)九月,"永宁宣抚使奢崇明反"③,崇祯二年(1629 年)八月,奢崇明兵败被杀。④ 反明失败后,永宁改土归流。从这些记载看属于川南的边缘地带,可见改土归流是由中心向四周辐射,最终延伸到川、滇、黔交界的民族聚居区域。

在西南边疆地区,川南叙州府是明王朝最早实行流官制度的地区之一,整个川南地区均在明朝时期完成了从土司制度到改土归流的政策转换。究其原因,主要因川南地处云贵川三省咽喉,明王朝经略西南,川南为重要孔道,中央王朝在推行西南"国家化"过程中,川南首当其冲,于是实施改土归流政策,由此招致反抗,方有叙泸诸夷叛服无常的说法。换言之,明王朝与川南少数民族在政治利益上出现了对立和冲突,明王朝想实现对西南的直接统治;各地的民族首领则不接受新的统治方式。在此情况下,川南诸夷则被视为大患。实际上整个明代对西南区域的不断用兵也证明了这一点,甚至可以认为明代因对西南连绵不断的征战而耗尽国力,成为其灭亡的原因之一。加强对川南的统治,打通通往西南的要道,经略西南成为明王朝的重要意图,这一点在古人的分析中也得到证明,据《确庵曾先生西蜀平蛮全录·经略平蛮善后疏》记载:"不惟邻夷近土便于控扼,而云贵壤接亦得相犄角以永治安矣。"⑤

---

① (清)张廷玉等撰:《明史》卷 311《列传第一百九十九·四川土司一》,中华书局 1974 年版,第 8015—8016 页。

② (清)张廷玉等撰:《明史》卷 312《列传第二百·四川土司二》,中华书局 1974 年版,第 8049—8050 页。

③ (清)张廷玉等撰:《明史》卷 22《本纪第二十二·熹宗》,中华书局 1974 年版,第 299 页。

④ (清)张廷玉等撰:《明史》卷 23《本纪第二十三·庄烈帝一》,中华书局 1974 年版,第 311 页。

⑤ (明)曾省吾:《确庵曾先生西蜀平蛮全录》,《北京图书馆古籍珍本丛刊》,书目文献出版社 1988 年版,第 9 册,第 79 页。

二　剿抚与反抗：制度和政策转换中的博弈

明王朝为了实现对川南的直接统治，从土司制度到"土官、流官参治"，再到完全改土归流，这一过程必然激起反抗，对此统治者采取了剿抚兼施的政策。应该说从明太祖朱元璋开始就秉持这样的统治术，他认为："盖蛮夷非威不畏，非惠不怀。然一于威则不能感其心，一于惠则不能慑其暴。惟威惠并行，此驭蛮夷之道也。"① "治蛮夷之道，必威德兼施，使其畏感，不如此不可也。"② 在他看来，只有德治，没有强大的武力，少数民族无所畏惧；只有武治，没有恩惠，少数民族不会被感化，对待少数民族，必须"威德兼施"。据此，明朝对归附朝廷的少数民族实行怀柔安抚政策，而对不肯归附的少数民族则采用征剿的政策。

明朝对川南少数民族实行怀柔安抚政策主要体现在以下几个方面：第一，设置土司，世代相袭。如前所述，明初中央王朝在马湖、永宁沿袭了元朝的土司制度，设立了马湖府、永宁宣抚司。第二，厚往薄来。明初，太祖朱元璋就对礼部臣说："诸蛮夷酋长来朝，涉履山海，动经数万里。彼既慕义来归，则赍予之物宜厚，以示朝廷怀柔之意。"③ 成祖、宣宗等明朝皇帝也沿袭了这一政策。第三，减免赋税。对一些有困难的地区，明朝也会根据实际情况减免赋税。例如，洪武二十七年（1394 年），免四川永宁宣抚司积年无征税粮一千三百三十余石，④ 永乐四年（1406 年），免永宁荒田租；景泰二年（1451 年），减永宁宣抚司税课局钞。⑤ 第四，委以重任。在招抚或围剿都掌蛮时，明王朝多次委任永宁宣抚司相助。例如成化二年（1466 年），总兵李安委永宁宣抚司奢贵赴大坝招抚；成化四年（1468 年），永宁宣抚奢贵开通运道，擒获贼首，降玺书奖赉；⑥ 万历元

---

① 《明太祖实录》，"中央研究院"历史语言研究所校印本 1962 年版，第 1599—1600 页。

② 同上书，第 2352 页。

③ 同上书，第 2402 页。

④ 同上书，第 3421 页。

⑤ （清）张廷玉等撰：《明史》卷 312《列传第二百·四川土司二》，"中华书局"1974 年版，第 8050 页。

⑥ 同上书，第 8051 页。

年（1573年），调取永宁宣抚奢效忠统领羿兵壹万名进剿都蛮。[①]

对于不肯归附的少数民族，明朝除了设置流官加以控制以外，还采取了征剿的政策。明太祖在立国初，就提出"诸蛮之不服者必戮"[②]。据统计，从洪武六年（1373年）到万历元年（1573年），明王朝先后对川南都掌蛮进行了十二次征讨，[③] 其中成化、万历之役最大：成化之役历时三年，朝廷出兵十八万；万历元年（1573年），明王朝调集十余万官兵对两万多都掌蛮进行了全面围剿，此役之后都掌蛮在川南和史籍中从此消失。

清军入关定鼎中原后，对包括川南在内的区域实行了一定程度的怀柔安抚政策，一是体现在免除赋役上，免征赋役的记载见于川南各地方志，据《珙县志》记载："康熙二十五年，奉上谕……四川、贵州两省，所有二十六年应征地丁各项钱粮，俱著蠲免，二十五年未完钱粮亦著悉与豁除。康熙三十二年，奉上谕，广西、四川、贵州、云南四省，俱居边地，土壤硗瘠，民生艰苦……三十三年，四省应征地丁银米著通行蠲免。……四十三年四省应征地丁各项钱粮通著蠲免。……雍正七年闰七月，奉上谕，数年以来，甘肃、四川、云南、贵州、广西五省，有用兵西藏及剿抚苗蛮等事……今藏地苗疆俱已宁谧，朕心嘉慰，特沛恩膏，将庚戌年五省额征地丁银两悉行蠲免。乾隆十一年，奉上谕，四川、云南、贵州等省应征地丁钱粮通行蠲免。……乾隆十三年，奉上谕……十三年应征地丁钱粮著缓征。……乾隆三十六年……四川、云南、贵州、广西等省，应征地丁钱粮俱着蠲免，所有火耗银两一并缓征。"[④] 据《筠连县志》卷四记载："嘉庆元年，仁宗睿皇帝御极，四川地丁银全数豁免。三年，免征地丁正耗银两；所有火耗，入于嘉庆四年带征。五年，因教匪滋扰，初用缓征，后皆豁免。七年，办理津贴，蠲免地丁十分之三。八年，应征地丁正闰银两，蠲免十分之二。二十四年，仁宗睿皇帝六旬万寿，四

①　（明）曾省吾：《确庵曾先生西蜀平蛮全录》，《北京图书馆古籍珍本丛刊》，书目文献出版社1988年版，第9册，第35页。

②　《明太祖实录》，"中央研究院"历史语言研究所校印本1962年版，第2352页。

③　刘复生：《僰国与泸夷——民族迁徙、冲突与融合》，巴蜀书社2000年版，第211页。

④　（清）冉瑞桐、罗度、郭肇林等修纂：光绪《珙县志》卷3，《中国地方志集成·四川府县志辑35》，巴蜀书社1992年版，第35—36页。

川总督蒋攸铦，奏川省无积欠钱粮，着免二十五年正赋十分之二。"①　从上述记载所涵盖的区域来看，包括川南各地都享受到了免征赋役的政策。另据《叙永县志》卷二记载，从清康熙二十六年（1687 年）到道光七年（1827 年），叙永县共有十七年享受到免征赋税政策。②　二是体现在赏功赐官上。以苗族团练武装为例，清末匪盗横行，川南各地自办苗团。苗团治匪有功，受到官府重视。光绪年间，四川布政使司克勇巴图鲁王奉命授珙县罗渡平天水苗族团首陶富华功牌一张，同时赐六品顶戴；③　四川总督派下官召见兴文县鞑子沟苗族团首陶洪兴，赐官服，授功牌，并赐给六品顶戴，委以千户长，统领川南六县（庆符、高县、珙县、长宁、兴文、筠连）苗团，下设百户长。④

　　与此同时，朝廷对反叛者则一律采取征剿的政策。例如，顺治十八年（1661 年），"横江四囤夷人陈奎、郑士道等为伪王朱奉铬、伪道王应泰等煽惑，乘机为乱"，攻入屏山、庆符等地，执官夺印，官兵"斩其枭恶、覆其逆巢、擒其渠魁、抚其余党"。"康熙十三年，吴逆之变，叙泸一带土夷复乘间骚动，勇略将军赵良栋、游击李芳述等讨平之。康熙十九年，吴逆余贼破永宁后，遂掳马湖地，蹂躏不堪，二十年二月内，将军冯弥勒提师率叙马营追贼，恢复马湖城。"⑤　同治元年（1862 年），旱洪灾迭生，农民歉收，民生艰窘，川滇黔边境灾民组织了"反清复明"号军起义，号军以红、白、黄、青 4 种颜色的旗号和头巾为标记，分为红号、白号、黄号、青号 4 支义军，参加者达数万人，从开始到结束时间长达 10 年之久，声势极为浩大，在十余年的时间里，清王朝数次率兵进剿，至同治十二年（1873 年），川滇黔边号军起义全部失败。⑥

　　据史料记载，川南地区在整个明清时期，大大小小的反抗层出不穷，

———————

　　①　（清）程熙春等修：同治《筠连县志》卷 4，《中国地方志集成·四川府县志辑 36》，巴蜀书社 1992 年版，第 57 页。

　　②　赖佐唐等修，宋曙等纂：民国《叙永县志》卷 2，《中国地方志集成·四川府县志辑 33》，巴蜀书社 1992 年版，第 701 页。

　　③　四川省珙县志编纂委员会编纂：《珙县志》，四川人民出版社 1995 年版，第 777 页。

　　④　杨永华：《兴文苗族》，中国香港天马图书有限公司 2002 年版，第 240 页。

　　⑤　（清）王麟祥等纂修：《光绪叙州府志》（二）卷 43，《中国地方志集成·四川府县志辑 29》，巴蜀书社 1992 年版，第 695—696 页。

　　⑥　四川苗族志编委会编：《四川苗族志》，巴蜀书社 2009 年版，第 96—98 页。

从明洪武六年（1373 年）出现"筠连州滕大寨蛮编张等叛"，一直到清同治年间，起事反抗史不绝书，这里稍作罗列。

明洪武六年，"筠连州滕大寨蛮编张等叛"①；洪武二十五年（1392年），"四川叙州府戎县山贼掌阿那等作乱"②；洪武二十七年（1394 年），"戎县夷出没不常"；宣德二年（1427 年），"夷复寇筠连"；宣德九年（1434 年），"夷贼又叛"；正统四年，"又烧劫各县"；景泰元年（1450元），"高、珙、筠戎夷并起"；天顺元年（1457 年），"芒部诸夷妖言惑众，号天师，围筠连，凡九日"；成化元年（1465 年），"都掌大坝等寨蛮贼分劫江安等县"；正德十年（1435 年），"诸夷寨俱叛"；嘉靖中，"戎夷负险，骄肆绑掳千百户，杀死巡检，抢辱知县妻孥"；天启元年（1621 年），"永宁宣抚使奢崇明及其子寅反"。③

清顺治十八年（1661 年），"横江四围夷人陈奎、郑士道等突犯叙州、马湖二府，执官夺印"；康熙十三年（1674 年），"吴逆之变，叙泸一带土夷复乘间骚动"；康熙十九年（1680 年），"吴逆余贼破永宁后，遂掳马湖地"；雍正六年（1728 年），"云南米贴夷妇不法"，四川雷波土司杨明义暗中相助，诱附近"夷人作乱"；嘉庆八年（1803 年），"凉山大小木杆等支生番复与熟夷互相勾结，出巢焚掠"；咸丰九年（1859 年），"滇匪李永和由牛皮寨一路统众入川，连陷筠高庆三县"；咸丰十一年（1861 年），"夷逆，窜扰筠高，大肆焚掠"；同治元年（1862 年）正月，"何金泷等率数千之众，直犯筠界"，二月，"张逆围长宁城"，三月，"何逆窜扰珙属巡检司"，四月，"张逆复扰长属安宁桥"，五月，"张逆纠发匪石达开复围长宁"，十月，"滇匪从闲道复陷高城""石逆由滇入蜀陷筠连"；同治四年，"滇匪戚维新、李开甲勾结镇雄苗匪二万余人，由牛街犯川，复会合黔匪卿满大及发逆余党，苗号各匪共四万余众，至高邑之吴家坝……由吴家坝窜沐爱……由珙县属之上罗直扑建武营"；同治五年

---

① （清）张廷玉等撰：《明史》卷 312《列传第二百·四川土司二》，中华书局 1974 年版，第 8049 页。

② 《明太祖实录》，"中央研究院"历史语言研究所校印本 1962 年版，第 3191 页。

③ （清）冉瑞桐、罗度、郭肇林等修纂：光绪《珙县志》卷 13，《中国地方志集成·四川府县志辑 35》，巴蜀书社 1992 年版，第 257、261、264 页。

（1866 年），"蛮匪又出，扰川界"。①

　　为什么会出现这种状况？显然与明清王朝在"国家化"过程中推行的政策有关。应该说从土司制度到改土归流是按照中央王朝的意图，实现直接统治的"国家化"过程，这样做客观上有利于国家统一、政令畅通，但必然导致少数民族土司头人的利益受损，甚至殃及少数民族的习俗和传统文化。封建统治者采取剿抚兼施、恩威并举的政策，"剿"和"威"有其残酷性，激起反抗在所难免。应该说，川南在明清时期的民族关系是以强制同化为显著特征，明王朝在川南设立叙州府后，在其境内推行流官制度，都蛮多次要求设置土官被拒，从而导致了都蛮的不满与反抗，明王朝则以武力剿灭相待，显然是强制同化。同时所派流官"不能夷语，不谙夷情"，处事"肆行苛刻"，如此行事，自然激起民反。例如，景泰元年正月，"高、珙、筠戎夷并起，缚公差于树杀之，各攻本县，屠长宁，劫庆符、江安、纳溪，烧庐舍，恣杀掠，诸县为之一赤"。究其缘由，只因"汉人每年公差下寨征粮害我，我当出报"；正德十年（1515 年），"诸夷寨俱叛，众几万人，攻城堡，劫财杀人，焚庐舍"，起因在于"夷部与筠连县流民苏衡等争田有隙，屡诉不直"②。又例如，顺治十七年（1660年），清王朝在川南对苗、羿、倮（彝）各族施以苛政，加倍征收田赋。③

三　冲突与交融：苗汉民族关系的演进

　　在西南边疆的"国家化"过程中，中央王朝推行"改土归流"和"剿抚兼施"的政策，当地少数民族在反抗中被镇压、被驱赶，甚至消亡，从而出现土地荒芜，无人耕种的境况。如珙县县境屡遭战乱，民众四散逃生，人烟稀少，清初有"七家珙县"之说。④ 于是，伴随而来的是大量汉族移民进入川南，如今川南很多汉姓的家谱追溯历史均来自湖广，时间均在明朝和清初

---

　　① （清）王麟祥等纂修：《光绪叙州府志》（二）卷 43，《中国地方志集成·四川府县志辑29》，巴蜀书社 1992 年版，第 695—712 页。

　　② （清）冉瑞桐、罗度、郭肇林等修纂：光绪《珙县志》卷 13，《中国地方志集成·四川府县志辑 35》，巴蜀书社 1992 年版，第 257、261 页。

　　③ 四川苗族志编委会编：《四川苗族志》，巴蜀书社 2009 年版，第 14 页。

　　④ （清）冉瑞桐、罗度、郭肇林等修纂：光绪《珙县志》卷首，《中国地方志集成·四川府县志辑 35》，巴蜀书社 1992 年版，第 2 页。

这个时期，由此可以想象当年蜂拥而至的移民情形。同时，据后世川南的诸多县志记载，苗族的居住空间明显发生了变化。如《叙永县志》卷4记载："叙永旧为苗人故居，凡土著皆苗人，今已窜居山谷间。"① 而此时的叙永则包括当今的叙永县和古蔺县境。另有史志记载，古宋苗族"渐退居山洞"②，珙县"苗民僻处，山巅谷底"③，筠连苗族"大半居高山中"④，高县苗族"常居高山上"⑤。史志编修者基本是汉人，所载的苗族居住情形应该是基本事实，只是他们没有去分析苗族为什么居住到山区。显然是因为战乱、歧视使他们放弃本属于自己的耕地，从而流离失所。"以险求生、以穷求生"，这便是川南苗族躲避战乱、歧视后的生存状况。明清以来，整个川南大致形成了"山上彝家，坝区汉家，苗族住在石旮旯"的分布格局。而人口构成也随着大量汉人的进入，逐渐由"夷多汉少"转换为"汉多夷少"。在此过程中，出现了少数民族逐渐接受汉文化的现象。例如，明清之际川南的苗族开始使用汉姓，以"借谱"的方式编修家谱，并使用汉语。当然这一切是在冲突中的融合，未被融合的则迁离或避居山区。明清时期川南已经进入封建土地所有制，由于受民族和阶级的双重压迫，川南少数民族在政治、经济、文化上都处于明显的劣势。据载，明代熹宗年间苗族人民自己开垦的土地，自己出钱买得的土地，还需找汉族统治者顶名；⑥ 顺治十七年（1660年），清王朝对川南少数民族加倍征收田赋；等等。在封建地主制经济下川南广大苗族处于被压迫的境地，汉族地主强取豪夺苗族农民的土地，苗族农民丧失了土地，只得佃耕汉族地主的土地，故有"老鸦无树桩，苗族无地方"的谚语。⑦ 据后来的调

---

① 赖佐唐等修，宋曙等纂：民国《叙永县志》卷4，《中国地方志集成·四川府县志辑33》，巴蜀书社1992年版，第772页。

② 民国《古宋县志初稿》卷8，《中国地方志集成·四川府县志辑34》，巴蜀书社1992年版，第109页。

③ （清）冉瑞桐、罗度、郭肇林等修纂：光绪《珙县志》卷11，《中国地方志集成·四川府县志辑35》，巴蜀书社1992年版，第230页。

④ 祝世德著，筠连县地方志办公室整理：民国《筠连县志》，四川大学出版社2012年版，第163页。

⑤ （清）敖立榜等修，曾毓佐等纂：同治《高县志》卷54，《中国地方志集成·四川府县志辑35》，巴蜀书社1992年版，第516页。

⑥ 四川民族调查组苗族小组：《古蔺县麻城乡苗族社会历史调查》，载四川省编辑组《四川省苗族傈僳族傣族白族满族社会历史调查》，四川省社会科学院出版社1986年版，第71页。

⑦ 同上书，第70页。

查，川南有苗族 13262 户，其中苗族地主只有 28 户，仅占苗族总户数的
0.21%。此外，佃中农 1308 户，占总户数的 9.86%；佃贫农 9620 户，占总户
数的 72.54%；雇农 2306 户，占总户数的 17.39%。[1] 由此可见在阶级和民族
的双重压迫下，川南苗族逐渐失去自己的土地，绝大多数人口沦为依附地主
的佃农，有些则避居深山，以险、穷求生。

综上所述，川南民族分布和民族关系的变迁与明清王朝的制度和政策有
直接联系，历史上的"国家化"进程看似巩固了封建王朝的统治，但却是通
过剿抚兼施的强制同化方式来改变民族分布的原有状态。在镇压与反抗中，
虽然最终呈现的是局部区域的民族融合，但也给后人留下民族不和和隔阂的
历史记忆。中华人民共和国成立前川南汉族普遍对当地苗族持有偏见与歧视。
同样，苗族中也流传"石头不是枕头，汉人不是朋友""苗家下不得山，下山
要绝种"[2] 的谚语。汉族和苗族对待民族关系的两种倾向，无疑都系历史上中
央王朝强制同化的统治政策所致，明清时期川南民族融合的历史，是古代中
国民族融合的某种缩影或案例，虽然历史已经翻开新的一页，但强制同化下
的民族融合带来的民族隔阂仍然是后人值得汲取的教训。[3]

第二节　民国时期的民族政策与川南苗汉民族关系

民国时期，不管是南京临时政府、北洋军阀政府，还是南京国民政府，
都注意到了民族问题的重要性，主张民族平等。但是，民国政府所提倡的
"民族平等"仅为一纸公文，并未真正落到实处，推行的民族政策极少考虑
汉、满、蒙、回、藏以外的民族，同时还存在着严重的大汉族主义倾向。
因此，中华人民共和国成立前的川南苗族仍处于阶级和民族的双重压迫之
中，苗汉之间的民族隔阂不仅没有得到消除，反而有进一步加深的趋势。

一　民族压迫与阶级压迫相纠结的苗汉民族关系

1912 年 1 月 1 日，中华民国南京临时政府宣告成立，孙中山在就任

---

① 郎维伟：《四川苗族社会与文化》，四川民族出版社 1997 年版，第 66 页。

② 同上书，第 101 页。

③ 刘琳、郎维伟：《政策学视阈下的明清时期川南民族关系研究》，《西南民族大学学报》（人文
社科版）2014 年第 8 期。

临时大总统的宣言中提出解决民族问题的"五族共和"原则："国家之本，在于人民。合汉、满、蒙、回、藏诸地为一国，即合汉、满、蒙、回、藏诸族为一人。是曰民族之统一。"① 同年 3 月 11 日，南京临时政府颁布的《中华民国临时约法》规定："中华民国人民，一律平等，无种族阶级宗教之区别。"②

1912 年 4 月，袁世凯接替孙中山临时大总统职务，建立了北洋军阀政权。4 月 22 日，袁世凯重申"五族共和"原则："现在五族共和，凡蒙、藏、回疆各地方，同为我中华民国领土，则蒙、藏、回疆各民族，即同为我中华民国国民，自不能如帝政时代再有藩属名称。"③ 1914 年 5 月 1 日，袁世凯废除《中华民国临时约法》，公布《中华民国约法》。1923 年 10 月 10 日，北洋政府颁布了《中华民国宪法》。两部法律均延续了"民族平等"原则，《中华民国宪法》第四章第五条规定："中华民国人民于法律上无种族、阶级、宗教之别，均为平等。"④

1927 年 4 月，蒋介石发动"四一二"政变，在南京成立了国民政府。南京国民政府在制定法律时，同样坚持了"民族平等"原则。1931 年 6 月 1 日公布的《中华民国训政时期约法》规定："中华民国国民无男女、种族、宗族、阶级之区别，在法律上一律平等。"⑤ 1936 年 5 月公布的《中华民国宪法草案》和 1946 年 11 月国民大会通过的《中华民国宪法》都因循了这一原则。

基于"民族平等"原则，民国政府建立了管理民族事务的机构，如北洋政府设立的蒙藏事务处、蒙藏事务局、蒙藏院，南京国民政府设立的蒙藏委员会等；批准成立了涉及民族事务的团体，如南京临时政府批准成立的中华民族大同会、拓殖协会、回教联合会，北洋政府批准成立的五大民族共和联合会等。同时，在政治、经济、教育、文化等方面制定和采取

① 孙中山：《临时大总统宣言书》，《孙中山全集》第 2 卷，中华书局 1982 年版，第 2 页。

② 《中华民国临时约法》，中国第二历史档案馆编《中华民国史档案资料汇编》第 2 辑，江苏人民出版社 1981 年版，第 106 页。

③ 袁世凯：《大总统袁世凯命令》，1912 年 4 月 22 日。

④ 《中华民国宪法》，中国第二历史档案馆编《中华民国史档案资料汇编》第 3 辑《政治》（一），江苏古籍出版社 1991 年版，第 359 页。

⑤ 《中华民国训政时期约法》，中国第二历史档案馆编《中华民国史档案资料汇编》第 5 辑第 1 编《政治》（一），江苏古籍出版社 1994 年版，第 269 页。

了一些民族政策和措施，例如，《中华民国临时约法》规定："参议员，每行省、内蒙古、外蒙古、西藏各选派五人，青海选派一人。"① 南京临时政府认为"中华民国既合五大民族而成，自应施以同等教育"，便拨款支持中华民族大同会创设蒙回藏师范学校；② 北洋政府吸纳少数民族首领参与国家管理，并对他们采取加封名号、赏赐等优待政策措施；1941 年 4 月，中国国民党召开的五届八中全会综合南京国民政府执政以来历次国民党党代会有关边疆民族政策的重大决议，系统地提出了三民主义边疆民族政策，规定政治上实行民族自治、经济上帮助发展地方经济和改善人民生活、教育上发展边疆教育和培养边疆人才、文化上扶植各民族文化；③ 等等。

虽然民国政府以法律的形式确立了各民族的平等地位，也在政治、经济、教育、文化等方面制定了一些具体的民族政策，和历代王朝相比具有一定的进步，但这一时期的民族政策制定和实施仍然存在着严重的局限性，主要体现在以下几个方面。第一，制定民族政策的最终目的是为了维护统治阶级的利益，优待的只是少数民族上层人士，广大少数民族人民并没有得到真正的利益。第二，民族政策考虑的范围仅限于汉、满、蒙、回、藏五大民族，其他少数民族都被忽视了。正如民国学者林名均先生所言："吾国虽号称五族共和，但除了汉、满、蒙、回、藏五大族人以外，在好些边远的地方，还散布着许多其他的民族，如苗、瑶、黎、僚、戎、羌、倮、猡、那西……等。在这些民族当中，虽然有的已具有数千年的历史，曾和汉族发生过不少的交涉，可是，终于因为所占的地域不及其他各族之宽广，人口不及其他各族的众多，于是就不为大家所注意了。"④ 第三，存在严重的大汉族主义思想，这一点从民族同化政策中可以看出。关于民族同化政策，后面将专门论述，此处不再赘述。第四，由于其仅代表

---

①　《中华民国临时约法》，中国第二历史档案馆编《中华民国史档案资料汇编》（第 2 辑），江苏人民出版社 1981 年版，第 107 页。

②　《教育部关于中华民族大同会创设蒙回藏师范学校请拨开办费批》，中国第二历史档案馆编《中华民国史档案资料汇编》（第 2 辑），江苏人民出版社 1981 年版，第 479 页。

③　李国栋：《民国时期的民族问题与民国政府的民族政策研究》，民族出版社 2009 年版，第 102—103、141 页。

④　林名均：《川苗概况》，《新亚细亚月刊》1936 年第 12 卷第 4 期。

大地主、大资产阶级的利益这一主观因素，以及多年抗战、内战等客观因素，许多民族政策并没有得到真正的贯彻执行。

整个民国时期，当政者的民族政策并没有给川南苗族带来半点实惠，川南广大苗族人民继续遭受着阶级剥削和民族压迫的双重痛苦。第一，政治上没有地位。1947 年，川南边民文化促进会提出，苗族要参加国大代表选举，这一提议本来是少数民族要求参与政治的合理诉求，但却被国民党统治者视为"异党活动"[1]。可见，川南苗族根本就没有参政议政的权利。第二，经济上没有自己的土地，只能交纳高额押金，承担高额地租，去佃耕汉人地主或富农的土地。苗族佃农常常受到汉族地主的雇工剥削。虽然汉族也有受到雇工剥削的，但是，相较而言，苗族受到的雇工剥削要严重得多。例如，古蔺县麻城乡租种地主的土地，必须承担繁重的无偿劳役，寨和村 46 户苗族，有 31 户负有这种无偿劳役、被剥削的工数达 2254 个，而 43 户汉族负有此种无偿劳役、被剥削的工数 511 个，只占苗族被剥削工数的 22.67%。[2] 汉族地主还经常对苗族佃农进行附加剥削，例如，苗族佃农结婚，要向地主送"过山礼"；苗族佃农家中有丧事，要向地主送"丧葬礼"；[3] 苗族佃农有红白喜事时，要请地主做"总管"，掌管经济收支大权；每逢过年或地主家有红白喜事时，佃户必须送礼；地主嫁女要苗族男子抬轿、苗族妇女陪嫁；[4] 等等。此外，高利贷剥削也是汉族地主对苗族常见的剥削方式。高利贷和利滚利压得苗族喘不过气来，有的苗族甚至因此过着颠沛流离的生活。除了受到地主的盘剥以外，川南苗族人民还深受国民党保甲人员的压迫。据调查，在抗日战争和解放战争时期，国民党伪乡保甲人员对当地苗族人民的搜刮、压迫和剥削是十分严重的。[5] 第三，没有接受官办教育的机会。民国时期，川南学校勃兴，但苗族却无接受官办教育的机会。因此，西方教会乘虚而入，在川南开办了

---

① 郎维伟：《四川苗族社会与文化》，四川民族出版社 1997 年版，第 79 页。

② 四川民族调查组苗族小组：《古蔺县麻城乡苗族社会历史调查》，载四川省编辑组《四川省苗族傈僳族傣族白族满族社会历史调查》，四川省社会科学院出版社 1986 年版，第 70 页。

③ 郎维伟：《四川苗族社会与文化》，四川民族出版社 1997 年版，第 66 页。

④ 四川民族调查组苗族小组：《泸州专区苗族社会历史调查》，载四川省编辑组《四川省苗族傈僳族傣族白族满族社会历史调查》，四川省社会科学院出版社 1986 年版，第 9 页。

⑤ 同上书，第 3 页。

十余所学校，主要招收苗族子弟。国民党统治者对洋教的蓬勃发展深感不安，为抵制教会对苗民的笼络，于 1940 年在古蔺德跃镇开办了苗民班，聘韩介休（苗族）、罗承宣（彝族）任教。不久，韩、罗查知苗族学生寥寥无几，苗民班徒具虚名，加之学校营私舞弊、克扣经费，两人任教不到半年，愤然辞职，苗民班不宣而散。1942 年，苗胞汇集叙永蔓岭山，成立了边民文化促进会，并创办了十余所私立复兴小学，但最终因要求参与国大代表选举的诉求触怒了国民党统治者，而殃及复兴小学被迫关闭。①

由于民族不平等政策，川南苗族长期处于被汉族统治阶级压迫剥削的边缘地位，"受尽了民族的阶级的双重压迫和社会歧视"②。在忍无可忍的情况下，他们也会起来反抗，但无济于事。阶级压迫和民族歧视使得苗汉之间的对抗与冲突仍在继续。

二　民族同化政策下的苗汉心理壁垒与隔阂

由于存在大汉族主义思想，民国政府大力推行以汉族为中心的民族同化政策。袁世凯刚就任临时大总统之初，便颁布了《豁除五大民族婚姻禁令文》，鼓励汉、满、蒙、回、藏各族"互通婚姻"③。虽然倡导各族联姻有利于各民族的团结，但此举意在"以除异同之迹"④，最终达到同化之目的。此外，北洋政府还在语言、文字等方面推行同化政策，例如，设立"国语统一筹备会"，积极推进国语统一事项；1912 年 8 月公布的《众议院议员选举法》规定蒙、藏、青海"通晓汉语者"才能被选举为众议院议员；等等。

孙中山先生虽然主张民族团结、民族平等，但他的民族观中仍带有大汉族主义色彩，他认为国民党"尚须在民族主义上做功夫，务使满、蒙、

---

① 郎维伟：《四川苗族社会与文化》，四川民族出版社 1997 年版，第 77—79 页。

② 四川民族调查组苗族小组：《筠连县联合乡苗族社会历史调查》，载四川省编辑组《四川省苗族傈僳族傣族白族满族社会历史调查》，四川省社会科学院出版社 1986 年版，第 118 页。

③ 袁世凯：《豁除五大民族婚姻禁令文》，载徐有朋《袁大总统书牍汇编》，广益书局 1920 年版，第 91 页。

④ 同上。

回、藏同化于我汉族，成一大民族主义的国家"[1]；"而使藏、蒙、回、满，同化于我汉族，建设一最大之民族国家者，是在汉人之自决"[2]。因为在他看来，"就大多数说，四万万中国人可以说完全是汉人"[3]。孙中山先生的汉族同化思想深刻影响了国民政府的民族政策，国民党积极推行"重边政，宏教化，以固国族而成统一"[4] 的政策。有学者指出，国民党的"宏教化"就是要开化少数民族，以汉族文化同化少数民族。把民族的统一建立在同化少数民族的基础上，这是国民党民族政策的特点。[5] 国民党的同化政策被杨森在实践中演绎得淋漓尽致。1937 年，担任国民党二十军军长的杨森奉命驻署安顺，便开展"同化苗夷工作""由职司令部附设苗人同化学校二所，实施同化教育，注意改着服装，汉苗通婚及婚丧语言等事""并制定军队实施苗夷同化教育""令职军各部凡驻地接近苗夷，须实施短期苗夷同化教育"。[6] 杨森担任贵州省主席后，在蒋介石的授意之下，大力推行语言统一、服装统一、汉苗通婚等三项民族政策，强迫少数民族使用国语，强行要求少数民族剪发易服，奖励苗汉通婚。强制推行的民族同化政策自然会引起少数民族的反感，招致抵触。据调查，民国时期"苗夷子弟及其父母不乐入校读书"的原因之一在于"读书后恐强逼改易原来妆束，尤其是剪发"。因此，陈国钧先生于 20 世纪 40 年代提出的推行贵州苗夷教育的三大条件之一便是"要尊重苗夷固有的社会地位，文化历史，宗教信仰，风俗习惯"[7]。

由于民国政府推行以汉族为中心的民族同化政策，再加上川南苗区地处川滇黔交界区域，与贵州苗区毗邻，受其影响在所难免，因此，川南民

---

① 孙中山：《在中国国民党本部特设驻粤办事处的演说》，《孙中山全集》第 5 卷，中华书局 1985 年版，第 473—474 页。

② 孙中山：《在桂林对滇赣粤军的演说》，《孙中山全集》第 6 卷，中华书局 1985 年版，第 24 页。

③ 孙中山：《民族主义》，《孙中山全集》第 9 卷，中华书局 1986 年版，第 188 页。

④ 《中国国民党第五次全国代表大会宣言》，中国第二历史档案馆编《中华民国史档案资料汇编》第 5 辑第 1 编《政治》（二），江苏古籍出版社 1994 年版，第 487 页。

⑤ 赵学先等：《中国国民党民族理论与民族政策研究》，中央民族大学出版社 2010 年版，第 187 页。

⑥ 陈国钧：《贵州省的苗夷教育》，载吴泽霖、陈国钧等《贵州苗夷社会研究》，民族出版社 2004 年版，第 39—40 页。

⑦ 同上书，第 45 页。

族政策也呈现出汉化倾向。这一点从地方史志记载中也可看出，例如，民国《叙永县志》载，叙永"苗族多居于苗岭……重山叠涧最称险要，数千年来，实未开化""若能去其野蛮，移风易俗，汉人之责也"①。整个民国时期，地方政府不仅不尊重苗族文化，还认为苗族文化鄙陋、落后、应被革除。在这样的背景下，当地苗族"均以说苗语为耻"，与汉人交流时"自称不懂苗话"，纷纷说汉语，"改汉装""从汉俗"。② 据胡庆钧先生调查，20 世纪 40 年代川南苗族"汉化程度颇高"③。但这终归是歧视与压迫之下的同化，不仅未消除川南苗汉之间长期以来形成的隔阂，还增强了苗族对汉人的不信任感与抵触心理，使得苗族防备汉人的心理壁垒愈趋坚固。这从中华人民共和国成立前川南苗族绝不与汉人通婚，并将这一禁忌作为族规传承下来便可得以佐证。

第三节　中华人民共和国成立后的民族政策与川南苗汉民族关系

在阶级和民族双重压迫下，翻身做主人是少数民族群众最迫切的诉求，实现民族平等则成为少数民族群众最强烈的愿望。中华人民共和国成立以后，为了消除民族歧视、民族隔阂，改善民族之间的关系，增强民族团结，实现民族平等，促进各民族共同繁荣发展，党和政府制定了一系列政策，采取了一系列措施，取得了良好的效果。由于党的民族政策光辉照耀，川南苗族真正当家做主人，享有平等权利，苗区经济社会取得长足发展，苗汉民族关系也得到明显改善。

一　民族平等成为处理苗汉民族关系的根本性原则

中国共产党从成立之初便将民族平等作为处理民族问题的基本原则。1949 年 9 月中国人民政治协商会议通过的、具有临时宪法作用的《共同

---

①　赖佐唐等修，宋曙等纂：民国《叙永县志》卷 4，《中国地方志集成·四川府县志辑 33》，巴蜀书社 1992 年版，第 772 页。

②　芮逸夫著，王明珂编校、导读：《川南苗族调查日志 1942—43》，"中央研究院"历史语言研究所 2010 年版，第 115、89、68 页。

③　胡庆钧：《川南苗乡纪行》，《汉村与苗乡——从 20 世纪前期滇东汉村与川南苗乡看传统中国》，天津古籍出版社 2006 年版，第 202 页。

纲领》明确规定："中华人民共和国境内各民族一律平等""反对大民族主义和狭隘民族主义，禁止民族间的歧视、压迫和分裂民族团结的行为"。中华人民共和国成立后，为了真正实现和保障少数民族的民族平等权利，党和政府制定了系列相关的民族政策和具体措施，例如，筹建民族事务机构，在民族地区普遍建立民族民主联合政府，培养和使用少数民族干部，在少数民族聚居区实行民族区域自治，为散居区的少数民族制定并通过了《中央人民政府政务院关于保障一切散居的少数民族成分享有民族平等权利的决定》；1950 年，中共中央发出《关于慎重处理少数民族问题的指示》，要求决定当地工作方针和具体工作步骤，必须从少数民族的实际情况出发；1951 年，中央人民政府颁发了《政务院关于处理带有歧视或侮辱少数民族性质的称谓、地名、碑碣、匾联的指示》，要求各地清除历史上遗留下来的民族歧视的有形痕迹；中央政府派访问团到民族地区进行访问，并组织边疆少数民族各阶层人士到内地参观，以疏通民族关系、加强民族团结；加强民族调查研究工作，开展民族识别工作，确定民族身份；大力帮助少数民族发展经济，改善生活；等等。①

  1954 年 9 月 20 日，第一届全国人民代表大会第一次会议通过了新中国第一部宪法，这部宪法在第一章第三条中再次明确规定："各民族一律平等。禁止对任何民族的歧视和压迫，禁止破坏各民族团结的行为。"②在后来颁布的历部宪法中，民族平等的原则都得以坚持，民族平等的权利也得以不断完善。为了逐步消除历史上遗留下来的民族间事实上的不平等，切实保障少数民族的平等权利，1982 年 12 月 4 日第五届全国人民代表大会第五次会议通过的宪法还明确规定："国家保障各少数民族的合法的权利和利益，维护和发展各民族的平等、团结、互助关系。""国家根据各少数民族的特点和需要，帮助各少数民族地区加速经济和文

---

① 江平：《中国民族问题的理论与实践》，中共中央党校出版社 1994 年版，第 114—121 页。
  金炳镐：《中国共产党民族政策发展史》，中央民族大学出版社 2006 年版，第 116—130 页。
② 《中华人民共和国宪法（1954 年）》，中国人大网（http://www.npc.gov.cn/wxzl/wxzl/2000 - 12/26/content_ 4264. htm）。

化的发展。"① 根据宪法的规定，党和政府在推行民族区域自治，大力发展少数民族经济，积极推进少数民族教育，尊重少数民族文化、宗教，培养、选拔和任用少数民族干部等方面制定了相关的民族政策，采取了系列具体措施，有效地促进了民族平等。

中华人民共和国成立后，党和政府坚持民族平等原则，在川南苗区积极实施相应的民族政策和系列措施。一是解放川南苗区，开展剿匪、清匪、反霸、减租、退押等工作，建立和巩固民主政权。二是掀起土改运动，没收了地主的土地，征收了富农多余的土地，并将土地分给苗族人民，彻底改变了历史上"老鸦无树桩，苗家无地方"的状况，使苗族实现了耕者有其田的愿望。三是政府发布文告废除了过去对苗族带有侮辱性质的称谓、地名、碑碣和匾额，更用了新名。四是专门召开民族代表会、座谈会，了解少数民族的情况，听取少数民族的意见和建议，切实解决少数民族问题。例如，从 1951—1957 年，泸州专区先后召开了 3 次专区民族代表会和 1 次民族座谈会，叙永、古蔺、古宋（今兴文）等县也各召开了 1 次民族代表会和 10 次民族座谈会，苗族代表在会上先后提出的建立民族学校、保留风俗习惯、供给照明用油、增加布票等多项要求都得到圆满解决。五是积极组织参观访问。例如，从 1951—1957 年，组织了访问团（队）先后 4 次到川南苗区进行访问，和苗族同胞进行了广泛的接触和交谈，并带去了大批慰问信和礼物；从 1951—1958 年，泸州专区先后组织了 281 名苗族代表到北京、天津、上海各大城市及四川成都、重庆等地参观。六是大力培养和使用苗族干部。截至 1958 年，叙永、古蔺、古宋 3 县的苗族中，就有 1 名全国人大代表、2 名省级人大代表、64 名县级人大代表；有专职干部 250 人，其中还有当选副县长、乡长、副乡长的；有 317 名优秀分子被选送到中央民族学院、西南民族学院等校学习深造。七是在经济、文教卫生等方面予以扶持和照顾。例如，在苗族比较集中的地区发放救济粮、衣物棉被、生产生活补助，为苗族提供低息农贷，开办民族学校或民族班招收苗族子弟，派医疗队到苗区进行免费医疗，成

---

① 《中华人民共和国宪法（1982 年）》，中国人大网（http：//www. npc. gov. cn/wxzl/wxzl/2000 – 12/06/content_ 4421. htm）。

立民族卫生所，等等。① 这一系列民族政策措施有效地促进了中华人民共和国成立初川南苗族的发展，明显改善了苗汉民族关系。

从 1958 年"大跃进"运动开始，到 1976 年"文化大革命"结束，川南苗区的民族工作被忽视，政治经济文化各项事业受到严重影响。但 1978 年 12 月召开的中共十一届三中全会作出了把工作重点转移到社会主义现代化建设上来的战略决策，实现了伟大的历史转折。1978 年以来，从中央到地方都制定了一系列帮助扶持少数民族发展的政策措施，川南苗族也享受到了优惠政策，例如高考加分，对口扶贫，建立苗族乡，培养选拔苗族干部，发展民族教育、文化、卫生事业，等等，使川南苗区步入了新的发展时期。② 由于党的正确领导，民族平等已成为中华人民共和国成立以后川南地区处理苗汉民族关系的根本性原则。

二　民族乡的建立成为民族平等的制度保障

1949 年《中国人民政治协商会议共同纲领》明确规定："各少数民族聚居的地区，应实行民族的区域自治，按照民族聚居的人口多少和区域大小，分别建立各种民族自治机关。凡各民族杂居的地方及民族自治区内，各民族在当地政权机关中均应有相当名额的代表。"③ 民族区域自治正式成为我国解决国内民族问题、保障少数民族权利的基本政策。后来，民族区域自治又明确载入历部宪法，成为我国的一项基本政治制度。

1952 年批准公布的《中华人民共和国民族区域自治实施纲要》在第二章第七条中明确规定："各民族自治区的行政地位，即相当于乡（村）、区、县、专区或专区以上的行政地位，依其人口多少及区域大小等条件区分之。"④ 也就是说，县级以下的区、乡范围的少数民族聚居区都可以建立民族自治地方。因相当于乡一级的自治地方行使自治权有困难，1954 年颁布的我国第一部宪法规定，民族自治地方划分为自治区、自治州、自

---

① 四川民族调查组苗族小组：《泸州专区苗族社会历史调查》，载四川省编辑组《四川省苗族傈僳族傣族白族满族社会历史调查》，四川省社会科学院出版社 1986 年版，第 11—17 页。

② 郎维伟：《四川苗族社会与文化》，四川民族出版社 1997 年版，第 108—116 页。

③ 中共中央统战部：《民族问题文献汇编》，中共中央党校出版社 1991 年版，第 1290 页。

④ 《中华人民共和国民族区域自治实施纲要》，中国人大网（http://www.npc.gov.cn/wx-zl/wxzl/2000 - 12/10/content_ 4259. htm）。

治县三级，在相当于乡的少数民族聚居地方建立民族乡，不再属于民族自治地方，但"民族乡的人民代表大会可以依照法律规定的权限采取适合民族特点的具体措施"①。民族乡制度建立之后，1955 年 12 月国务院根据宪法的规定，发布了《关于改变地方民族民主联合政府的指示》《关于建立民族乡若干问题的指示》《关于更改相当于区的民族自治区的指示》；1956 年 10 月，国务院针对区、乡级自治地方更改工作中存在的问题，又发布了《关于更改相当于区和相当于乡的民族自治区的补充指示》。20 世纪 50 年代末期，民族乡被人民公社取代。党的十一届三中全会召开以后，民族乡制度得以恢复。根据 1982 年颁布的宪法，中共中央、国务院于 1983 年 10 月发出《关于实行政社分开建立乡政府的通知》；国务院于同年 12 月又发出了《关于建立民族乡问题的通知》。1993 年 9 月，经国务院批准，国家民委发布了《民族乡行政工作条例》，对民族乡的行政工作做出了全面、系统、具体的规定，涉及到政治、经济、文化、科技、教育、卫生等各个领域。作为民族区域自治制度的必要补充、处理我国散杂居少数民族事宜的一种较好的政治形式，民族乡制度不断成熟和完善，有效地确保了散杂居少数民族行使当家做主、管理本地方本民族内部事务的权利，有力地推动了相当于乡的少数民族聚居区的社会经济发展。

从 1984 年开始，经四川省人民政府批准，川南苗族比较集中的地区也陆续成立了苗族乡。目前川南共 17 个苗族乡，分别是泸州市叙永县白腊苗族乡、合乐苗族乡、枧槽苗族乡，泸州市古蔺县箭竹苗族乡、大寨苗族乡、马嘶苗族乡，宜宾市兴文县大坝苗族乡、毓秀苗族乡、大河苗族乡、麒麟苗族乡、仙峰苗族乡，宜宾市珙县罗渡苗族乡、玉河苗族乡、观斗苗族乡，宜宾市筠连县高坪苗族乡、联合苗族乡、团林苗族乡。

川南苗族乡的建立为实现民族平等提供了制度保障，促进了当地苗族的快速发展，主要体现在以下几个方面。

一是苗族享有了政治上的平等权利，当家做主管理自己的内部事务。

① 《中华人民共和国宪法（1954 年）》，中国人大网（http：//www.npc.gov.cn/wxzl/wxzl/2000 - 12/26/content_ 4264.htm）。

川南 17 个苗族乡的乡长均由苗族干部担任，其他领导干部的配备也考虑了少数民族。例如，2013 年叙永枧槽苗族乡有乡副科级以上领导 9 人，其中少数民族 3 名，占 33.33%。①

二是苗族乡的产业结构得到优化，经济得到迅速发展。各苗族乡大力发展特色农业，如烤烟、苦丁茶、食用菌、花椒、水果、反季节蔬菜、规模化养殖、无公害农产品等，有的苗族乡还依托自身的资源优势，积极招商引资，以发展当地特色农业、工业或旅游业。以兴文县仙峰苗族乡为例，该乡始终坚持农业的基础地位，引导农民规模发展特色林果产业和畜禽养殖；同时，依托丰富的煤炭、硫铁矿资源，引进企业，建成工业园区；依托得天独厚的自然气候和天然植被、绚丽多彩的苗族文化，发展特色旅游。该乡 2011 年 GDP 为 6.3 亿元，其中工业总产值 5.3 亿元，较2006 年增加 3 亿元，增长 130.43%，农业总产值 1 亿元，较 2006 年增加0.4 亿元，增长 66.67%；社会固定资产投资 4.5 亿元，较 2006 年增加 3亿元，增长 200%；地方财政一般预算收入 1500 万元，较 2006 年增加900 万元，增长 150%。②

三是农村居民收入实现快速增长。叙永县枧槽苗族乡于 1984 年 4 月成立，当年农民人均纯收入仅 70 元，1991 年增至 362 元，2012 年提高到4310 元。③ 珙县玉和苗族乡于 1984 年 3 月成立，1985 年农民人均纯收入183 元，1991 年增至 361 元，2013 年提高到 7978 元。④ 筠连县团林、高坪苗族乡于 1984 年 4 月成立，1990 年农民人均纯收入 315 元左右，2013年农民人均纯收入分别为 8524 元、8655 元，仅略低于当年筠连县农民人均纯收入（8854 元）。⑤ 古蔺县大寨、马嘶、箭竹 3 个苗族乡均于 1986 年11 月成立，1991 年农民人均纯收入为 370 元，2013 年农民人均纯收入分别为 6120 元、6018 元、6712 元。⑥ 兴文县大坝、麒麟、大河、仙峰、毓

---

① 资料来源于叙永枧槽苗族乡政府。
② 兴文县年鉴编辑委员会编：《兴文县年鉴 2012》，2012 年，第 265 页。
③ 叙永县统计局、国家统计局叙永调查队、叙永县统计学会编：《叙永统计年鉴 2012》，2013 年，第 162 页。
④ 数据来源于珙县民族宗教事务局。
⑤ 数据来源于筠连县民族宗教事务局。
⑥ 数据来源于古蔺县民族宗教事务局。

秀 5 个苗族乡均于 1984 年成立，1990 年农民人均纯收入为 275—400 元之间①，2013 年分别为 6476 元、6610 元、7937 元、8428 元、6506 元。②

四是苗族乡的文化、卫生、教育等社会事业得到大力发展。乡级文化站或文化中心的建立、农家书屋的村村覆盖，丰富了农民的文化生活。乡、村两级卫生服务站的建立、新型农村合作医疗的实施、医疗救助的落实，逐步解决了农村居民"看病难、看病贵"的问题。教育经费投入持续增加，中小学办学条件不断改善，教育质量稳步提升，义务教育入学率、巩固率、毕业率均达到要求，群众受教育程度显著提高。

五是苗族乡的基础设施得到明显改善。基础设施建设资金投入不断增加，以筠连县团林、高坪、联合 3 个苗族乡为例，2012 年，除危草房改造资金外，还投入 1555.5 万元用以基础设施建设，其中公路建设 1265 万元，渠堰改造 166 万元，人口饮水 124.5 万元；2013 年，除危草房改造资金外，投入基础设施建设资金共 8957 元，其中公路建设 2111 万元，渠堰改造资金 450 万元，团林苗族乡后沟水库安置点新村建设 1680 万元，人畜饮水 83 万元，农村风貌整治资金 1095 万元，农村电网升级改造 3538 万元。③ 随着资金投入的增加，苗族乡实现了村村通公路、家家有电灯，农村环境、居民住房、人畜饮水、农田灌溉等生产生活条件也得以不断改善。

上级部门以及当地政府对苗族乡的扶持力度不断加大，因此，相对于川南其他散杂居少数民族地区而言，绝大多数苗族乡的经济发展较快，基础设施条件较好，群众生活水平较高，当地苗族与汉族无明显差别。但是，川南苗族相对集中的兴文、珙县、筠连、叙永、古蔺 5 个县至少有一半以上的苗族居住在非民族乡的乡镇，其中许多居住在各乡镇的最偏远地区，自然条件较为恶劣，经济基础相对薄弱，群众生活水平偏低。为了解决少数民族发展不平衡问题、促进少数民族和民族地区加快发展，这 5 个县积极申请享受少数民族地区待遇，兴文县于 2009 年 3 月经省人民政府批准享受少数民族地区待遇，其余 4 个县也于 2014 年 1 月获批享受少数

①　本自然段中 20 世纪八九十年代的数据均来源于郎维伟《四川苗族社会与文化》，四川民族出版社 1997 年版，第 117—121 页。

②　数据来源于兴文县民族宗教事务局。

③　资料来源于筠连县民族宗教事务局。

民族地区待遇。依照 2006 年通过的《四川省实施〈中华人民共和国民族区域自治法〉若干规定》（四川省人民政府令第 205 号），经省人民政府批准享受少数民族地区待遇的县（区），和民族自治地方一样，将在经济、科技、教育、文化、体育、医疗卫生、社会保障等方面享受转移支付、税收照顾、优惠贷款、资金人才技术支持等系列优惠政策。而且，省政府要求，留成少数民族地区待遇县的省级地方财力分成部分只能用于民族乡和少数民族群众民生事项，使民族政策精准落地并产生最大综合效益，促进民族地区经济社会快速健康发展，与全省同步全面建成小康社会。① 5 县获批享受少数民族地区待遇，为提升各县苗族的整体地位提供了更有力的政策保障，必将更有效地促进苗族和苗区蓬勃发展。

三　民族平等政策的落实改善了苗汉民族关系

中华人民共和国成立后，随着民族平等政策的有效贯彻落实，川南苗区社会经济得到持续快速发展，苗族的地位得到提高，民族平等得以实现，民族团结观念深入人心，切实改善了苗汉民族关系。民族平等政策的落实可以从多方面体现出来，笔者主要从政治、经济、文化三个方面加以论述。

第一，苗族干部得到大力培养和任用。中华人民共和国成立初期，毛泽东同志就指出："要彻底解决民族问题，完全孤立民族反动派，没有大批从少数民族出身的共产主义干部是不可能的。"这一科学论断深刻阐明了培养少数民族干部的重要性，长期以来一直成为我们党培养少数民族干部的理论依据和重要的指导思想。② 解放后，川南苗区便开始培养和使用少数民族干部，随着政策的深入贯彻，近年来这项工作取得显著成效。一是加强少数民族干部教育培训、培养锻炼工作。各县采取了上挂下派、交流轮岗、开办培训班、选送外出学习、鼓励在职深造等多种形式，培养锻炼少数民族干部，使他们的整体素质得到明显提高。二是落实配备要求，加大选拔任用力度。以兴文县为例，县委、县人大、县政府、县政协、民

---

① 《四川省人民政府关于宣汉等 7 县享受少数民族地区待遇的通知（川府函〔2014〕7号）》（http://www.sc.gov.cn/10462/10883/11066/2014/1/15/10290957.shtml）。

② 江平：《中国民族问题的理论与实践》，中共中央党校出版社 1994 年版，第 233 页。

族乡领导班子均按要求配备了相应的少数民族干部，2014 年，该县科局级少数民族干部 40 名，占全县科局级领导干部的 8.05%；在每次公务员、事业编制人员招录工作中，最大限度地争取划出专项指标用于招录少数民族人员，招录比例逐年上升，仅 2014 年上半年，单列指标招录少数民族教师 16 人、乡镇事业人员 2 人。① 三是抓好少数民族后备干部队伍建设。例如，筠连县规定，县级后备干部中，少数民族干部要达到 3 名以上，3 个苗族乡和 3 个少数民族人口在 1000 人以上的镇选拔科级后备干部，少数民族干部的比例要略高于其人口所占的比例。② 由于大力培养少数民族干部这一政策的有效落实，川南苗族干部得到相当数量的培养和使用，成为苗区经济建设和社会发展的骨干力量，充分体现了苗族和汉族在政治上的平等。

　　第二，苗区经济得以快速发展。党和政府十分重视帮助少数民族和民族地区发展经济事业，认为这是各民族实现经济上的平等、走向共同繁荣的根本途径。川南苗区刚解放，便开展了土地改革运动，没收封建地主阶级的土地归农民所有，使广大苗族成为土地的主人。生产关系的变革，解放了生产力，促进了苗区经济的发展。"大跃进"和"文化大革命"时期，苗区各项事业受到严重影响，苗区经济倒退。党的十一届三中全会以后，确立了以经济建设为中心的指导思想，实行改革开放，实施了帮助少数民族和民族地区发展经济的民族政策，促进了苗区经济的快速发展。尤其是近年来，国家进一步加大了对少数民族和民族地区的扶持力度，苗族地区的经济发展更是日新月异。以兴文县为例，该县于 2009 年获批享受少数民族地区待遇，是川南最早获批的县份，从 2008—2013 年，该县三次产业结构不断优化，主要经济指标增幅十分明显，持续位居宜宾市 10 个县（区）前列。③ 苗族地区经济的蓬勃发展，使苗族家庭的收入持续增加，生活水平大幅提高，苗汉民族在经济上的差距逐步消除。

　　第三，苗族传统文化得到尊重和认同。中华人民共和国成立前，由于民族偏见与歧视的存在，民族政策中大汉族主义思想的存在，苗族文化受

---

① 资料来源于兴文县人民政府、兴文县民族宗教事务局。
② 筠连县苗族志编纂委员会：《筠连县苗族志》，2007 年，第 74 页。
③ 资料来源于兴文县人民政府。

到排斥。例如，苗族青年男女"吹芦笙和歌""情符者约为夫妇"的婚俗被视为"污俗"①，民族风情浓郁的苗族服饰被看作"苗里苗气"②，说苗语被贬称为"讲苗话"，等等。中华人民共和国成立后，宪法明确规定要尊重少数民族文化，并帮助发展少数民族文化："各民族都有使用和发展自己的语言文字的自由，都有保持或者改革自己的风俗习惯的自由。"③"国家根据各少数民族的特点和需要，帮助各少数民族地区加速经济和文化的发展。"④ 川南地方政府认真贯彻落实相应的民族政策，采取了系列措施，使苗族的语言文字、风俗习惯等传统文化受到尊重、得到认同。一是普遍进行了民族政策的宣传，开展了民族团结教育，让文化平等的观念深入人心。二是成立苗族文化机构，如兴文县苗族文化促进会、珙县苗族文化交流中心等。三是尊重苗族使用和发展自己语言文字的权利，并开展苗文培训班，帮助苗族学习本民族文字。四是在民族学校或民族班开设苗族特色文化课程。五是定期开展"花山节""踩山节""苗场节""苗年节""苗家风情节"等苗族文化活动。这些苗族文化活动常常万人云集，除了苗族以外，还吸引了大量的其他民族参与。六是打造具有苗族特色的村寨，开展苗族蜡染、刺绣等技能培训，发展苗族文化产业，并以此带动当地旅游业。七是鼓励当地苗族学者积极开展苗族文化研究，开展苗族文化保护和传承活动，例如搜集整理苗族习俗、民间故事、歌谣，编撰苗族志，拍摄宣传片，召开研讨会，等等。八是积极推荐申报国家级、省级非物质文化遗产项目，珙县苗族蜡染成功入选国家级非物质文化遗产名录，珙县苗族古歌、筠连苗族刺绣、苗族大唢呐、叙永木格岛苗族祭祀鼓乐、川南苗族踩山节、兴文苗族花山节、古蔺苗族歌舞等项目成功入选省级非物质文化遗产名录。苗族文化不再受到歧视，并受到应有的尊重、得到其他民族的认同，大大提升了苗族的文化自信，也拉近了苗汉的心理距离，

---

① （清）冉瑞桐、罗度、郭肇林等修纂：光绪《珙县志》卷5，《中国地方志集成·四川府县志辑35》，巴蜀书社1992年版，第51页。

② 郎维伟：《四川苗族社会与文化》，四川民族出版社1997年版，第61页。

③ 《中华人民共和国宪法（1954年）》，中国人大网（http://www.npc.gov.cn/wxzl/wxzl/2000-12/26/content_4264.htm）。

④ 《中华人民共和国宪法（1982年）》，中国人大网（http://www.npc.gov.cn/wxzl/wxzl/2000-12/06/content_4421.htm）。

改善了苗汉之间的关系。

小 结

有明一代，川南仍是众多少数民族活动的舞台。由于川南是经略滇、黔的重要孔道，明王朝取得四川后即在川南改设流官，以剿抚兼施的政策对付当地都掌、"僰、羿、苗、猓"等民族。清王朝则继续对川南与滇、黔交界区域实行改土归流和恩威并举政策。在明清两朝的"国家化"过程中，中央王朝推行的政策激起少数民族反抗，但最终他们要么被同化，要么避居山区，甚至个别民族再难觅踪影，伴随而来的是大量汉族移居川南，从此川南形成了以汉族为主，苗、彝等少数民族共居的格局。通过剿抚兼施的强制同化方式来改变民族分布的原有状态，虽然最终呈现的是局部区域的民族融合，但也给苗汉人民留下民族不和和隔阂的历史记忆。

民国政府虽然以法律的形式确立了各民族的平等地位，但是，其解决民族问题的"五族共和"原则忽视了汉、满、蒙、回、藏以外的民族，所实行的民族政策只为统治阶级服务，还存在着严重的大汉族主义倾向，并未真正考虑广大少数民族的利益。因此，整个民国时期，川南广大苗族人民继续遭到阶级剥削和民族压迫，政治上没有地位，经济上没有生产资料，受到汉族地主的层层盘剥及国民党保甲人员的搜刮压迫。与此同时，民国政府大力推行以汉族为中心的民族同化政策，苗族文化受到歧视，处于边缘地位，使得苗族"汉化程度颇高"。阶级压迫与民族歧视之下的汉化，让川南苗族防备汉人的心理壁垒愈趋坚固，进一步加深了苗汉之间的心理隔阂。

中华人民共和国成立以后，彻底废除了阶级压迫和民族压迫制度，川南苗族翻身做主人，享有了平等权利。民族平等成为川南地区处理苗汉民族关系的根本性原则，而建立民族乡和获批享受少数民族地区待遇则成为实现民族平等的制度保障。随着民族政策的深入贯彻，川南苗区的经济、科教、文化、医疗、卫生、社会保障、基础设施等各项事业得到持续快速发展，苗族的政治、经济、文化地位大幅提升，教育程度显著提高，苗汉民族平等得以真正实现。民族平等的实现，消弭了民族偏见与歧视，消除了苗汉间的心理隔阂，增强了族际认同，使苗汉之间逐步形成了平等、团结、互助、和谐的民族关系。

结　语

　　川南历史上曾是少数民族分布较多的区域,汉文献记载有僰夷、葛僚、都掌蛮、乌蛮、羿子、倮倮、回、苗等民族。自明代在西南边疆推行"国家化",大量汉人进入川南,川南逐渐形成了以汉族为主,苗、彝等少数民族共居的局面。在国家与民族、民族与民族的冲突中,苗族被迫从平坝退居山区,居住空间格局逐渐发生变化。到了近代,川南基本形成了"坝区汉家,山上彝家,苗家住在石旮旯"的民族居住格局,苗族僻处高寒山区,正如方志所载"其田少,其民乏"。解放前川南的土地基本集中在汉人手中,当然主要集中在汉族地主和富农手中。历史上形成的土地占有状况反映出浓厚的民族不平等色彩,这无疑与整个苗族在解放前的政治地位和经济地位低下是分不开的。川南苗族则以"老鸦无树桩,苗家无地方"的谚语来表达对这种既有阶级,更有民族占有不平等的不满。

　　因为生存条件的不利,社会地位的低下,与传统文化的异质性差别等,旧时川南苗族与汉族之间的民族关系表现为明显的隔阂和不和。这种隔阂与不和在田野调查的资料中有所记录,诸如川南苗族民间流传于世的"石头不是枕头,汉人不是朋友""苗家是朋友,汉族是仇人""苗家下不得山,下山要绝种"等谚语。在日常生活中,苗汉之间"不相往还",通婚已成禁忌,以至民国学者在川南调查时发出"苗民之畏汉人,甚于虎豹"(林名均,1936年)的话语。应该说史志文献和民国学者的调查对苗人而言,属于"他者"的记录,苗人的谚语格言和生活禁忌是"主位"的感受,两者反映的情形是一致的,这就说明旧时川南苗汉民族关系的确充满隔阂与不和。而造成这种情形的主要原因有政治、经济、心理等多方面的因素。仅从民族心理角度分析,汉族对苗族的偏见与歧视,以及由此而产生的苗族对汉族的不信任与抵触,才是导致苗汉关系不和的关键因素。

　　生产关系的制度性不平等，自然会导致民族压迫从属于阶级压迫的状况，因此在阶级社会中不能排除川南社会的民族偏见与歧视有制度性诱因。除了制度性不平等的诱因外，民族之间的群体心理因素，也会产生浓厚的负面民族偏见。当一个民族以自己民族的文化、语言、宗教、习俗等为标准，去衡量别的民族，发现与自己民族不同而觉得其另类或落后，便形成了对该民族的刻板印象，在此基础上产生了不尊重或否定的情感，这就构成了民族偏见的态度维度。由此可见，这种类比是建立在居高临下、民族不平等的基础之上。一旦形成对异民族的刻板印象和否定的情感，当社会环境不变，就会代际传递，构成难以克服的、根深蒂固的社会心理偏见。当民族偏见以语言、文字的形式表达出来，或者以民族类别先天性地享有某些体系、制度上的优势表达出来时，就是民族歧视。民族偏见不一定导致民族歧视，但二者可结伴而行，互相强化。在中华人民共和国成立前川南社会人群的调查中，我们可以观察到民族偏见的双向性：汉族对苗族持有偏见；苗族同样对汉人持有偏见，但后者更多的是对前者所持偏见不满的情形下形成的偏见意识。而汉族人群将自己在心理上置于比苗族更优越、更重要的位置，就构成了汉对苗偏见与歧视的心理基础，在政治、经济、社会生活中也就更多地表现为汉族对苗族的歧视。这种歧视深刻地留在川南苗族的记忆中，并逐渐演化为对汉族的不信任和抵触心理。

　　中华人民共和国成立以后，特别是改革开放以后，川南苗区政治、经济、文化、教育、卫生等事业得以持续、稳定发展，川南苗族也获得了人口迅速发展的社会和经济条件，人口呈稳定增长趋势；人口和劳动力的自由流动不再受到限制，苗汉交错分布，不同民族的混居和相互嵌入正在经历一个动态的发展过程。伴随着民族平等制度的落实，生产关系的改变，经济条件的改善，受教育程度的提高，川南苗汉之间的族际结构性差异逐渐缩小。由于苗汉接触、交往日益增多，民族之间的文化涵化不可避免。苗族虽是当地世居民族，也是人口最多的少数民族，但与当地汉族人口相差甚远，因此在族际接触、交往过程中自然会受汉文化影响，在这种情况下便呈现出苗族语言、风俗习惯、姓氏文化等方面逐渐与汉文化趋同的特点。在文化的趋同与交往的嬗变中，川南的苗汉族际通婚经历了从不通婚到在反对中通婚再到自由通婚这一递进轨迹。

　　目前，川南苗汉族际通婚呈现以下几个特点：第一，苗汉族际通婚现象普遍；第二，苗汉族际通婚比例呈上升趋势；第三，苗族与汉族通婚基本上不再受到家庭或家族的反对；第四，部分苗族家庭有让子女同汉族通婚的意愿；第五，在利益分配无差异的情况下，苗族在对族际通婚子女的民族成份选择上并无明显的倾向性；第六，外嫁的苗族女性多于外娶的苗族男性；第七，苗汉族际通婚的地域范围不断扩大。从川南苗汉族际来往的整个趋势来看，两个民族传统不婚的现象已经逐渐被新生代年轻人所突破，这一变迁的情形究竟是由什么原因引起的，的确值得关注和研究。也许这种现象不仅仅只是在川南有意义，中国有许多这种两个民族历史上不通婚的情形，在当下的时代均发生了变化。毫无疑问，族际通婚对民族关系的影响程度是显而易见的，虽然我们不去人为地倡导，同样也不必人为地反对。现实社会的经济社会文化发展必然带来年轻一代的广泛交往，打破族际界限的通婚也许将渐成一种趋势。

　　从族际结构性显著差异的逐渐缩小、苗汉文化的日益趋同中，从居住环境边界清晰到混居和相互嵌入、"不相往还"到互帮互助、不通婚到通婚普遍的演变中，即可看到苗汉民族关系从冲突、隔阂走向和谐共生的演进过程。这一演变过程折射出两个民族从偏见与歧视、不信任与抵触到相互认同的民族心理变迁历程。在民族心理的转换过程中，民族政策起着至关重要的作用。伴随着制度的根本性变迁，川南苗族翻身做主人，民族平等得以真正地实现，汉族统治阶级对苗族的民族剥削、压迫和歧视不复存在；而汉族社会对苗族普遍存在的偏见与歧视，也通过社会准则的重构和群体间接触交往的增加得以逐渐消除。与此同时，川南苗族从中华人民共和国成立前对本民族不敢公开认同逐渐转变为积极认同，并在对共同祖先、共同历史、共同文化、共同命运的感知中产生了对中华民族的认同，在民族政策的落实和国家地位的提升中形塑了这一认同。中华民族认同的形成和巩固，使得川南苗汉两个民族都意识到同属"一家人"，并相互认同对方的身份、文化，逐步形成了平等、团结、互助、和谐的民族关系。至此，本书研究了川南苗汉民族关系的历史演变和现实状况，为今后深入开展民族关系的比较研究或追踪研究提供了一个较完整的案例。

附　录

川南苗汉民族关系现状调查问卷

亲爱的老乡：您好！

为了了解川南地区苗汉民族关系现状，我们需要了解您的一些实际情况，请您支持。

本问卷不记名，答案无所谓对错，请您按照您真实的看法、想法和个人情况填写，不必有所顾虑。本调查不会对您产生任何不利的影响，对您提供的资料我们绝对保密，仅用于相关研究。

请您在填写问卷时注意以下事项：

1. 请在符合您的情况和想法的答案号码上画上"√"。

2. 如果所列答案项不适合您的情况或想法，请在"其他"项目的横线上填写您的情况或想法。

3. 填写问卷时，请不要与他人商量。

占用了您的宝贵时间，向您致以深切的歉意！对您的支持和合作表示衷心的感谢！

川南苗汉民族关系现状调查组

2014 年 6 月

所在地名称：＿＿＿＿＿＿＿＿＿＿＿

一　基本情况

1. 您的性别：①男　②女

2. 您的年龄：＿＿＿＿岁

3. 您的学历：

①未上过学　②小学　③初中　④高中（中专、中师）　⑤大专
⑥本科　⑦本科以上

4. 您的户口：

①农业户口　②非农业户口

5. 您的职业：

①务农　②外出务工　③经商　④事业单位工作人员　⑤公务员
⑥企业单位工作人员　⑦其他（请填写）＿＿＿＿＿＿＿＿＿＿

6. 您的政治面貌：

①中共党员　②民主党派　③共青团员　④群众

7. 您的宗教信仰：

①无宗教信仰　②道教　③佛教　④基督教　⑤其他（请填
写）＿＿＿＿＿

8. 您家有＿＿＿＿＿口人，有＿＿＿＿＿代人

二　收入和消费状况

9. 您家有＿＿＿＿＿＿个劳动力，有＿＿＿＿个劳动力外出务工。

10. 家中如有外出务工人员，外出务工人员的年龄：＿＿＿＿＿＿，
学历：＿＿＿＿，在外主要从事：＿＿＿＿＿＿＿＿＿＿＿＿（如
有多个外出务工人员，请分别填写）

11. 您家一年的人均年收入（纯收入）：

① 6000 元以下　② 6000—11999 元　③ 12000—23999 元

④ 24000—35999 元　⑤ 36000—47999 元　⑥ 48000 元及以上

12. 目前，您家收入的主要来源（可多选）：

①工资　②种植业　③养殖业　④本地乡村企业　⑤外出务工　⑥其
他（请填写）＿＿＿＿＿＿

13. 您对您家目前收入的满意程度：

①非常满意　②满意　③无所谓　④不满意　⑤非常不满意

14. 您觉得苗族的经济地位处于：

①上层　②中上层　③中层　④中下层　⑤下层　⑥不知道

15. 您觉得苗族的社会地位处于：

①上层　②中上层　③中层　④中下层　⑤下层　⑥不知道

16. 您家一年的消费支出主要用于（可多选）：

①食物　②服装　③住房　④日常生活必需品　⑤子女教育　⑥医疗　⑦农资用品　⑧其他（请填写）_____

17. 您家有哪些家用电器（可多选）：

①电饭锅　②洗衣机　③电冰箱　④电视机　⑤电风扇　⑥空调　⑦电磁炉　⑧微波炉　⑨计算机　⑩DVD 或 VCD

三　语言文字使用状况

18. 您会讲苗语吗？

①熟练使用　②只会一般的日常生活用语　③不会讲

19. （会讲苗语的回答）您学习苗语的方式是（可多选）：

①全日制学校学习　②短期培训　③家庭教育　④其他（请填写）_____

20. 您会讲汉语吗？

①熟练使用　②只会一般的日常生活用语　③不会讲

21. （会讲汉语的回答）您学习汉语的方式是（可多选）：

①全日制学校学习　②短期培训　③家庭教育　④与汉族居民日常交往　⑤族际通婚的配偶　⑥其他（请填写）_____

22. 您会苗文吗？

①既会认常用字，又会写常用字　②会认常用字，但不会写　③既会认简单的文字，又会写简单的文字　④会认简单的文字，但不会写　⑤不会

23. （会苗文的回答）您学习苗文的方式是（可多选）：

①全日制学校学习　②短期培训　③家庭教育　④其他（请填写）_____

24. 您会汉字吗？

①既会认常用字，又会写常用字　②会认常用字，但不会写　③既会认简单的文字，又会写简单的文字　④会认简单的文字，但不会写　⑤不会

25. （会汉字的回答）您学习汉字的方式是（可多选）：

①全日制学校学习　②短期培训　③家庭教育　④与汉族居民日常交

往　⑤族际通婚的配偶　⑥其他（请填写）＿＿＿＿＿

26. 您子女掌握语言的情况：

①只会苗语　②既会苗语，又会汉语　③只会汉语

27. （子女会苗语的回答）您子女学习苗语的方式是（可多选）：

①全日制学校学习　②短期培训　③家庭教育　④其他（请填

写）＿＿＿＿＿

28. （子女会汉语的回答）您子女学习汉语的方式是（可多选）：

①全日制学校学习　②短期培训　③家庭教育　④与汉族居民日常交

往　⑤其他（请填写）＿＿＿＿＿

29. 您子女掌握文字的情况：

①只会苗文　②既会苗文，又会汉字　③只会汉字

30. （子女会苗文的回答）您子女学习苗文的方式是（可多选）：

①全日制学校学习　②短期培训　③家庭教育　④其他（请填

写）＿＿＿＿＿

31. （子女会汉字的回答）您子女学习汉字的方式是（可多选）：

①全日制学校学习　②短期培训　③家庭教育　④与汉族居民日常交

往　⑤其他（请填写）＿＿＿＿＿

32. 您子女就读的学校是否双语教学（汉语和苗语）？

①是　②不是

33. 您希望您的子女接受双语教学吗？

①非常希望　②希望　③无所谓　④不希望　⑤非常不希望

34. 您希望您的后代掌握苗语和苗文吗？

①非常希望　②希望　③无所谓　④不希望　⑤非常不希望

35. 您希望您的后代掌握汉语和汉字吗？

①非常希望　②希望　③无所谓　④不希望　⑤非常不希望

36. 您使用苗语的场合（可多选）：

①家庭内部　②工作单位　③公共场所

37. 您使用汉语的场合（可多选）：

①家庭内部　②工作单位　③公共场所

38. 您和家人在家都讲苗语吗？

①讲　②不讲　③有时候讲，有时候不讲

39. 您认为自己和家人在家都要讲苗语吗？

①必须讲　②尽量讲　③无所谓

四　社会交往状况

40. 您与苗族的交往多吗？

①很多　②比较多　③一般　　④比较少　⑤很少

41. 您与汉族的交往多吗？

①很多　②比较多　③一般　　④比较少　⑤很少

42. 您的朋友多吗？

①很多　②比较多　③一般　　④比较少　⑤很少

43. 您的汉族朋友多吗？

①很多　②比较多　③一般　　④比较少　⑤很少

44. 如果苗族同事或村民家里有红白喜事，您会去赶人亲吗？

①都去　②经常去　③偶尔去　④从来不去

45. 如果苗族同事或村民家里有红白喜事，您会去帮忙吗？

①都去　②经常去　③偶尔去　④从来不去

46. 如果汉族同事或村民家里有红白喜事，您会去赶人亲吗？

①都去　②经常去　③偶尔去　④从来不去

47. 如果汉族同事或村民家里有红白喜事，您会去帮忙吗？

①都去　②经常去　③偶尔去　④从来不去

48. 如果您家有红白喜事，苗族同事或村民来赶人亲吗？

①很多　②比较多　③一般　　④比较少　⑤很少

49. 如果您家有红白喜事，苗族同事或村民来帮忙吗？

①很多　②比较多　③一般　　④比较少　⑤很少

50. 如果您家有红白喜事，汉族同事或村民来赶人亲吗？

①很多　②比较多　③一般　　④比较少　⑤很少

51. 如果您家有红白喜事，汉族同事或村民来帮忙吗？

①很多　②比较多　③一般　　④比较少　⑤很少

五　族际通婚情况

52. 您家里有和汉族通婚的吗？

①有　②没有

53. （有族际通婚的请回答）您家里有几对苗汉族际通婚？（请填写）
_____对

54. 您家里反对苗汉族际通婚吗？

①非常反对　②比较反对　③有的反对，有的不反对　④一开始反对，现在不反对　⑤一点都不反对

55. 如果您的子女与汉族通婚，您同意吗？

①坚决不同意　②不同意　③无所谓　④同意　⑤坚决同意

56. 您希望您的子女与汉族通婚吗？

①非常希望　②希望　③无所谓　④不希望　⑤非常不希望

57. 如果您的子女与汉族通婚，孩子选择什么民族成份？

①苗族　②汉族　③无所谓

六　民族意识

58. 作为中华民族的一员，您的感受是什么？

①非常自豪　②自豪　③无所谓　④自卑　⑤非常自卑

59. 作为苗族的成员，您的感受是什么？

①非常自豪　②自豪　③无所谓　④自卑　⑤非常自卑

60. 您更喜欢哪一个身份？

①中华民族　②苗族　③无所谓　④两个都喜欢

61. 如果您能随意选择户口上的民族成份，您会选择什么民族成份？

①汉族　②苗族　③其他（请填写）_____

62. （选择更改民族成份的请填写原因）_____

63. 您希望身份证上显示民族成份吗？

①非常希望　②希望　③无所谓　④不希望　⑤非常不希望

64. 您知道苗族的始祖吗？

①不知道　②知道

65. （知道的请填写）苗族的始祖是_____

66. 您祭拜始祖吗？

①从来不　②偶尔　③经常　④一直

67. 您穿苗族的服装吗？

①从来不穿　②重要场合穿　③经常穿　④一直穿

68. 您子女穿苗族的服装吗？

①从来不穿　②重要场合穿　③经常穿　④一直穿

69. 您喜欢苗族的文化吗？

①非常喜欢　②喜欢　　　　③一般　　④不喜欢　⑤非常不喜欢

70. 您子女喜欢苗族的文化吗？

①非常喜欢　②喜欢　　　　③一般　　④不喜欢　⑤非常不喜欢

71. 您觉得汉族对苗族有没有偏见？

① 有严重的偏见　②有，但不严重　③没有　④不知道

72. （选择有的请填写）您觉得主要表现在：＿＿＿＿＿＿＿＿＿

73. 您觉得汉族对苗族有没有歧视？

① 有严重的歧视　②有，但不严重　③没有　④不知道

74. （选择有的请填写）您觉得主要表现在：＿＿＿＿＿＿＿＿＿

75. 您觉得苗族和汉族的关系怎么样？

①非常和谐　②和谐　③一般　④不和谐　⑤非常不和谐

76. （选择不和谐的请填写）您觉得苗汉民族关系不和谐主要表现

在：＿＿＿＿＿＿＿＿

问卷结束，谢谢您的支持与合作！

后 记

本书是在我的博士学位论文基础上修改而成的。在确定以川南苗汉民族关系作为博士学位论文研究内容后，我三次前往当地进行调查，其中时间最长、范围最广的一次是 2014 年暑假的调研。冒着炎炎烈日，我去了兴文、筠连、珙、叙永、古蔺等县，这 5 个享受少数民族地区待遇县是川南苗族的主要分布地。每到一县，我便前往当地的宣传部、民宗局、民政局、婚姻登记处等部门了解情况，搜集该县关于苗族及苗汉民族关系的资料，并选择 1—2 个苗族乡作为田野调查点。

乾隆时期珙县知县王聿修曾言："苗民僻处，山巅谷底。"如今川南苗族仍多居于高山区和半山区。夏天苗乡的天空湛蓝如洗，白云洁净无瑕，群山连绵起伏，树木青葱翠绿，三三两两的民居点缀其中，风景如画。但是，当车在崇山峻岭中曲折穿行时，那弯急、路窄、坡陡、临崖的盘山路却让人望而生畏。脑海里想象着交通未改善前"羊肠道，陡坡爬，肩挑背磨汗水洒"的情景，心中的敬佩之情油然而生。苗族人民常年居住在高山深壑、幽谷密林，生存环境的恶劣、交通条件的落后决定了他们生活的艰辛，也铸就了他们勤劳、勇敢、善良、乐观的性格。苗族的居住环境与历史上的民族冲突不无关系，也反映出苗汉民族之间曾有的隔阂，但值得欣慰的是民族间的隔阂已经彻底消失，成为历史，民族关系也越来越和谐。

本书能得以顺利完成并出版，是因为得到许多人的关心、帮助和支持，在此深表谢忱。感谢恩师郎维伟教授对我的悉心指导和无私帮助。感谢答辩委员会主席王希恩教授及成员冉光荣教授、陈玉屏教授、王允武教授、陶斯文教授等专家对论文认真审阅和提出宝贵意见。感谢民族理论与政策博士点来仪教授等专家学者的辛勤付出。感谢马克思主义学院、发展规划与学科建设处、科技处、西南民族研究院、研究生院的领导和老师在工作、学习上给予我很多支持和帮助。感谢博士同学、师兄师姐、师弟师妹在学习、生活中给我的关心。感谢硕士生导师丁明鲜教授、亲友多年来对我的关爱。感谢我的家人一直以来对我的付出、爱护、包容与支持，特别感谢父母的养育之恩。

感谢兴文县委宣传部、兴文县民宗局、筠连县民宗局、筠连县民政局、珙县民宗局、叙永县民宗局、叙永县民政局婚姻登记处、古蔺县民宗局、兴文县大坝苗族乡、麒麟苗族乡、沙坝民族小学、筠连县团林苗族乡、高坪苗族乡、珙县玉和苗族乡、玉和中心校、叙永县枧槽苗族乡、白腊苗族乡、古蔺县箭竹苗族乡的诸多领导、同志和父老乡亲，虽然当中许多人和我素未谋面，但均对我的调研给予了支持配合。感谢家乡的许多同学为我的调研提供了便利和帮助。

感谢中国社会科学出版社冯春凤编审，因为她的大力支持和帮助，本书才得以与读者见面。感谢出版社为本书出版付出辛勤劳动的所有老师。

需要感谢的人太多太多，却无法一一列出，在此谨向每一位关心和帮助过我的人致以最诚挚的谢意。

由于自身水平有限，本书难免存在不足之处，敬请同行专家学者、读者朋友不吝赐教。

刘　琳
2018 年 8 月